外国人生徒と
共に歩む
大阪の高校

学校文化の変容と
卒業生のライフコース

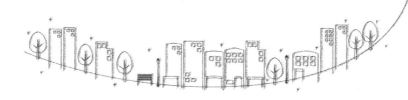

山本晃輔・榎井 縁 編著

明石書店

*目次

第 **2** 部
枠校の学校現場から

第 **3** 部
枠校を卒業した生徒のいま

第4部
枠校のこれからを考える

序章　外国人生徒の高校進学と適格者主義

1.　本書の問題意識と位置づけ

　本書は2008年に出版された『高校を生きるニューカマー——大阪府立高校にみる教育支援』（志水編2008）の続編として企画された。私たちのこれまでの研究を紹介することで、本書の問題意識と位置づけを明らかにしておきたい。

　前著をまとめたのは、大阪大学の志水宏吉である。志水は東京大学の教員であった2001年に『ニューカマーと教育——学校文化とエスニシティの葛藤をめぐって』（志水・清水編2001）を著した。学校での長期的な参与観察調査によって、外国人の子ども・保護者と学校の関係を描き出した労作である。

　本書に関わる論点はいくつもあるが、私たちが引き継ぐ問題意識は2つある。第1の問題意識は、外国人生徒 [1] 固有の支援ニーズがあるにもかかわらず、日本人生徒と外国人生徒を同じく扱う「特別扱いしない学校文化」である。

　第2の問題意識は、高校教育における「適格者主義」である。「入試をくぐりぬけ、適切な学力を有する生徒のみが高校に入学できる」という考え方は、「適格者主義」と呼ばれてきた。この「適格者主義」は、外国人生徒にとって大きな壁として立ちはだかってきた。日本での教育年数が短い外国人生徒が、日本人と同じように高校入学試験を突破することは困難である。これはすべての教育関係者にとって自明であろう。それでもなお、日本人生徒と外国人生徒を同じく扱うことが高校入試の常識であった。

　志水が大阪大学に着任し、大阪の外国人教育に携わることで見いだしたのは外国人生徒を「特別扱いする学校文化」であった。大阪府立高校では、「日本語指導が必要な帰国生徒・外国人生徒入学者選抜」試験が実施されてきた。実施校は外国人を受け入れる「枠」をもつことから「枠校」と呼ばれる。そして在学中には母語教育や日本語教育、居場所づくりといった実践が取り組まれている。こうした枠校の教育を取りまとめたのが『高校を生きるニューカマー』である。

　約10年が経過した今、外国人の高校進学率は十分ではないにしても一定程度は

高まっている。次節で示すように、外国人児童・生徒を対象とした教育環境の是正策も模索されている。外国人教育はもはやニッチな領域ではなくなった。

『高校を生きるニューカマー』に関わった当時の大学院生を中心に、大阪の枠校の研究は継続されてきた。調査対象者を後追い調査した『大阪府立高校の外国人支援に関する教育社会学的研究——特別枠校における取り組みとその変容』(山本2017)、そして本書のもととなる、『ニューカマー外国人の教育における編入様式の研究』(榎井2021)である。

これらの研究・調査から見えてきたことが、遅々として改善が進まない高校教育の実情であった。例えば、多くの自治体では外国人生徒の存在を認知し、高校入試における配慮は必要と考えているが、入学後は「入学試験を突破した者」として、日本人生徒と同じく扱う。つまり、外国人生徒の存在が認知され、入試における「適格者主義」について是正策が検討されつつあるが、「入学後の適格者主義」については未着手の状態に近い。

『ニューカマーと教育』そして『高校を生きるニューカマー』は志水の言葉を借りれば姉妹本である。いずれも日本の学校教育における外国人生徒の「課題」を示すものであった。前者では、外国人生徒と学校文化の関係、そして適格者主義の課題を示し、後者では入試制度の改善にフォーカスをあて、「入り口」の議論が中心であった。対して、本書は入学後の「在学中」「出口」にフォーカスをあてる。本書は大阪府において外国人生徒を積極的に受け入れる8つの「枠校」を対象とするワン・イシュー本である。長女・次女と比べればスケール感が小さくなっていることは否めないが、いままさに全国で問われている高校における外国人教育の改善に向けた試金石となることを目指すものである。

2. 高校段階における外国人教育政策

公立学校(小学校、中学校、高等学校、中等教育学校、義務教育学校、特別支援学校)における日本語指導が必要な児童生徒は、約3万人(2008年)から5万人(2018年)と急増した。

近年の中学校での外国人生徒の在籍数は2万3000人を超えているが、高校での在籍数は1万5000人前後で推移している。日本学術会議の推計値では、中学校から日本の公立・私立高校への進学率は64%(2018年)とされている(日本学術会議2020)。日本人生徒の進学率が97%を超えていることを鑑みると、いまだ高校への

進学には大きな壁がある⁽²⁾。

　高校入試の壁の是正は、地方自治体における外国人生徒向けの入試「枠」の設定によって試みられてきた。2001年からおこなわれてきた全国の都道府県における外国人生徒・中国帰国者を対象とした高校入試の状況の調査結果を概観すると、入試の際の配慮・措置（ルビうちや時間延長）、入試枠の設定には広がりが見られ、2021年の調査では、枠の設置が26地域、定員内であれば不合格を出さないが9地域となっている（外国人生徒・中国帰国生徒等の高校入試を応援する有志の会2021）。こうした枠の設定は、自治体先行型の政策であったが、近年文科省も、高校での外国人生徒受け入れ施策を検討するようになった。

　大きな転換点は2018年12月の出入国管理および難民認定法（入管法）改正である（2019年施行）。省庁間の足並みを揃える「外国人材の受入れ・共生に関する関係閣僚会議」が設置され、以降「外国人材の受入れ・共生のための総合的対応策」が決定されている。総合的対応策の一丁目一番地が「日本語教育」である。日本における外国人の日本語能力の向上と機会確保を目的とした「日本語教育の推進に関する法律」も制定までの経緯に違いはあるが2019年に施行されている。

　また、文科省は2019年1月に文部科学副大臣を座長とした「外国人の受け入れ・共生のための教育推進検討チーム」を設置、6月に報告「〜日本人と外国人が共に生きる社会に向けたアクション〜」を発表した。同時期、総合教育政策長が「外国人児童生徒等の教育の充実に関する有識者会議」を組織し、具体的な教育改善が議論されるとともに、文科省中教審でも「増加する外国人児童生徒等への教育の在り方」について審議がはじまった。これらの議論は、2021年の中教審答申「令和の日本型学校教育」に反映されている。

　2019年以降、文科省は外国人児童・生徒の就学状況の把握を進めている（外国人の子供の就学の促進及び就学状況の把握等について）⁽³⁾。この調査を通じて、相当数の不就学者の存在が知られるようになった。2020年7月に策定された「外国人の子供の就学促進及び就学状況等に関する指針」においては、「外国人の子供たちが将来にわたって我が国に居住し、共生社会の一員として今後の日本を形成する存在であることを前提に、日本における生活の基礎を身に付け、その能力を伸ばし未来を切り開くことができるよう」地方公共団体が講ずべき事項が明示された。

　具体的には「高等学校への進学の促進」をするため、「公立高等学校入学者選抜において、外国人生徒を対象とした特別定員枠の設定や受験に際しての配慮（試験

教科の軽減、問題文の漢字へのルビ振り等）等の取組を推進すること」も求められている。

　ここまで紹介してきた外国人教育施策うち、本書にかかわる特に重要な点を指摘しておこう。2022年、高校での日本語指導を「特別の教育課程」で実施するための制度改正が推し進められている。そこで実施される日本語指導には、個別の指導計画の作成が求められ、卒業までに履修させる単位数に含むことができる。2018年に公示された「高等学校学習指導要領」には、第6章生徒の発達の支援において「海外から帰国した生徒や外国人の生徒の指導」という項目が立てられている。「日本語の習得に困難のある児童の指導を効果的におこなうため、学校全体で取り組む体制を構築すること」が記載されたことは、補充的に位置づけられてきた外国人教育のシステム化を求めるという意味において重要である（文科省2018）。指導要領を解説した文科省資料では、教師自身も含んだ学校全体が当該生徒の言語的・文化的背景に関心をもちそのための配慮をすることや、日本語や母語に関する学校外の専門人材の協力を得ることなどが明記されている。

　さらに先述した「外国人児童生徒等の教育の充実に関する有識者会議」において「子供たちのアイデンティティの確立を支え、自己肯定感を育むとともに、家族関係の形成に資するためには、これまで以上に母語、母文化の学びに対する支援に取り組むことも必要である」ことが明記された（外国人児童生徒等の教育の充実に関する有識者会議2020）。高校指導要領や有識者会議において「母語」の重要性が示されることは、過去になかったことである。歴史を紐解くとき、オールドカマー外国人に対し母語教育や母語使用を認めなかったことを鑑みると、こうした転換は時代に応じたものとして一定程度評価できるものであろう[4]。

　以上が本書に大きく関わる文科省の外国人教育施策であるが、問題はこうした施策の実現性である。

　入試における「枠」の設置は、文科省も必要性を認めているものの全国化していない。また、日本の中学校を経ず、海外の中学校から直接高校を受験する「ダイレクト生徒」の受験を認めている自治体は一部に過ぎない。高校入学後の支援も、日本語支援の加配教員の配置などは全国化しつつある一方、母語話者による支援や母語教育を実施する自治体は一部である。学校外の専門家との連携は文字通り「必要に応じて」おこなわれるだけでは、学校文化を変える影響をもたない。

　高校における外国人教育の課題は、外国人生徒の中途退学率の高さに反映されて

いる。全高校生の中途退学率は1.3％であるが、日本語指導の必要な高校生の場合は9.6％である（文科省2021）。

　入試制度も外国人生徒の処遇も変わらない現状において、文科省が掲げるように外国人教育は改善されるだろうか。高校の教育の円滑な進行に重要な「日本語教育」は改善が進むかもしれない。他方、学校全体での外国人教育システムの構築や、母語教育などは「そもそも重要ではない」「現実的に難しい」として改革が進まないのではないだろうか。

3．適格者主義と文化のマッチング

　なぜ中退率が高止まりしているか。外国人教育の充実が遅々として進まないか。こうした課題を、私たちは「高校入学後の適格者主義」が問題であると考えるが、これは新しい主張ではない。私たちが準拠する教育社会学では、日本の学校文化と外国人生徒のマッチングによって適格者主義を問題化してきたからである。

　「高校入学後の適格者主義」を論じる1つめのキー概念は「学校文化」である。学校には、なにを「正統」と見なすかといった学校文化があり、教員・生徒も学校文化の影響を受ける。学校における正統性のうち、最もわかりやすいものが「日本語」である。教授言語も日常的な使用言語も日本語によって応答することが当然とされる。その他、みなが同じように行動する、みなで仲良くする、班で活動をする、同じ持ち物をもつといった一体感を重視する実践も学校文化である。

　2022年、ウクライナにおいて紛争が勃発、日本に避難してきた子どもたちが、ピアスを外し、ランドセルを背負い、日本語で挨拶をするといった報道を目にされただろうか。日本社会に馴染もうとする姿は好感をもって受け止められたかもしれないが、紛争から逃れた避難者でも学校文化の遵守を求める強力な同化作用とみることもできる。こうした日本の学校が有する外国人生徒へのプレッシャーは、「一斉共同体主義（恒吉1996）」「脱文化化教育（太田2000）」「伝統的な同化圧力（志水2003）」と指摘されてきた。

　学校文化と外国人生徒の関係を考えるための、もう一つのキー概念が「文化資本」である。宮島（1994、2002、2014、2021など）や志水（2001）で展開された議論を振り返っておこう。

　文化資本という概念はフランスの社会学者ピエール・ブルデュー（ブルデュー・パスロン1997）が考案した。ブルデューは、人びとの地位達成のメカニズムには、

経済的な優位性だけでなく家族から継承される「文化」が重要であることを見いだした。「文化」とは、言葉や嗜好、日常的な振る舞い、家庭内の調度品や書籍など多岐にわたる要素から構成されている。そして文化を「資本」として活用することで、新しい文化を学んでいく。

　文化資本論は主に学力研究で深められているが、本書に寄せるため、言語と振る舞いについて考えてみよう。日本人生徒は、日本語や日常的な振る舞いを家庭で学んだうえで学校に通う。この場合、学校文化と家庭で身につけた文化資本はマッチングしやすい。使用できる資本と手持ちの資本が適合しているからである。そして家庭で身につけた文化資本を運用し、新しい知識や文化を獲得していく。対して外国人生徒も日本人生徒と同様に成長のなかで家族から言葉や日常的な振る舞いなどを学ぶ。それらは出身国ならば通用する文化であり、日本の学校では利用できない資本であるからミスマッチが生じてしまう。資本を両替したうえで参加することが求められるのである。

　したがって、外国人生徒は日本の学校にマッチングするため日本語を学び、適切とされる振る舞いを身につける必要がある。どの国でも同じことではあるが、学校という「場」において通用する「資本」は限られている。「英語」というグローバルに共有された言葉ならば日本の学校でも利用できるかもしれないが、日本社会で活躍するためには、日本で利用できる文化を身につけることは必要である。高校入学以降の外国人生徒への支援策が「日本語教育」に重点が置かれるのも、この外国人生徒と学校のマッチングを良くするためと理解できる。

　もちろん、私たちは日本語教育が重要であると考えている。問題は、この学校文

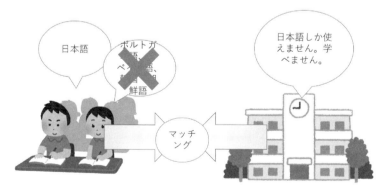

図序 -1　学校文化と外国人生徒のマッチングの現状　　　　（筆者作成）

図序-2　学校文化と外国人生徒のマッチングの目指すべき姿

（筆者作成）

化と外国人生徒の文化資本のマッチングが、①学校側・教師側にとって通用不可能な資本を無価値なものとみなすことであり、②より良いマッチングをおこなう努力を外国人生徒だけに求め、③外国人生徒自身も自らの文化を過小評価してしまうことである。

　例えば、外国人生徒を日本の学校文化にマッチングさせることを優先するならば、日本語だけを学ばせ、他の言葉の使用を禁止すれば良いことになる。こうした観点だけでは、外国人生徒が有するポテンシャルが不可視化されてしまう。「外国人生徒をどのように学ばせるか」だけが外国人教育の論点となる。

　これこそが「高校入学後の適格者主義」である。そして、本書で強調することは、学校文化の変容や柔軟化による、マッチングの向上である。

　日本の学校が外国人生徒の有する文化資本の価値を認めて肯定し、それが利用できる教育システムを構築する。さらに、日本語や日本文化を学ぶ機会を提供する。このようなことが実現できるとすれば、外国人生徒は日本語に課題を抱えた生徒というよりも、日本人生徒以上のポテンシャルを有する生徒であり、日本の学校文化を豊かにしうる存在として位置づけられる。

　こうした議論は学校現場の内実を考慮していない理想論だろうか。前節で触れた中教審の答申「『令和の日本型学校教育』の構築を目指して」の副題は「全ての子供たちの可能性を引き出す、個別最適な学びと、協同的な学びの実現」である。そ

して今後の方向性のひとつが「学校教育の質と多様性、包摂性を高め、教育の機会均等を実現する」ことである。

> 外国人児童生徒数の増加、通常の学級に在籍する発達障害のある児童生徒、子供の貧困の問題等により多様化する子供たちに対応して 個別最適な学びを実現しながら、学校の多様性と包摂性を高めることが必要である。その際、現状の学校教育における個の確立と異質な他者との対話を促すことに弱さがあるとの指摘も踏まえ、一人一人の内的なニーズや自発性に応じた多様化を軸にした学校文化となり、子供たちの個性が生きるよう、個別化と協働化を適切に組み合わせた学習を実施していくべきである。
>
> （中央教育審議会2021　下線部筆者）

　マイノリティの多様性を直視し、包摂の教育を目指す。そのためには個々のニーズを把握し、変化を伴いながら「学校文化」をつくりあげる。これこそが、前節で触れた今後の高校における外国人教育が目指す方向であり、「高校入学後の適格者主義の変革」という本書の論点に関わるものである。つまり私たちは外国人生徒が高い可能性をもつというスタンスに立つ。そして大阪の「枠校」を記述することから「高校入学後の適格者主義」を変えていくアイデアを世に問いたい。

4. 本書の構成

　最後に、本書の構成を整理しておきたい。本書は全国で外国人教育に従事している教育関係者に向けて執筆している。先行研究や研究としての分析枠組みなどは序章補論にまとめてある。そして本書では、章間に研究者だけでなく、様々な立場の文章「コラム」「教育の現場から」によって構成している。

　第1部では大阪の外国人教育のうち「枠校」に特化したコンテクストと教育システムの概要を示している。枠校がつくられた歴史とは、地域における教育運動の高まりによるものだが、重要な点は、それを教育行政がキャッチアップして支えてきたことにある。さらには、実践をより確かなものとするためのNPOなどの支援団体、教員らの研究集団の存在がある。

　第2部では、各学校の様子を実践に注目して描いた。ただし各学校の全体像は前著で描いているため、これを8校並べることは避けた。本書では序章補論で提示す

る「高校教育における問題群」として「言語」「教育システム」「アイデンティティ
と居場所」「キャリア」といった4つのテーマを柱にし、各テーマにつき特徴的な
取り組みをおこなっている2校を配置、記述している。もっとも、4つのテーマは
各学校それぞれが取り組んでいることである。したがって、第2部における取り組
みが枠校の総体としての教育システムと実践でもある。

　ここまでは学校の「在学中」の様子を描くものであるが、第3部では「出口」、
高校卒業後の外国人生徒を記述した。本書では高校卒業後、進学、就職した若者を
インタビューしてきた。その大きな柱は「外国人として肯定される環境で学んだ若
者」がどのような成長を遂げるかを明らかにするためである。このインタビューを
通じて見えてきたことは、外国人生徒の卒業後の成長が「直線的」というよりも、
「複雑な経路」を辿っているということである。

　最後に第4部では、われわれの研究から導かれた今後の外国人教育の課題につい
て検討した。それは、序章において繰り返し使用してきた「特別扱いする教育」と
いう言葉の是非と学校文化、外国人生徒を学校において公正に受け入れることの内
実、日本語教育が強調されるなかでの母語教育の新しい展望、外国人生徒のための
キャリア教育において念頭に置くべき観点の4つについて論じた。

　そして終章では本書を通じて見出された外国人教育の展望について示す。

[山本晃輔]

▼注
　(1)　本書では外国人生徒という言葉を使用する。意図については序章補論の用語解説をご
　　　覧いただきたい。
　(2)　この進学率の推計には数字が低く出る課題がある。まず中学校と高校において在学中
　　　の出入国が加味されていない。また学校基本調査では通信制高校における外国人生徒の
　　　把握をおこなっていない。筆者が収集している一部都道府県の高校進学率は80%を超え
　　　る場合もある。
　(3)　本調査がおこなわれるまで、外国人生徒の実態が把握されてこなかったともいえる。
　　　筆者らの調査の実感では、教育行政において外国人生徒は積極的に「疎外」されていた
　　　というよりも、「高校に入学しているのだから日本人生徒と同じ」扱いを受けている。そ
　　　れは時には日本人生徒と同じように手厚いサポートをおこなうことにも繋がっているが
　　　(例えば経済的に厳しい生徒に手厚くサポートする)、「外国人生徒の固有の課題」を背景
　　　化してしまうことになっている。
　(4)　1965年の文部省通知「朝鮮人のみを収容する教育施設の取り扱いについて」では当時
　　　存在していた公立朝鮮人学校を対象に「朝鮮人子弟にわが国の公立学校において特別な

教育を行うこと認める趣旨でないことはいうまでもない」ことを指示している。その後、1991年の文部省通知「日本国に居住する大韓民国国民の法的地位及び待遇に関する協議における教育関係事項の実施について」では「課外において、韓国語や韓国文化等の学習の機会を提供することを制約するものではない」とされている。こうした通知からは、公立学校におけるオールドカマー教育は、通知という形で常に付加的なもとし、正規の課題としては位置づけられてこなかったことが理解できる。ニューカマー教育における日本語教育や母語教育の正規化が遅れたことが指摘されるが、戦後教育は一貫して外国人教育を日陰の位置においてきたと捉えるほうが適切であろう。

自己発見——高校に進み、学ぶことの意味

宮島　喬

外国人生徒の高校進学率はまだまだ低い。日本の中学校の外国人在籍者数を分母に、高校の外国人在籍者の割合をみると、6割台である。3人に2人しか高校に進んでいないことになる。もっと多くの外国人生徒に高校生活を経験してほしい、と願わずにいられない。

「高校はちがう」という発見

あるニューカマー外国人生徒が、県立高校入試に、三教科プラス面接で受験した。その面接では、「面接の先生は好意的に、何を学びたいか、文化の違いをどう活かすか、などと聞いてくれて、ああ高校はちがうんだ、と感じた」と、1つの「発見」を語った。この彼の驚きを理解するには、外国人二世たちの小・中学校経験がどういうものなのかを知らなければならない。

今は成人しているあるブラジル人青年の述懐を紹介する。「小学校2年の時に来日、初め、教室で先生の話すことが一言も分からなかった。でも、丁寧に日本語指導をしてくれる先生がいて、1年経ったら、学校内の会話にはあまり困らなくなった。ただ、すぐに漢字の壁にぶつかった。これは中学でもずっと続く。この壁が越えられなくて、学校を辞める子も出てくる。自分が辞めずに来れたの奇跡のように思う」。無理もない。小4くらいから教科書の記述に漢字・漢語が増える。先生の使う日本語のなかに漢語が増えてくる。子どもたちは白紙状態から漢字・漢語学習を始めるので（中国人の子どもは例外だが）、これを丸々覚えるべき対象と考えてしまう。結果、「もうとても漢字は覚えられない」と言って、小4、小5くらいで、不登校になる子どもがいる。なかには日本人の級友の三倍も、五倍も時間をかけ、懸命に努力して漢字マスターに追いついてくる子もいて、頭が下がる。

それだけではない。小、中の頃、かれらにとって大変だったのは、学校の決まり、集団の規律に従って行動することだった。ボリビア人のYさんはその頃を思いだして、「中学までずっと、覚えること、決められたことができることにアップ、アップで、追いつかなければならない、失敗はできない、という気持ちが強かった」と

語る。制服の着用、号令一下の動作反応、様々な機会での集団行動、日直に当たった日の役割行動、これらがうまくできないのではないかといつも心配だった。

　思うに、義務教育といわれる小中学校の教育は、マイノリティの子どもには、日本人の子どもにとってよりはるかに、「覚える」「反復練習する」「決まりに従う」がモットーとなる教育の場になっていないか。学校は楽しい所ではなく、規則に縛られる場、標準と比較される場、ひょっとすると苦役の勝つ場だったかもしれない。だから、中学までで学校を辞める子どもは気の毒だ。学ぶことの意義、楽しさをあまり知ることなく、学校世界に別れを告げるからである。

学ぶことを選択できる

　では、高校とは何か？　義務教育の延長ではないことは確かだ。学校教育法の第6章「高等学校」をみてほしい。高校教育の目的は、「豊かな人間性、創造性を培い、個性の確立に資する」、また「専門的知識」「広く深い理解と健全な批判力」を養う、など、義務教育のそれとは一歩異なる目的が掲げられている。理想通りそうした教育が行われているかは別として、この精神は高校教育のなかに生きていると思う。だから、最初に述べた例のように、高校入試の面接は主に「君は何をしたいか」を尋ねるのである。

　入学し、学習に臨む外国人生徒に、高校は決して甘くはない。授業がむずかしい、自分の日本語能力が不十分だとつくづく感じた、といって中退していく生徒もいる（調査によると、外国人生徒の高校中退率は9パーセント）。しかし、高校に入り、それまでにない新鮮な経験をする。何を学ぶかをある程度選択ができるのである。外国人が数十人は在籍するT校、M校の場合、選択の科目が豊かである。A君は、自分の意思と関心によって、選択科目でポルトガル語を選び、Bさんは中国語を選んだ。また外国人生徒が関心、知る意欲に配慮し、国際化とか現代世界史と銘打つ系列授業を設け、生徒の選択に供している。Cさん（フィリピン人）は現代世界史を選択し、大航海時代のポルトガル、スペインの東洋への進出の歴史を教えられ、はじめて自分のルーツに関したこと（彼女の名前はラテン系）、自国の独立の英雄ホセ・リサールのことも知る。彼女はアジアの歴史をこれからずっと勉強しようか、と関心をそそられた。

自己発見、自分を肯定する

　母語の授業を選択して、受けた生徒たちは、こんな風に言う。「それまで家の中や同国人と×××語を話してきて、母語は保持していると思っていたが、そうでないことが分かった。文章を読むこと、書くことも大事だと教えられ、その勉強も始めた。今はじめて「自分は×××人だ」と自信をもって言えるようになった」。

　また、生徒たちは、小中学校の頃とちがい、自分が他とちがう×××人だということを隠そう、違いを目立たせないようにしよう、と気遣うことはなくなったという。教員たちが言うには、小中時代には自分に自信がなく、自尊心も低かった子どもたちが、高校では自己肯定感をもつようになっている、とのこと。

　この外国人高校生たち、まだ学習言語の日本語には苦労していて、校内に設けられた日本語支援講座にも出席している、たとえば、週に1回の「日本語」の授業で、初級、中級、上級の別がある。担当するのはいわゆる「日本語講師」に限られず、専任教員（物理の教員、日本史の教員、美術の教員など）が受けもつこともある。それがかえって授業を興味深いものにしている、と語る生徒もいる。

　くりかえすが、もっと多くの外国人生徒が、高校に進み、高校生活を経験してほしいと願うものである。

コラム2 公教育が大事にすべきもの

志水宏吉

「セクション11（イレブン）教員」というものの存在を私が知ったのは、20代後半の頃だった。舞台はイギリス。時は1980年代。増大する移民の子ども・若者たちをサポートするために雇用される教員たちが、全体として「セクション11」と呼ばれていた。彼らは、わかりやすく言うと、日本の「同和加配教員」と似通った役割を果たす存在であり、その存在感には大きなものがあった。当時の日本にはそのような手立ては全くと言っていいほど採られていなかったので、正直うらやましいと思ったものである。

　私は、1990年代後半から、日本の「ニューカマー外国人」の教育問題を考えるようになった。首都圏の学校でのフィールドワークをもとに、『ニューカマーと教育』（2001）という本を仲間とともにつくった。「特別扱い」を忌避する日本の学校文化が、彼らの学校適応や学力・進路形成にとっての大きなカベとなっているというのが、その本の結論であった。「クラスにはいろんな課題を持った子どもたちがいるので、外国人だからと言って、特別扱いはできないんですよ」「クラスに25人いるとしたら、50分の授業時間を2分ずつ平等に彼らに使うというのが、私の理想です」、教師たちは、そのように語った。「平等」というものを重んじる立場である。そうしたなかで、外国人の教育ニーズに個別に応えることは「えこひいき」につながるとされ、ほとんどの場合避けられていた。

　今からおよそ20年前に、私は関西に戻り、大阪大学に勤務するようになった。その時に目を引いたのが、「特別枠」校の存在であった。仲間たちとともに、大阪府内の5つの特別枠校で調査研究活動を継続し、『高校を生きるニューカマー』（2008）という本を生みだした。本著のもとになっている著作である。

　「特別枠」が制度的に設けられているのは、「特別扱い」の最たるものである。首都圏では忌避されていたものが、大阪では堂々と制度として打ち出されていることに、私は大きな驚きを覚えた。そして、枠校でのフィールド調査を進めるにつれ、中国からの子をはじめとする、外国につながりを持つ子どもたちが、仲間とともに学校生活を楽しみ、自らの進路を選び取っていく様子が明らかになっていった。日

本語がまだ不自由である彼らにも、自らのポテンシャルを生かす高校教育の機会が与えられるべきであるという常識、それは「公正」の概念に裏打ちされたものであり、日本の学校文化を変革するに足る大きな力を有していた。

「平等」（equality）と「公正」（equity）。英単語としては似通っているが、その意味には看過できない差異がある。では、どこが違うのか？　それは、前者が量的な概念、後者が質的な概念だという点に求めることができる。子どもたちに、分け隔てなく同じ量の資源やケアを与えるというのが、平等の考え方である。それに対して、彼らのニーズや願いをベースにして、異なる資源やケアを用意しようというのが公正原理にもとづくアプローチである。前者を形式的平等、後者を実質的平等と呼ぶことも可能かもしれない。前者のやり方はわかりやすい。同じように扱えばよいからである。しかし、後者は難しい。個々のニーズに的確に応えながら、誰もが納得するような処遇の仕方（「えこひいき」とはみなされない）が求められるからである。

歴史的に存在した日本の同和加配教員やかつてのイギリスのセクション11は、マイノリティのためのアファーマティブアクション（差別撤廃のための特別措置）の代表的なものである。そして、私たちが注目した、2000年代に入ってからの大阪の、高校段階における特別枠も、その延長線上に位置するものである。アファーマティブアクションは、平等の原理というよりは、公正の原理にもとづいて実施されるものである。

私の専門とする教育社会学の分野では、教育システムのパフォーマンスを評価する際に、「卓越性」と「公正」の2つの軸が設定されるのが通例である。公教育は、「全体の水準を上げる」「できる子を伸ばす」という卓越性を発揮しなければならない。と同時に、「一人ひとりを大切にする」「しんどい層を下支えする」という公正の基準においても、優れた成果を収めていなければならない。今日世界の教育界では新自由主義的な政策志向が強まっており、そのもとで教育は卓越性偏重となりがちである。どうしても公正原理はあとまわしになってしまう。

そうした状況のなかでは、大阪の特別枠はひときわ光って見える。なぜならそれは、「一人ひとりの子どもの人権をかけがえないものとし、それぞれの未来に向けて、彼らの学力と社会性を十全に育む」という公教育の根幹を体現するものだからである。これからも大事に守り育てていきたいものである。

序章補論　本書の研究上のスタンスと用語について

1.本書の研究背景

　本書は教育現場において外国人教育の実践を担う方々を対象に編集している。そのため、序章の内容は出来得る限り、行政的背景とコンセプトのみを記述した。この補論では研究の背景と分析の枠組み、そして用語について整理しておきたい。

　高校教育のテーマについて外国人生徒と高校教育に関する研究は2000年代初頭から試みられてきた（広崎2001、山崎2005、広崎2007、鍛治2007、志水編2008、趙2010、角田2012、鍛治2019、清水2021など）。カリキュラムなど実践的な研究としては神奈川の鶴見総合高校を扱った研究がある（坪谷・小林2013）。枠に関しては神奈川（宮島2014、吉田2014）や大阪府（伊藤・王・林・山本2019）、兵庫県（外国人の子どもの未来を拓く教育プロジェクト2015）に関するものがある（その他にも、田巻2014、大東2021など）。

　外国人教育研究は外国から日本にやってきた子ども（いわゆる1世や1.5世）の研究から、日本生まれの2世の研究へと拡大し、学校研究だけではなく地域の支援組織など、研究領域も広がりをみせている。本書では、枠校に進学する1世、1.5世の外国人生徒と高校の学校文化に関する観点を4つ設定した。それは「日本語・母語教育」「教育システム」「アイデンティティと居場所」「キャリア」である。触れるべき研究は膨大であるが、本書を支える研究について紹介する。

①日本語・母語教育：第4章、第13章

　近年、外国人教育研究において精力的に研究が蓄積されたのは日本語教育領域であろう。なかでも外国人生徒の日本語教育において幅広く受け入れられている議論に「社会生活言語」と「学習思考言語」[1]の違いがある（太田2000）。日常生活で使用する言葉は比較的早く習得できたとしても、学習における言語の習得には時間がかかる。そこで、2つの言語環境（例えば学校での日本語・家庭での母国語）を生きる外国人児童・生徒にとって、学習思考言語としての日本語だけではなく、言

語の成長の基盤となる「母語能力」の維持・伸長が重要であると指摘されている。

　この議論は、外国人生徒の言語能力の成長には、モノリンガルの生徒とは違った特徴と時間経過があることを示すものであった。しかし、一般的には、学校の学習進行からの遅れが目立つ「学習言語の成長」を待っていることはできず、さらには両方の言語能力が未熟な「ダブルリミテッド」[2]という状況に陥ってしまうことに注目が集まる形で受容された。つまり、ダブルリミテッドにならないよう「日本語を集中して学んだほうが良い」といったように。

　教育現場には「日本の学校教育における進捗」という子どもの能力を計測する物差しが存在している。例えば国語教育には、1年生ならば80字、2年生ならば160字といった覚えるべき漢字を示す「配当表」がある。年齢に応じて子どもが直線的に成長することをイメージさせる。しかし、このような直線的イメージで外国人児童・生徒の言語能力を把握することは、常に「成長の遅れ」を予感させてしまう。そして、唯一絶対の物差しの前では、母語の重要性をいくら強調しようとも、それは付加的なものであり、優先されるべきものではないと位置づけられてしまう。

　ではどのように外国人生徒を捉える必要があるのか。カミンズや中島に代表されるバイリンガル教育研究の知見は、必ずしも外国人児童・生徒の言語力が母語（L1言語）と日本語（L2言語）といったように分離しているわけではないということである。カミンズ（2001）は言語的なハンディキャップをもつ子どものことを文化的言語的に多様な背景を持つ子ども（CLD児：Culturally Linguistically Diverse Children）と呼称している。文化的・言語的に多様な空間を生きる子どもは、モノリンガルの子どもとは違った成長を遂げていくといった捉え方である。

　「母語をなくさない日本語教育」を探求してきた真嶋による精緻な研究では、ダブルリミテッドとみなされていた児童が、徐々に2言語を獲得していく過程を描いている（真嶋2019）。そして中国語を失うことで日本語能力を涵養することもあるだろうが、中国語を保持しながらも日本語能力を伸ばすことはできるし、むしろプラスに働く場合があることを示している。その過程には母語の使用を許容する授業があり、児童をとりまく教育環境が重要であるという。

　つまり、川上（2013）が警鐘を鳴らすように、母語教育についても、L1言語とL2言語の習得というように分化して捉え、2つの言語を高水準で運用できることが目的となるだけでは、先に述べた物差しを増やしただけである。外国人生徒にとって両言語の優劣をつけることは容易ではない。言語学習とは、能力の向上だけでな

く、自身のルーツや今後の人生への肯定感と密接に結びつく。したがって、言語教育は、「生徒をどのように学ばせるのか」だけでなく、「生徒がいかに学ぶのか」を含めて問われるべきなのである。

②教育システム：第7章、第11章

　こうした母語教育まで踏み込んだ教育をおこなうためには、「カリキュラム」や「教育システム」を構成することが必要となる。まず各地で取り組まれていることは、外国人生徒への日本語教育のために取り出し授業を設定することである。国内であれば文科省によるJSL（Japanese as a second language）カリキュラムがある。JSLカリキュラムの特徴は「日本語を」学ぶというだけでなく、「日本語で」学習することに注力している点にある（臼井2009）。

　さらに踏み込んだ形では、教科科目を含め、全て取り出し授業とする別トラック型の教育も考えられる。2言語を同時並行的に使用する授業も選択肢のひとつとなる。ミクロな実践としては、授業内でのルビ打ち、加配教員・通訳によるサポート、母語使用を許容する授業（第13章参照）などが考えられる。これらは各授業内での工夫であるが、実効的なものとするためには、教員集団によるサポートもかかせない。臼井による研究においても、外国人教育における教員集団や学校経営の重要性が指摘されている（臼井2011、臼井2012）。ただし、多くの学校現場においては「外国人生徒の分掌」を担当する教員だけが対応するといった状況であろう。

　学校内の教員で対応が難しい母語教育などは外部の資源に頼ることも必要となる。その方法については、枠設定の先進地域である神奈川と大阪の「枠校」を比較した研究では、NPOを軸足として枠校の支援をおこなう神奈川の「ネットワーク型」と、特定の高校を枠校として継続的に設定し、資源を蓄積することから手厚い支援をおこなう大阪府の「蓄積型」が見いだされている（石川・榎井・比嘉・山本2021）。ネットワーク型は枠校の設定をフレキシブルに変更できることが大きなメリットであろう。蓄積型は特定の学校の学校文化を変容させ、その枠校を中心とした支援を府内に広げていくことができる。

　さらに踏み込んだ議論としては、外国人教育を担う教師が、マジョリティ社会出身の教師だけで良いか、といった論点もある。マイノリティが学校において感じる疎外感や無力感を、マジョリティ教師が想像し、理解することは容易なことではない。そもそも学校において日本人教員しか存在しないという「日常」は、外国人生

徒にとってプレッシャーである（スー 2020）。

　アメリカにおけるマイノリティ教師の研究によれば、マイノリティは教師になるこしを「避ける」という。マジョリティ文化が支配的な学校において、マイノリティと教師の関係は、抵抗感や躊躇、無能力であることを意識させるものである。したがって、マイノリティにとって教師とは、自身のロールモデルや尊敬できる対象というよりも恐れの対象なのである（ゴードン 2004）。

　日本における外国人教師といえばALT（Assistant Language Teacher）教師が中心である。それは必ずしも学校の主流に位置づくわけではなく、サポート的な位置づけにすぎない。外国籍であっても教員採用試験を突破し、教職に就くことはできるが、自治体によって対応に差があり、その処遇も日本人教師と違う。

　教育のグローバル化が叫ばれるなかで、最も変化していないのが教員構成である。近年の注目されるべき研究に、公立学校の外国籍教員をあつかった中島・権・呉・榎井（2021）がある。この総合的な研究において、外国籍教員の役割は外国人生徒のみならず、日本人教師・日本人生徒にとっても重要であることが示されている。学校で毎日顔を合わせ、相談できる外国籍教員の任用とその意義を検討することも、本書における論点の1つである。

③アイデンティティと居場所：第5章、第12章

　ここで改めて確認しておかなければならないことは、外国人生徒の場合、かれらが準拠する（できる）場所は日本の学校だけではない。近年の研究では、トランスナショナルな社会空間という概念で、国境を超えた社会空間を生きる外国人の研究が推し進められている（額賀・三浦・芝野編 2019）。外国人児童・生徒のアイデンティティ形成は、同質的な文化空間で育つ子どもとは違う。国境をまたぐ移動の質的は接触する文化の多様化に繋がるが、同時に適応すべき文化も複雑なものとなる。こうした移動と教育の関係は「往還する人びと（志水他編 2013）」や「移動する子ども（川上編 2011）」といった言葉によって検討されている。

　中国系外国人生徒の学校適応に注目した趙（2010）の研究では、生徒が学校へと適応する際に向き合わなければならない諸要素を検討している。母国であれば「青年」としてアイデンティティを形成していくことになるが、日本で生活するうえでは「日本にいる中国人青年」としてアイデンティティを形成する必要がある。そしてそれは母国の経験を土台に、日本の学校のルールやコミュニティ、教師や周囲の

生徒など複雑な関係のなかで揺らぐ。

　こういった移動に伴って生じる個人的な悩みは、必ずしも外国人生徒の親が共有できるわけではない。ましてや日本人教師や日本人生徒と分かち合うことが難しい。本書が扱う外国人生徒の共通項は、母国生まれで小学校4年生以降に日本にやってきた生徒である。本書第3部でも示すように、外国人生徒は自分だけが抱える悩みや困難を学校内で語れなかったといった経験を有する。

　矢野（2007）は、マイノリティ自身が主役として、安心しながら成長を図れる居場所が必要であることを指摘している。その居場所の代表例が、同じ文化的背景を有するエスニックコミュニティであろう。それを学校内で創り上げることは、少数点在校や多文化化する学校現場においては難しい。

　日本語教室が児童生徒にとって、言葉を学ぶ場だけではなく居場所として機能していることを示す研究もあるが、学校内では周辺に位置づけられていることも課題である。本書で扱う高校は外国人生徒の居場所を学校の「中心」に位置づけている。そうした実践が学校にもたらす効果と意味について、第2部で検討する。

④キャリア：第6章、第3部

　最後に、高校を卒業してからのキャリア教育が外国人教育の課題である。近年、日本で生活する外国人の生活状況を計量的に把握する試みが進んでいる。永吉（2021）らが実施した外国人住民調査では、「日本で大学へと進学し、新卒者として第1次労働市場（正規雇用）されるルート」が外国人の地位や生活を安定させることが示されている。こうした知見は、日本の就労制度や就労構造に参入できなければ、卒業後の生活の安定が求められないことを示唆する。しかし、高校からの大学進学には大きく3つの課題が残っている。

　第1の課題は、大学は日本の高校を経由して入学する外国人生徒の存在を認知していないことである。国内でもいくつかの大学で日本の高校出身者の大学での受け入れ枠の設定を進めているが、極一部の取り組みにとどまっている（田巻2014）。つまり、大学進学のためには一般入試を日本人生徒と同じく受験しなければならないが、高校入試と同じ適格者主義の壁に阻まれることになる。実際、大学進学先も低位校に据え置かれ、AO入試をはじめとする推薦入試でなければ壁を乗り越えられないことが明らかにされている（樋口・稲葉2018）。

　そして第2の課題として、大学進学後の生活である。高校卒業後の進路選択は

「個人の選択」である。けれども、進路を選択する際に、「進学しない」ことと「進学できない」ことは意味が違う。学費が高く奨学金も乏しい日本では、日本人であっても経済的に余裕がなければ大学進学は難しくなる。在留資格によっては奨学金が受給できず、アルバイトを掛け持ちしなければ学費が賄えないといった状況もある（山本2017）。

　第3の課題は、大学入試を高校卒業後のゴールとする教育は、結局のところ外国人生徒を日本人生徒と同じ競争に駆り立て、日本社会への同化のみを求めることになってしまうことである。例えば外国人生徒にとっての学力をどのように位置づければよいだろうか。本書でも明らかにするように、枠校出身者の多くはAO入試で大学へと進学している（第10章）。こうした実情にあるのも、一部の生徒を除けば、日本に来て数年しか経過していない外国人生徒が、多数の教科で受験することが難しいからである。なにより外国人生徒にとって国公立大学への進学は、日本人生徒以上の困難が伴う。

　学力が大学進学の「ため」だけにあるならば、外国人生徒にはより積極的で戦略的な日本語教育が必要になる。現行の大学入試をふまえると、母語教育の必要性の余地は狭くなるだろう。しかし、学力が大学進学だけでなくその後の日本での生活に関わるものとして捉えるならば日本語能力だけでなく、母語能力や自尊感情といった項目も考慮されなくてはならない。限られた時間内で身につけるべき学力について、議論は分かれるところであるが、枠校においては後者の学力観に基づいた教育がおこなわれている。

　以上の課題に加えて、外国人生徒向けの進路指導は日本人生徒と同じで良いか、という論点も残されている。とりわけ高校卒就職では、「1人1社制」が維持されており、選択肢は少ない。高校においては外国人教育の担当者と進路指導の担当者は別であることが多いため、進路指導においては「教員任せ」になりがちである。企業からの要求もまた「日本人生徒並みの能力」が外国人生徒には求められる。

　それではいかなるキャリア教育が可能なのか。本書では学校側のアプローチや生徒の卒業後の進路についても調査している。前著で示した生徒の将来展望は「とりあえず進学型」「架け橋型」「国際型」「手に職型」「現実直面型」であった。こうした将来展望をどのように生徒が叶えていったかを第3部で示す。

2. 学校文化を捉える本書のスタンス

　マイノリティを通じて学校文化を議論することの意義について、志水は「弱者にとっての学校のあり様を探究することによって、正統的な学校文化の構造を浮き彫りにし、その変革の道筋を探ること」（志水1996）であるとしている。そして志水・清水（2001）は、外国人生徒に「同化を強いる風土」と呼びうる学校文化、外国人生徒を「特別扱いしない学校文化」を見いだした。それらは日本の学校文化の特徴を捉えたものであろう。

　こうした議論をベースとして、私たちは大阪府の枠校における長期的なフィールドワークを通じて、「特別扱いする学校文化」を探究してきた（伊藤・王・林・山本2019）。調査地である大阪府では、同和教育や在日朝鮮人教育、障害児教育をベースとし、マイノリティを中心に据える教育が芽吹いている。こうしたコンテクストがあることが、すぐさま「特別扱いする学校文化」をつくりあげるわけではない。個々の教育実践、教育システム、コンテクストが関わりあった総合的な取り組みなのである。

　そこで、本書において学校文化を捉えるためのスタンスについて整理しておきたい。まず、「コンテクスト」について。枠校が設置されようとしていたころ、大阪府においては高校再編、特色ある学校改革が進められていた。枠校も高校再編のなかで設置されたという経緯がある。もっとも、枠の設定はトップダウンで進められたわけではない。枠が設置された高校では、同和教育・人権教育や在日朝鮮人教育の実践や、中国帰国者の集住地域であったことを背景とし、外国人教育支援の取り組みなど、マイノリティ生徒を支える教職員の実践が積み重ねられていた。

　以上のようなコンテクストを背景とし、学校の理念や教員組織、「システム」が整備されていく。枠が設置された学校では、外国人生徒への教育担当者の配置がおこなわれ、なかでも同じく外国にルーツをもつネイティブ教員（民族講師）が雇用された。そして校内には外国人教育を主に担当する教職員組織・集団が築かれていく。カリキュラムの面では、学校制度（総合選択制、総合学科、単位制）の枠組みのなかで、日本語や母語、各教科の授業を抽出でおこなうための基盤づくりが推し進められている。

　このような教育システムに基づいて、具体的な「実践」が取り組まれている。枠校では、外国人生徒に配慮したカリキュラム編成のもと、日本語指導、母語保障、

外国人生徒を「特別扱いする学校文化」

【コンテクスト】
・大阪府の高校再編、特色ある学校改革
・同和教育・人権教育、在日朝鮮人教育などの伝統（ディスエンパワーされた生徒を中心に据えた集団づくり、学力保障、進路保障など）

【システム】
・教職員の配置（外国人教育担当教員、ネイティブ教員、母語講師、日本語担当教員、など）
・外国人生徒のためのカリキュラム（日本語・母語・各教科の抽出授業や選択科目など）

【実践】
・日本語指導（抽出授業、1年次の日本語の集中指導、日本語習熟度別指導など）
・母語保障（母語の授業、母語能力検定対策の授業と単位化など）
・教科指導（原学級からの抽出授業など）
・居場所づくり（居場所となる教室の設置、クラブ活動の実施など）
・行事への参加（文化祭での発表、外国語弁論大会など）
・進路指導（AO入試や推薦入試、中国語や英語を生かした受験など）

表補-1　外国人生徒を「特別扱いする学校文化」　（筆者作成）

教科指導などが実施されている。また、枠で入学した外国人生徒を主な対象としたクラブ活動が編成されていった。この居場所としてのクラブ活動は学習指導・生徒指導・進路指導上のさまざまな機能を担っており、外国人生徒は校内外のさまざまな行事へとクラブ活動を通して参加する。そのことが、日本人生徒と外国人生徒の関係づくりの促進や、外国人生徒のエンパワーにつながることが期待されているのである。

3. 本書における用語に関して

以下では本書において、使用する用語について、説明を加えておく。

○外国人生徒という呼称

本書では「外国人生徒」という言葉を使用している。枠校では「帰国・渡日生徒」と呼ばれている。一部研究やNPOなどでは「外国につながりのある生徒」「外国にルーツをもつ生徒」とも表現される。前著では「ニューカマーの子ども

たち」という用語を使用した。もはや「移民」という言葉を使うことが妥当であるとする研究書もある。

　まず「ニューカマー」という言葉は「オールドカマー」との対比で用いられてきた。戦前期から日本で生活してきた外国人である在日朝鮮人や在日中国人をオールドカマーと呼称し、1970年代以降（とりわけ1990年に施行された出入国管理及び難民認定法）に急増した外国人をニューカマー外国人と呼称されてきた。しかし1970年代から見ればすでに50年以上経過したいま「オールドカマー」「ニューカマー」という言葉は適切ではない。

　多くの筆者は「移民」という言葉を使うようにしているが、「移民生徒」という言葉は学校現場において一般的ではないし、「日本での永住」というイメージが生じる（必ずしも移民の定義は永住を前提としないが）。

　「外国人生徒」という言葉は、国籍を念頭に、日本人生徒との対比によって位置づけられる言葉である。実態としては、日本国籍の生徒もいれば多重国籍の生徒もいる。誤解を招きかねない言葉であることは承知している。

　それでも「外国人生徒」を使用するのは、国籍や外国とのつながり、ルーツの所在がどのようなものであろうとも、外国人生徒は日本人生徒との比較の渦中にあること。「日本人生徒向けの教育」が自明の理のもとに追求されてきた学校現場において、外国人生徒はいまもなお従属的な位置づけにあること。なにより、外国人が否応なく背負わされてきたハンディキャップは、オールドカマーの時代からニューカマーの時代を経て、今日に至るまで変わっていないこと。すなわち、日本人と比較され、戦後教育において継続的に排除の対象となってきた存在であることから、本文では「外国人生徒」という言葉を使用する。「教育の現場から」では各執筆者が日常的に使う用語を採用し、統一しないこととした。

○ネイティブ教員

　外国人生徒たちの母語指導、母語による教科学習指導、課外活動の指導、進路指導、保護者へのサポートなどをおこなっている。枠校のネイティブ教員の源流には、公立小中学校の、在日コリアン教育における民族学級と、そこでの民族講師の実践がある。子どもたちのアイデンティティの保障のためには母語が重要であること、母語の学習には同民族の教員があたらなければならないこ

と、生活上の相談や保護者との連絡のためにも同民族の教員の役割は大きいこと。実践の積み重ねの中で結晶化されてきたこれらの考え方が、ネイティブ教員の配置にも受け継がれているといえる。

○外国人生徒の居場所・クラブ活動

外国人生徒を受け入れる枠校では、外国人生徒が集う居場所やクラブ活動がある。学校によって独自の呼び名があり、その機能にも違いがある。

○エンパワメントスクール

「エンパワメントスクール」生徒の「わかる喜び」や「学ぶ意欲」を引き出し、学力と社会で活躍できる力を身に付けることを目標に、大阪府が設置する高校の名称。基礎学力や幅広い思考力を身に付けるため、1年次では、3教科（国数英）は30分授業で実施、つまずいたところを徹底的に学ぶために、5教科の授業は1年次では「教科書にとらわれない基礎科目」を、必履修科目や選択科目は、2年次以降を中心に実施する。

○センター校

大阪市内の小学校7校、中学校7校をセンター校に指定し（2021年度現在）、学校からの日本語及び学校生活への適応等に関する教育相談、及び通級による日本語・適応指導を実施している。通級の対象は、日本語指導が必要な小学校4年生以上の児童・生徒で、週2〜3回、1回2時間程度の指導をおこなう。通級の期間は概ね1年間。日本語指導用教材、視聴覚教材、資料、関係図書等を整備し、貸出しをおこなっている。大阪市教育委員会「帰国した子どもの教育センター校」（2019年度より「日本語指導が必要な子どもの教育センター校」に名称変更）が正式名称。

○在留資格

「外国人」が日本に入国、在留するために必要な資格（許可）のことである。例えば、在留資格が「家庭滞在」の外国人生徒は、就労時間が週28時間以内に制限されているため、正社員として就職できない。在留資格によって、労働時間など働く条件が変わってくるため、枠校では外国人生徒の進路指導を念頭に、

在留資格を把握・留意している。

府立外教（大阪府立学校在日外国人教育研究会）主催の行事

○新入生歓迎！高校生交流会

　　毎年5月に外国にルーツを持つ生徒や交流した日本人生徒も加え、在籍校別の
パフォーマンス等の出し物や言語別交流で国別の先輩から経験談を聞くなどを
おこなっている。

○Wai Wai! トーク

　　2002年から府立外教が主催し、外国にルーツをもつ生徒が母語や継承語で自
分の体験や思いを発表している。文化の保持・伸長をはかるとともに、交流し
つながりを深めることを目的とする生徒発表大会。6、7月に2・3年生を対象と
したpart1、1月に1年生を対象としたpart2がおこなわれる。最優秀賞の生徒は
人権文化発表交流会で発表する。

○中国の集い、OneWorld、はんまだん

　　中国の集い：2006年から始められた、府立高校に在籍する中国・台湾等に
ルーツを持つ生徒たちが集い交流をする場。2017年度から「你好交流会」に改名。

　　OneWorld：2008年から始められた、府立高校に在籍する中国以外の国にルー
ツのある高校生が集まり自分たちの料理を作って試食しながら交流を深める場。

　　はんまだん：2006年から始められた朝鮮半島にルーツをもつ高校生の集い。
「はんまだん」とは韓国・朝鮮語でひとつの広場という意味。

府立外教（大阪府立学校在日外国人教育研究会）主催以外の行事

○春節の会

　　1990〜2017年開催。1990年「中国帰国生・渡日生交流会」が、少数であっ
た中国帰国生たちが中心に教員のサポートを受けながら5月の「新入生歓迎会」
と2月の「春節の会」を中心に交流を深めた。その後、新入生歓迎会は府立外教
の主催で高校生交流会として開かれ、「春節の会」は継続して「中国帰国生・渡
日生交流会」が主催しておこなわれている。

○人権文化発表交流会

　大阪府教育委員会と大阪府教育センターの主催で人権が尊重された学校作り
を目的に教育センター大ホールで2月に毎年開催されている。人権作文、展示発
表、舞台発表に分かれて、府立高校、支援学校の生徒たちが活動の成果を発表
している。

○子ども作文コンクール

　全関西在日外国人教育ネットワーク「関西ネット」主催事業（構成団体は奈良
県外国人教育研究会、兵庫県在日外国人教育研究協議会、大阪府在日外国人教育研究協
議会、全国在日外国人教育研究協議会京都、在日外国人教育を考える会・滋賀）。1996
年から毎年度「ちがうことこそすばらしい！　子ども作文コンクール」を企画。
在日韓国・朝鮮人の子ども、ニューカマーの子どもの声を聞き、その思いを受
けとめることで、日本の社会や学校がさまざまな違いを理解し、多文化共生社
会をめざすことを願ってこの事業を開催している

○府内高校生による訪日観光客への案内通訳ボランティア

　2015年、NPO法人おおさかこども多文化センター（オコタック）と大阪市交
通局と府内の高校が協力し夏休み「府立高校生の中華圏観光客案内通訳ボラン
ティア」を難波、梅田、心斎橋、日本橋の切符売り場前で始めた。新聞やテレ
ビなどで大きく取りあげられている。学校側では「大阪市営地下鉄通訳ボラン
ティア」、2018年からは「大阪メトロ地下鉄通訳ボランティア」と呼称している。
2015年度より2019年度まで府内の高校10校から延べ約1000名の生徒が参加した。
（2020年からはコロナ感染防止のため中断）

[山本晃輔]

▼注
　　(1)　太田はCummins（1981）に基づいて、場面依存度が高い言語を「社会生活言語」、場
　　　　面依存度が低い言語を「学習思考言語」と呼んでいる。この区別はしばしばCummins
　　　　（1979）が提唱したBICS/CALPの区別と混同されることがあるが、別の概念である。本
　　　　林（2006）が指摘するように、Cumminsの理論や仮説に対する誤解については、
　　　　Cummins（2000）で詳しく説明されている。
　　(2)　宇都宮（2014）によると、専門用語であった「ダブルリミテッド」は、消化不良のま

まで一般名詞化しつつある。しかし、これは単に「セミリンガル」といった差別的な用語を言い換えるために使用されるにとどまっており、複数言語話者に対する偏見へとつながる恐れがあると指摘されている。

第1部
大阪府における枠校は
どのようにしてつくりあげられているのか

第1章　大阪府における　　　枠校のコンテクスト

　序章でも述べられていたように、ニューカマーといわれる外国人が増加しはじめてから30年間、国の教育施策としてはその問題を「日本語指導を必要とする」側面からしか捉えてこなかった。しかし、子どもが成長し日本社会に定着していく現実の中、学校側に都合のよい日本語指導や適応教育の視点のみの限界は、進学やキャリア形成といった側面から明らかにされてきた。子どもを日本語能力別に分けて指導するだけでなく、主体として自己実現していくことを応援する眼差しが教育に求められているとすれば、社会の周縁に置かれがちな子どもたちの背景を理解する必要がある。幸いなことに大阪ではそうした「しんどい子 [(1)] どもたちを中心に据える教育」が綿々と続いており、そうした文脈の中で、外国人の子どもへの積極的な差別是正措置として高校に「枠」が設置され、編入後のシステムが構築されてきた。この章ではそうした大阪における教育支援の歴史や制度・その内実について、まとめていくものとする。

1.　マイノリティの子どもへの教育保障の歴史

　大阪におけるマイノリティの子どもの教育権保障の起点には、多くの場合、長年に及ぶ同和教育の取り組みとその成果がある。ニューカマー児童生徒の教育、そして、枠校設置についても例外ではない。

　1950年代、「今日も机にあの子がいない」に代表されるように、教職員組合や教育研究組織（大阪府同和教育研究協議会、大阪市同和教育研究協議会など）を中心に、同和地区児童生徒の長欠・不就学に関する取り組みが本格化した。1960年代にかけては、行政を巻き込んだ展開——同和教育推進教員の配置、教科書無償化運動、越境通学反対運動など——が見られた。1966年に大阪市、1967年に大阪府が、同和教育基本方針を公布、地方自治体として同和教育に対する姿勢を明らかにした。

　以上のような動きのなかで教師や行政関係者の間で育まれたのが「しんどい子」を中心に据えた教育の視点である。差別の現実から深く学び、そこから出発するといった同和教育の思想と教育実践が、多くの学校で大切にされていった（新保

2008)。

　このような思想や実践は、他のマイノリティの教育にも敷衍されていく。ここでは、障害者と在日コリアンの教育権保障の動きを、後の枠校設置との関連で重要な事項を中心に取り上げる。

　まずは、障害者の教育権保障である。1970年代以来、同和教育の副読本『にんげん』が作成、頒布され、反差別の視点を中心とした教育内容や方法の工夫が、集団づくりの立場から小中学校に普及していく。その流れのなかで、障害児が健常者と共に学ぶ教育——インクルーシブ教育——が促進されていった（二見2017）。

　中でも知的障害のある生徒の高校進学に向けた取り組みは注目に値する。1979年、松原高校で「準高生」として知的障害のある生徒の登校が認められ、柴島高校でも同様の制度ができた。これらの高校は、同和教育を熱心に取り組んでいたところである（新保2008）。高校の「適格者主義」を突き崩すこの動きは、後の枠校の制度に通じる面がある。

　1977年、障害のある生徒に対する入試時の特別措置が開始される。当初、拡大解答用紙のみだったが、その後、時間延長、点字受験、代筆解答、別室受験など、措置は拡張されていく。1989年には、外国人生徒の入学特別措置制度（試験時間の1.3倍延長など）ができるが、障害のある生徒に対する措置を援用する形で制度化された。

　つぎに、在日コリアンの教育権保障だが、大阪では小中学校を中心に、民族学級・民族クラブ（以下、民族学級）の設置、韓国・朝鮮や在日コリアンに関する授業の実施、「本名」を呼び名乗る実践、進路保障などが行われてきた（中島2008）。中でも枠校に関連して重要なのは、民族学級の設置である。民族学級は、主として教育課程外に韓国・朝鮮の言葉や文化、歴史の学習を保障する時間・場であり、公立小中学校に設置されてきた。

　1948年、阪神教育闘争で知られる朝鮮学校閉鎖後の動きのなかで、文部大臣と在日コリアン代表との間で覚書が交わされ、朝鮮学校閉鎖後の民族教育の可能性に道が開かれた。これを受け、大阪府知事と在日コリアン代表との間で覚書を締結。「朝鮮人児童・生徒の在学する大阪府下の公立小中学校に於いては、（中略）課外の時間に朝鮮語、朝鮮の歴史、文学、文化等について授業を行うことができる」とされた。覚書民族学級は、講師がやめると後任補充されずに数を減らしていったが、1972年の長橋小の民族学級設置は覚書に拠らない設置として注目され、その後新

規に民族学級が設置される契機となった。また、1991年には「日韓法的地位協定」のなかで覚書が交わされ、課外で開設される民族学級の継続について日本政府による配慮が確認された（朴2008）。

　学級の担当者は、「民族講師」と呼ばれる韓国・朝鮮をはじめとした主として外国ルーツの者であった。民族講師はごく一部が府費による常勤講師で、その他、大阪市では民族クラブ技術指導者招聘事業[2] として対応してきた[3]。

　大阪府の枠校の大きな特徴として、基本的に1校につき1人、「民族講師」（のち「ネイティブ教員」）と呼ばれる教員が配置されてきたことがあげられる。中国出身者を中心としたこの「民族講師」の配置は、当然のことながら、在日コリアンの教育権保障に基づく民族学級の「民族講師」の考え方が援用されたものである。「民族教育を行うのは当該民族出身者である」という前提が、在日コリアン教育からニューカマー教育に受け継がれていることが見て取れる。

　大阪の公立高校における在日コリアン教育の意識的な取り組みが始まったのは、1970年代ごろである。60年代末に、兵庫県立高校で部落出身の生徒や在日朝鮮人の生徒が学校の教員たちから顧みられないことに対し、自分たちの進路をどうしてくれるのかと声をあげ始め、それを受けた教員側の運動が始まった。その後、大阪をはじめとした他地域でも、朝鮮語科目の開設、進路保障、「本名」を呼び名乗る実践などが高校で広がり始めた。在日コリアン生徒の高校の進学に際し、高校側で差別的対応がとられてきたことも問題とされた（中島2008）。

　1988年、大阪府教育委員会が「在日韓国・朝鮮人問題に関する指導の指針」を策定、この指針を具体化する研究団体として、1992年に、大阪府在日外国人教育研究協議会（府外教）が設立された。同時に、府立高校や支援学校が集う大阪府立学校在日外国人教育研究会（府立外教）も結成された。以降、大阪の高校におけるニューカマー生徒の教育権保障にあたっては、府立外教とそこに集う教員らが大きな役割を果たしていくことになる。

2.　ニューカマーの子どもの教育課題と枠校の設置

　以上、同和教育を始点としたマイノリティの教育権保障の運動や実践は、障害児教育や在日コリアン教育などへ広がったが、ニューカマー児童生徒の教育課題もこの流れの中に浮上してきた。契機となったのは、1980年代後半、中国帰国児童生徒やベトナムなどからの難民児童生徒の姿が教育現場で確認され始めたことであっ

た。

　1989年、部落解放共闘会議の対府交渉で、中国帰国生徒の教育権保障が議題にあがる。同年には、大阪府同和教育研究協議会が府内の小中学校を対象に「中国帰国生徒・ベトナム等渡日生徒の実態調査」を実施し、教育実践の交流を始めた。1990年からは、大阪府同和教育夏季研究会の場で、中国帰国生徒に関する教育実践が報告されている（新保2008）。

　府立外教では、設立当初から在日コリアンとニューカマーの課題の接続が図られてきた。設立総会においては、ニューカマーの教育に関しては、在日コリアン生徒を対象とした教育の成果に基づきながら進められるべきことが確認され、日本社会で生きていくために必要な日本語の修得、民族的アイデンティティの保持と相互の民族文化の理解、進路保障などの取り組みの推進が求められた。特筆すべきは、日本語指導が「同化」であってはならないこと、「同化」を防ぐためにはアイデンティティ保障の取り組みが重要であることが、ニューカマーの子どもにも確認されていた点である（中島2008）。

　以上のような流れの中で、枠校が設置される。大きな契機は、少子化や国際化などへの対応を図るために進められた、府立高校の特色づくり・再編整備である。1999年に大阪府教委は「教育改革プログラム」を発表、2003年には「府立高等学校特色づくり・再編整備計画」が策定された。この動きのなかで、同和教育や在日コリアン教育の取り組みが伝統的にあり、中国帰国生徒が多数在籍していた学校に、枠校の設置が持ち上がったのである。

　大阪府で最初に枠が設置された高校のひとつである門真なみはや高校の教員は、設置経緯について次のように回顧している（以下、大倉2006）。

　　門真なみはや高校は、2001年に門真高校と門真南高校の統合によって設立された学校であり、開校と同時に枠が設置された。同校でニューカマー生徒支援が意識的に始まったのは、1996年、前身の門真高校に1人の中国帰国生徒が入学したことを契機とする。同校の学区内にある門真団地には、中国帰国者が集住しており、次年度からも入学が見込まれていた。学校側では取り組み強化のため、教員の中から中国帰国生担当を選出し、中国帰国生プロジェクトを設置。中国帰国生教育のあり方を議論し、指針としてまとめた。指針では、生徒のアイデンティティ保障を軸に、母語保障が重要であること、

日本語指導は同化教育にならない形で行われるべきことが明記されていた。以降、指針のもとで中国文化研究部の活動や放課後の中国語学習、日本語の抽出授業が開始される。1999年度、2000年度には文部省の中国帰国子女研究指定校となった。

このような実践に、高校再編の動きが接続される。府教委、門真高校、門真南高校の代表者で構成されたワーキングチームを中心に新校の方針が検討されるが、そのなかで、門真高校で行われていた中国帰国生の取り組みを新校に継承することが提案される。ここで重点課題となったのは、次の3つであった。第1に、母語の授業を教育課程の中に取り入れること、第2に、中国帰国生教育を非常勤講師として担っていた中国人講師（民族講師）の専任化、そして第3に、枠校の実現である。

こうした課題は、新校への移行の中でほぼ実現されていくことになる。1つ目の母語教育については、「中国渡日生小コース」が設置され、母語としての中国語教育の科目を開設することで実現された。2つ目の民族講師の専任化については、常勤講師（1年ごとの期限付き講師）として雇用されることとなった。

そして3つ目の枠校の設置についても、中学校からの要望、教職員団体からの要求、府外教からの要望など、さまざまな手段を通じて枠校の必要性を府教委に訴えた結果、果たされることになる。ただ、学校側の要求は中国帰国生徒の特別枠入試であったが、実際に府教委が制度化したのは「中国帰国生徒及び外国人生徒入学者選抜」であった。つまり、外国人生徒も対象となり、教師らの要求を上回る形での制度化が実現されたのである。

この間、府教委と高校教員らの頻繁な意見交換があったようだ。当時、「中国帰国生・渡日生の問題を考える会」（以下、考える会）が結成されていた。10数名ほどの有志の高校教員による緩やかなネットワークとして作られた考える会では、府教委の担当者との勉強会も重ねていた。この勉強会を通じて、中国帰国生の教育に関する共通理解が府教委との間でも作り上げられていったという。この勉強会や、教職員団体による交渉などの中で、中国帰国生の課題は日本語習得だけでなくアイデンティティの問題であること、生徒と同じ文化的背景を持った民族講師による相談活動が重要であること、在日コリアンの場合は民族的アイデンティティの確立が重要視されているが、中国帰国生の場合でも同様であること、などが確認されていた。

　以上のように、同和教育を起点としたマイノリティの教育権保障の流れと、大阪府教委の高校再編の流れが合流する形で、枠校の設置に至った。従来、教職員らによるマイノリティの教育権保障の運動は、関係者の人事異動もあるなかで、教育行政を巻き込む形で進められてきた。ニューカマー児童生徒の教育権保障、そして枠校の設置も、そのような現場の教員と教育行政の連携の中で果たされてきたといえる（第2章）。そして、教員や教育行政の間で共通理解とされてきた、アイデンティティ保障、母語の重要性といった在日コリアン教育のなかで培われてきた基本原則は、枠校におけるニューカマー教育の中にも受け継がれることになる。

3.　枠校の変遷

　大阪府では2001年に枠校が設置された。当初2校だった枠校は、現在8校にまで拡大されている（表1-1）。従来、枠校は大阪府の南部や東部に多かったが、2015年度、2017年度にそれぞれ北部に1校ずつ新設され、地理的な偏りの是正も図られた。なお、2014年度以降、大阪府立の高校では学区が撤廃され、府内全域から

表1-1　枠校設置の変遷 （筆者作成）

年度	名称	設置校（括弧内は新設置校）	対象者
2001年度	「中国帰国生徒及び外国人生徒入学者選抜」	2校（長吉高校、門真なみはや高校）	原則として小学校4年以上の学年に編入
2002年度		3校（八尾北高校）	
2003年度		4校（成美高校）	
2005年度		5校（布施北高校）	概ね小学校3年以上で日本語力に支障がある生徒も認める
2014年度	「中国等帰国生徒及び外国人生徒入学者選抜」に改称		
2015年度		6校（福井高校）	
2017年度	「日本語指導が必要な帰国生徒・外国人生徒入学者選抜」に改称	7校（東淀川高校）	
2022年度		8校（大阪わかば高校）	

入試科目は数学、英語、作文（母語使用可、点数化されない）。中学時代の成績を考慮しない。各校募集定員の5%以内、9〜16人程度

出願が可能となっている。

　枠校の対象者は、原則として小学校 4 年生以上の学年に編入した者である。ただし、概ね小学校 3 年以上でも日本語力に支障がある生徒や、小 4 以前に編入した場合であっても、その後に外国と往来があり日本在留期間の合計が 6 年以内の生徒などについては、府教委と要相談の上、弾力的な対応も図られている。

　対象が原則として小 4 以上編入となっている理由については、日本における小学校の教育を半分以上受けられていないとことに加え、小 4 からの学習は中学校の学習の基礎・基本となる内容が多く、その時期に渡日した子どもたちにとっては、高校進学期においてもなお、学習過程のなかで大きなハンディキャップを持っていると考えられるため、とされる。

　入試科目は数学、英語、作文となっている。作文については、母語の使用も認められており、少数言語にも可能な限り対応されている。なお、作文は 2016 年からは点数化されておらず、その扱いは各高校に委ねられている。また、中学からの調査書提出は必要ないので中学時代の成績などは考慮されていない。

　枠校の内訳だが、総合学科 [4] が 4 校、総合学科（エンパワメントスクール [5]）が 2 校、普通科が 1 校、単位制 I・II 部制が 1 校である。生徒のニーズに合わせ柔軟に受講科目を組むことができる高校を中心に、枠校が開設されていることがわかる。

　なお、これらの高校の一般枠の入試難易度は、相対的に低い。模擬テスト実施会社や大手家庭教師会社が公開している情報に基づくと、いわゆる「偏差値」に該当する数値は 30 台前半〜後半が 2 校、30 台後半〜 40 台前半が 3 校、40 台が 2 校となっている。定員割れが起こる場合もあり、小 4 以降の編入であっても一定以上の学力が認められる外国人生徒の場合は、枠を利用せず一般入試でも入りやすい状況が従来は見られた。

　ただし、近年は、エンパワメントスクールへの移行などに伴い、学び直しを求める幅広い生徒からのニーズが枠校に集まっている。そのため、入試の倍率が上昇し、以前であれば一般入試で受験していたようなニューカマー生徒が、枠校へと流れる傾向も見られる。結果として、枠校を不合格となる生徒も増え、ニューカマー生徒が様々な高校に分散する状況も散見されるという（2016 年 3 月 17 日、大阪府教委ヒアリングより）。

　枠校における外国人生徒の受け入れ数は、各校 12 〜 16 名の募集である。年度による変動も大きいが、最大で 28 名の不合格者が出る年もあり、枠に対する生徒の

表1-2　選抜における特別措置の変遷　　　　　　　　　　　　（筆者作成）

年度	配慮事項	対象者	備考
1989年度	検査時間の延長	原則として小学校4年生以上に編入	
1990年度	日中辞典の持込み可		中国語への対応
1991年度	日越辞典の持込み可		ベトナム語への対応
1993年度	「ふりがな票」の配布		
1995年度	問題文へのルビ打ち		
1996年度	小論文における翻訳		
1996年度	辞書の持込み2冊まで可	原則として小学校2年生以上に編入	『日比辞典』『比日辞典』の持ち込みなど、すべての言語に対応できるよう配慮
2000年度	作文・小論文におけるキーワードの外国語併記		
2006年度		原則として小学校1年生以上に編入	
2016年度	自己申告書の代筆		

ニーズは明確であるといえる（第2章）。

　なお、枠校とは別に、1991年から「海外から帰国した生徒の入学者選抜」も行われている。これは、主に国際系、英語系のコースがある高校（2019年度現在19校）に設けられており、応募資格は海外に継続して2年以上滞在し、帰国後2年以内の者となっている[6]。国籍は問われない。入試科目は数学・英語・面接（使用言語は日本語）である。

　また、以上のような枠校とは別に、受験校を問わず、1989年から上記のような入試時の特別措置も行われている（表1-2）。当初、配慮事項は試験時間の延長のみ、対象者も原則として小学校4年生以上の学年に編入した者だったが、配慮事項の拡大が図られ、対象者の条件も徐々に広げられた。

4.　今日の枠校

　枠校の設置にあたっては、入試での配慮のみならず、入学後の教育環境の整備も同時に進められた。ここには、教育行政側が学校現場からの要請に応えながら制度を作っていった経緯が反映されている。具体的には、外国人生徒支援の校内拠点の設置、特別なカリキュラムの編成、支援のための教職員の組織化などが各校で行わ

れている（第3章1節）。

　各校では、外国人生徒を支援する教職員組織が明確に配置されている。

　外国人生徒の具体的な指導については、外国人生徒担当教員と「ネイティブ教員」と呼ばれる外国ルーツの常勤講師が中心になって進められている。ネイティブ教員は、東淀川高校を除く7校に加配の形式で配置されている。基本的に中国出身者であり、長年「民族講師」と呼ばれてきた。ネイティブ教員は、生徒たちの母語指導、母語による教科学習指導、課外活動の指導、進路指導、保護者へのサポートなどを行っている（第3章2節）。枠校のネイティブ教員の源流には、在日コリアン教育における民族学級と、そこでの民族講師の実践がある。子どもたちのアイデンティティの保障のためには母語が重要であること、母語の学習には同ネイティブの教員があたらなければならないこと、生活上の相談や保護者との連絡のためにも同ネイティブの教員の役割は大きいこと。実践の積み重ねのなかで結晶化されてきたこれらの考え方が、ネイティブ教員の配置にも受け継がれている。

　ネイティブ教員については、雇用の安定化が図られてきた。前述のように、2001年以前より非常勤講師として生徒たちの母語指導などにあたってきたネイティブ教員は、2001年に枠校が制度化された際、常勤講師となった。ただし、1年ごとに契約が更新される期限付き講師であり、その雇用状況は安定的とはいえなかった。そのため、教職員はネイティブ教員の雇用の安定化を府教委に要求してきた。結果、2010年より、中国語教員の採用試験が開始された。当時の枠校にいた5人のネイティブ教員は、教員採用試験を受けて採用される形で契約期限のない常勤講師に移行したが [7]、採用試験の導入は一般に開かれたものであり、当該教員が不採用となる可能性もあった。結果として懸念された事態は起こらず全員が採用されたわけだが、ここには、単に中国語の能力があるだけでは枠校の生徒の指導ができないことを、採用側の府教委が理解していた点も大きいという。

　各校にはその他、日本語指導充実加配として日本語指導教員が配置されているほか、日本語指導や母語指導のための非常勤講師や特別非常勤講師の配置なども行われている。特別非常勤講師の配置については、府教委の「学校支援人材バンク事業」として行われている。これは必ずしも外国人生徒の支援にかかわるものだけではないが（また高校にも限られない）、教員免許状をもたないが専門性の高い社会人が人材登録を行い、学校側の依頼に応じて一定期間配置される形をとる。

　なお、母語指導については、どのような少数言語であっても、生徒の母語を話せ

る人材を探し出して対応する姿勢が各学校には見られる。たとえば、同じスペイン語の教師であっても、南米系のスペイン語話者と欧米系のスペイン語話者は区別し対応されている。

　枠校における人材の配置にあたっては、「日本語教育学校支援事業」[8] も活用されている。この事業の対象はすべての府立高校だが、枠校でも利用されている。（すべての府立高校対象の支援施策は表1-3のとおりである）

　2005年度から開始された同事業の柱は、教育サポーターの派遣である。生徒の母語を理解する者を教育サポーターとして派遣することで、生徒個々の多様な生活背景や、これまでの学習状況などをふまえた指導の補助などが行われている。サポート内容は、授業での通訳、日本語指導、教科指導、母語・母文化指導、進路実現のための指導、母語による悩み相談、保護者懇談などの通訳、緊急時の翻訳など多岐にわたる。教育サポーターは、各年度の始めに各校からの要請を受け、府教委が必要だと判断すれば、登録サポーターのなかから人材のマッチングを行い、派遣されることになる。

　同事業では、教育サポーター派遣以外でも、教育サポーター育成のための研修、日本語指導担当教員などの研修、日本語教育学校支援専門員（日本語教師有資格者またはそれに準じる者）の派遣、多言語学習支援員の派遣（日本語指導が必要な生徒が抱える悩みなどへのアドバイス）、教材などの情報提供、通訳者の派遣、高校生活オリエンテーションの実施（高校入学予定の生徒やその保護者を対象とした高校生活に関する情報提供）、などが行われている。

　同事業を推進するにあたり、大阪府日本語教育支援センター（通称、ピアにほんご）が設置された。ピアにほんごでは、高校の日本語指導担当教員や教育サポーターが必要とする情報や、日本語教材をはじめとする資料が収集・提供され、各種の相談を受け付けている。ピアにほんごの運営は、NPO法人おおさかこども多文化センター（通称オコタック）に事業委託されていた [9]。このNPO法人は大阪府教委の働きかけのもとに作られた組織で、元教員たちが主流メンバーとして活動し、現在も外国人生徒支援において重要な役割を果たしている。

　以上見てきたように、大阪で外国人教育を推進したアクターは教員集団である。とくに教育運動的な歴史を背景とした、実践・調査研究・提言する教育研究組織が1990年代につくられ、教育改革等と共に教育行政とも親和的な関係性の中でシステムが整えられてきた。また、同和教育や障害児教育、在日コリアン教育と同じく

表1-3　大阪府立高校における外国人生徒向け施策（2022年）　（筆者作成）

内　容	対象	概要	備考
教員加配	生徒	日本語指導の必要な学校に対して常勤職員を加配。	
非常勤講師	生徒	学校からの要望に応じて非常勤講師を配当。	
教育サポーターの派遣	生徒	母語を理解する人材を教育サポーターとして派遣し、生徒個々の多様な生活背景やこれまでの学習状況等を踏まえた指導補助及び学校生活をサポートする。生徒一人当たり年間最大20回派遣。1回あたり2時間。	委託^{（※）}
保護者懇談等通訳派遣	生徒／保護者	保護者懇談において通訳者を派遣。派遣回数は生徒一人につき年間原則1回。	委託^{（※）}
多言語学習支援員の派遣	生徒	自身が渡日等生徒等であり大学等在学者を多言語学習支援員として学校に派遣。主に放課後に教科指導を行ったり、悩み相談に乗ったりしている。1校あたり年間20回。1回あたり4時間程度。	
高校生活オリエンテーションの実施	生徒	帰国・渡日生徒の新入生を対象に高校生活オリエンテーションを実施。授業料のことや奨学金制度、日本の高校生活について通訳を交えて説明を行う。例年、3月末に開催。	委託^{（※）}
日本語指導専門員の派遣	教員	日本語教師有資格者（またはそれに準じる者）を専門員として学校に派遣し、教育サポーター・多言語学習支援員・教員への指導助言を行う。	委託^{（※）}
日本語指導担当教員研修	教員	教員向け研修として「外国にルーツを持つ子どもの受入・日本語支援研修会」を年4回開催。大阪府立学校在日外国人教育研究会との共催。	
教育サポーター育成研修会の開催	教育サポーター等	教育サポーター等通訳ボランティアとしての活動を希望する人を対象に、臨床心理等の教育相談及び学校システムや多文化共生の理解を深める研修を実施する。令和3年度は11月17日（水）及び11月24日（水）に開催。	
人材・教材情報の提供	教員／教育サポーター	日本語教育等に関する相談を行うとともに、生徒のサポートに必要な多言語の教材や教育サポーターなどの人材情報を集約し、学校に提供する。	委託^{（※）}
ICTの活用による遠隔支援	生徒	ICTを活用し、母語指導の実績がある高校を拠点として、他校に散在する支援が必要な生徒に対し、タブレット等を用いて遠隔支援を実施する。	

（※）令和4年度は学校法人大阪YMCA日本語教育センターに委託

「マイノリティの教育保障」が実践現場からの声を受けながら蓄積されてきた。とくに、在日コリアン教育との連続によって、アイデンティティを育むための母語・母文化保障と担当教員としてのネイティブ教員の配置については、全国でも特筆すべきものであるといえる。ただ、こうした大阪の特徴的な教育が外国人の子どもの進学やキャリアにどのような影響を与えているのか、これまで明らかにされてはこなかったことであり、本書では特にそこに焦点を当てていくこととする。

［榎井縁］

▼注

(1)　同和教育で使われてきた「しんどい子」という表現は、「問題児」として排斥するニュアンスはない。社会的・経済的・家庭的に不利な状況にあって、教育課題を持つ子どもに対する愛情表現として使われる（新保2008）

(2)　1991年の「日韓法的地位協定」の覚書を受けた文部省が、「課外における韓国語等の学習の取り扱いについて、日韓両国民の相互理解と友好親善の促進の見地に配慮するように」との通知を発出。大阪市では1992年より「民族クラブ技術指導者招聘事業」を開始した。2007年からは「国際理解教育推進事業」へと移行している。

(3)　ただし、大阪市では、2017年3月に改訂された大阪市教育振興基本計画より、従来「民族学級」「民族クラブ」と呼ばれてきたそれが、「国際クラブ」へと名称が統一されることになった。それにともない、「民族講師」についても「国際クラブ指導者」となっている。実態としても児童生徒の多文化化は進展しており、中国や韓国・朝鮮以外の要素も取り入れた活動へと拡張が図られたと捉えることもできるが、在日コリアンの教育権保障として積み重ねられてきた実践、そこに込められた理念の希薄化も懸念される。

(4)　大阪府では「普通科」と「総合学科」を組み合わせた「普通科総合選択制」を独自の制度として設けてきたが、近年は「総合学科」として再編されている。「総合学科」は普通科と比べて「福祉」や「国際」などコースに即した専門科目から授業を選択することができる。

(5)　エンパワメントスクールとは、中学校までに学習の「つまずき」を経験してきた生徒を中心に、「基礎学力」「考える力」「生き抜く力」を育むことをコンセプトとした学校。30分授業や習熟度別授業などが各校で積極的に取り入れられている。2015年度から運用され、長吉高校は2015年度に布施北高校は2017年度に移行している。

(6)　当初の対象者は「海外に継続して3年以上滞在し、帰国後1年以内の者」とされていた。

(7)　外国籍の教員採用については、「任用の期限を附さない常勤講師」であり、日本人の「教諭」とは区別されている。ただ、大阪府ではその職名を「教諭（指導専任）」としている。

(8)　「日本語教育学校支援事業」の内容ついては、（新矢2008）を基に、筆者が現行のものを2021年7月に府教委に問い合わせ、修正している。

(9)　同事業は2019年から大阪YMCAが受託している。

教育の
現場から
1

大阪の渡日生教育と特別枠

大倉安央

1990年代、中国帰国生（中国残留日本人の家族）が高校に入学し、大阪の高校での取り組みがはじまった。やがて在籍校の教員の連絡会もでき、中学校の教員とも意見交換をすすめた。一足早く中国帰国生を受け入れていた中学では、将来に希望さえ持てない子どもたちが荒れ、中学でドロップアウトする生徒も出てくるような状況であった。私は、地元中学の教員と出会って初めてそうした現状を知った。当時は、入学試験時のルビ打ち・辞書持ち込み・時間延長などの「配慮」がなされていたが、それでもこの子どもたちにとって入試はそびえたつ「壁」であった。せめて高校進学の希望を持たせたいという中学の教員の切実な思いは、重くのしかかった。

そうしたなかで、①中国帰国生を受け入れるための特別枠、②非常勤で勤務する中国ルーツの教員の専任化、③母語授業、④日本語授業などを求めるようになった。そのとき、私たちの念頭にあったのは、在日コリアンの子どもたちの民族教育の歴史であった。母語保障は外せない要求であった。

やがて、現場の抱える問題を府教委とも共有するため、府教委事務局の担当者と在籍校教員の「勉強会」も始まった。勤務時間外ではあったが、府教委の担当者も熱心に私たちの話を聞いてくれた。この担当者ももとは現場の教員で、大阪の民族教育や人権教育の経験はそれなりに「共有」されていた。私たちが意見交換をした府教委の担当者で、のち現場に戻って渡日生教育にかかわる教員もいた。

また、小学校から高校まで、ほとんどの公立学校が参加する大阪府在日外国人教育研究協議会（府外教）が組織されていたことも、特別枠実現の大きな力になった。私が地元中学の教員と知り合うことができたのも、府外教が開いた情報交換会であった。2001年度から外国人生徒もふくむ特別枠入試と母語教育などの渡日生教育がスタートした。大阪の特徴は、あくまでも現場の実践が先行していたことにあった。

教育の現場から2

日本語以外の多言語が飛び交う高校

枠校の外国由縁の生徒にとっては、「同年代と母語で語らえる場」。日本の生徒にとっては、「日々多文化。日本だけでは将来を描けないと体感する場」。管理職にとってはなすべきことが見えても「人材と予算の壁を思う場」。大阪の枠校の優れた特徴は母語指導と思う。枠校の生徒は「日本語だけ」を強いられることもなく、母語で生き生きと会話する。自信のない日本語のときと違い声も大きい。楽しい雰囲気に日本の生徒も巻き込まれていく。枠校ではそうした「共にある場」を大切にしている。枠校の生徒の多くは親の都合による来日。悩みや母国への思いが深い者も多い。

日本語は生活言語として必達だが、学び始めたばかりの日本語では考えや思いを表出することはできない。母語の授業では、母語あるいはその文化を大事にしている講師から、大人の言葉で母国のことや日本との関係などについても学ぶ。やがて当人たちの母語は大人の思考言語に育つ。母語を大事にすることは、由縁の国・文化への敬意としても伝わる。当人たちの自己肯定感は高まり、母国の様子や文化等について自然体で話し出す。日本の生徒たちが「平熱」の世界各国に日々触れることは意義深い。

ただ、母語指導は難しい。2022年度の本校は11か国と由縁があるが、話者を探すだけでも難しい言語もある。同じ言語でも到達度はまちまちで、話せても書けない生徒もいる。各々への対応策は見えるのだが、日本の生徒の課題との共通項は方法論にはあっても具体策では少ない。少人数授業に割ける資源は制約され、各講師やNPO、大学などの支援者の厚意に頼ることとなる。枠校を通じて母語指導や日本語教育の意義が周知され、卒業後も「働ける場」が増えることも必要である。外国由縁の生徒、多文化を体感する生徒が「共にある場」も充実し、その生徒たちが「いずれ働く場」へ帰ってくるといった好回転にもつながろう。母語指導に感じる壁がなくなり、各地において枠校の日常が当たり前になることを望む。

内田正俊

教育の
現場から
3

「枠校」——特別枠のある「学校」

白石素子

2008年、私は「枠校」として8年目を迎えた高校に赴任した。枠創設から関わっている先生方も多く、渡日生や保護者との関わり方、教科指導、学級運営、部活動等での渡日生特有の課題や考え方の違いなど、事例とともに教えてもらった。日々のふとした場面でのアドバイスだったり、たわいない会話の中での経験談だったり、真面目な教科相談だったり、様々な形で渡日生に関することが共有されていた。進路指導ならあの先生、この教科の抽出授業なら……、生徒指導なら……、とあちこちに渡日生対応のプロが在籍し、その経験が社会情勢や生徒状況の変化によりブラッシュアップされながら継承されていた。

それは校内だけとは限らない。渡日生の少数点在校に異動した教員が支援の中心となる。渡日生のカリキュラム作成に関わっていた教員が異動先でカリキュラム作成を担う。養護教諭が支援学校に異動し、支援の必要な渡日生に対応する。このように「枠校」の経験は校外にも広がり、横の繋がりが強固になっていく。

枠創設以来、渡日生に関わることは渡日生プロジェクトという校内の専門委員会が中心となり支援体制を構築してきた。しかし、それは校内における実践のひとつであり、同時に分掌、学年、教科など各組織が、渡日生と関わる中でそれぞれの課題に直面し対応してきた。このように学校のいたるところで、渡日生に関する知識や経験が蓄積され、支援の形が網目状にできあがっていく。それは、学校特有の組織における知識や経験の蓄積であり、教員が渡日生に毎日向き合う「学校」という場でしか作り上げることのできないものだ。それを作り伝えていく。それこそが「渡日生受け入れ校」の意義ではないだろうか。

「枠校」という経験、歴史を積み上げる中で、生徒、教員、組織、そして「学校」そのものが成長する。そして、それが「学校文化」として確かなものとなっていく。そんな力を持つものが「枠校」なのである。

第2章 教育行政から見る 「枠校」配置の経緯

1. 教育行政の立場から

　日本に在住する外国人（または外国にルーツのある人）が年々増加し、その国籍・地域だけでなく、一人ひとりの生活背景などが一層多様化してきている。東京や大阪などの大都市圏ではその傾向がより顕著である。このような社会情勢のもと、大阪府では在日外国人教育や、日本語指導が必要な児童生徒の受け入れを全国に先駆けて実践し、府立高校に「枠校」が設置されたことは第1章で述べられたとおりである。

　ただし、この間の道のりは決して平坦なものではなかった。特にこの10余年は、大阪は政治に翻弄され続けてきた。2012年3月に「教育行政基本条例」及び「府立学校条例」が成立して以降、押し寄せる荒波の中にあって、大阪府教育委員会（以下、府教委という）職員の地を這うような努力があって今に至っていると言える。

　現在、筆者は大学に籍を置いているが、もともとは大阪府立高校の教員であった。府立八尾北高校で教諭として人権教育主担（当時は同担）の役割を担い、大阪府立学校外国人教育研究会（以下、府立外教という）の活動に積極的に参画してきた。また、府立長吉高校で校長を務めた経験とともに[1]、結果的に計18年間籍を置くことになった府教委でも、外国人教育施策をはじめ人権教育全般の推進に少しは寄与してきたとの自負もある。これらの経験を踏まえ、大阪府において「枠校」の制度が定着してきた時間的経緯だけでなく、その背景にある大阪府の教育的土壌と、ある時期から席巻するようになった新自由主義的思想の潮流に抗ってきた府教委の気概などについて、研究者や実践者というよりは、長らく教育行政にあって「枠校」設置にも深く関わってきた立場から書き記すこととする。

2. 大阪府における 「枠校」 設置の経緯

　府教委では「学校教育についての重要事項の調査審議」を行うため、条例により大阪府学校教育審議会（以下、学教審という）を設置している。いわば国における

中央教育審議会の大阪府版である。先般、府教委から「今後の府立高校のあり方等について」との諮問を受けた学教審は、2022年1月に答申を出している[2]。

　この答申において、「府立高校の課題」として9点挙げられている。このうち教員や学校組織等に関するものを除くと、①高校入学前の自己肯定感、②不登校や中途退学の状況、③日本語指導が必要な生徒の状況、④児童相談所等への通告に関する状況の4点となる。このことから、外国にルーツがあって日本語指導の必要な生徒をどのように受け入れ、どのように教育を保障していくかという命題は、大阪府の教育の最重要課題のひとつとして受け止められていることが分かる。

　大阪府において「枠校」を設置した背景には、1972年の日中国交正常化以来、中国残留孤児等や家族等が日本へ帰国するようになったという社会情勢がある。府教委でも、これらの生徒の学習の機会を保障する制度として、入学者選抜において時間延長やルビ打ち、辞書持ち込み等の「配慮」を行ってきたが、2001年度から門真なみはや、長吉の2校で「中国帰国生徒及び外国人生徒入学者選抜」をスタートさせることとなった。

　「枠校」として制度化した理由としては、各方面からの要望があったことはもちろんだが、日本語指導が必要な生徒の学習権を保障するとともに高校における国際理解教育を充実させたいという府教委としての思いが強かったことを強調しておきたい。さらに言えば、日本語指導が必要な生徒を少数点在の状況にしておくよりも、特定の高校に集中させることにより、非常勤講師措置及び人材バンク等を活用した多様な活動（これには、実質的な母語保障も含まれる）を効果的に行うことが可能になるという側面もあった。

　その後、2002年度に八尾北、2003年度に成美、2005年度に布施北と、着実に実施校を増やしていった。ここでは、筆者自身が直接関わってきた6校目、7校目の「枠校」設置の経緯について少し詳しく述べることにする。

　まず、日本語指導を必要とする生徒数の推移について見ておきたい。

　表2-1は，平成13（2001）年度から平成26（2014）年度までの「枠校」への志願者数と合格者数の推移を表したものである。平成13（2001）年度以降、平成19（2007）年度を除いてすべての年度で不合格者を出しているのが見てとれる。「この制度を必要とするすべての生徒を受け入れたい」。これが私たち（当時の府教委事務局職員の意。以下も同じ）の強い思いであった。

　さらに、大阪府内の各地域における日本語指導が必要な生徒数に関する調査から、

表2-1 「枠校」の志願者数・合格者数の推移

H13 (2001) 〜 H26 (2014) 年

実施校名 (学科等)		H13	H14	H15	H16	H17	H18	H19	H20	H21	H22	H23	H24	H25	H26
門真なみはや (普通科総合選択制)	志願者数	15	16	11	18	10	12	12	8	19	18	16	15	22	19
	合格者数	12	12	11	12	10	12	12	8	14	14	14	14	14	14
布施北 (普通科・デュアル総合学科)	志願者数	-	-	-	-	7	9	6	4	11	18	11	7	10	10
	合格者数	-	-	-	-	7	9	6	4	11	14	11	7	10	10
成美 (普通科総合選択制)	志願者数	-	-	10	8	10	11	11	12	6	8	17	11	12	9
	合格者数	-	-	10	8	10	11	11	12	6	8	14	11	12	9
八尾北 (総合学科)	志願者数	-	7	13	15	13	18	9	13	16	23	15	7	12	10
	合格者数	-	7	12	12	12	12	9	12	12	14	12	7	12	10
長吉 (全日制普通科単位制)	志願者数	11	12	19	16	11	19	11	12	19	19	18	19	15	9
	合格者数	11	12	12	12	11	12	11	12	12	14	14	12	12	9
合計	募集上限	24	36	48	48	60	60	60	64	62	70	66	62	62	64
	志願者数	26	35	53	57	51	69	49	49	71	86	77	59	71	57
	合格者数	23	31	45	44	50	56	49	48	55	64	65	51	60	52
	不合格者数	3	4	8	13	1	13	0	1	16	22	12	8	11	5

府教委作成資料より筆者作成

※実施校の学科等の名称は当時のもの

全地域で「枠校」ニーズがあるにも関わらず、

　①豊能・三島地域には「枠校」がないこと

　②大阪市内のニーズが非常に高いこと

以上の２点が課題として明らかになったことから、新たな「枠校」設置に向けて動き出すこととなった。

3．新たな「枠校」（6校目・7校目）設置に向けた戦い

（1）議会対応

　教育長や教育委員をはじめとする庁内での合意形成を経て、府教委としての「枠校」増設の方向性は決まったものの、その実現に向けては紆余曲折があった。まずは議会対応について述べてみたい。

　一般論として、行政が新たな施策を打ち出す場合には、その趣旨や効果について議員の理解を得ることが大変重要である。なぜなら、予算案は議会で承認されてはじめて予算となり得るからだ。府議会議員の皆さんとは、会派を問わず、日頃から教育問題や府政全般について意見交換をする様々な機会がある。そんな機会を捉えては、私たちは「枠校」増設の必要性を積極的に発信していった。するとその甲斐あって、平成25年9月定例府議会の教育常任委員会において、ある会派の議員から「日本語指導が必要な生徒の増加を考えると『枠校』の早急な拡大が必要ではないか」との質問をいただき、当時の高等学校課長が「設置に向け検討する」旨答弁をした[3]。議会でのこのやり取りが、「枠校」の新たな設置に向け多少なりとも追い風になったことは言うまでもない。

（2）予算

　毎年の予算は、財政当局が示す予算編成要領に則り各部局が要求し、各段階での査定を経て最終的に府としての予算案ができる。大阪府は長年、厳しい財政運営を強いられていることもあって、平成27年度予算編成要領[4]には以下の記載があった。

- ・経常的経費については、一般財源ベースで平成26年度当初予算額の97％の範囲内で要求すること。
- ・政策的経費については、前年度一般財源の95％の範囲内で要求すること。

　このことからも分かるように、新たな予算を伴う「枠校」の増設は決して容易ではなかった。財政当局にはその必要性を訴え、議会での答弁についても説明し、何

度も折衝を重ねたが、結局、新たな予算措置は認められなかった。しかし、現場の
ニーズに応えたいとの思いが強かった私たちは、撤退という選択肢は考えなかった。
そこで窮余の策として、財政当局には「事業認知」だけはしてもらい、予算につい
てはゼロ査定、ただし高等学校課の既存予算の枠内で対応することは可という決着
を選ぶことになった。

(3) 学校の指定と教員の配置

　新たな「枠校」をどの高校にするかということも大きな命題であった。決定に際
しては、府教委の内部検討だけではなく、府立外教の皆さんをはじめ、現場で日本
語指導を必要とする生徒たちと日々向き合っている先生方などと意見交換をする機
会を何度も持った。そういったプロセスを経て、「枠校」の「空白地域」であった
豊能・三島地域には福井高校を、ニーズが高い大阪市内については、市北部に位置
する東淀川高校を新たに指定するという方針を固めた。

　ただし、取り組みの素地のないところをいきなり「枠校」に指定してもうまくい
くことは期待できない。「枠校」として教育力を発揮していただくためには、中核
となる教員が複数名いることが必須条件である。その観点からは、福井高校は比較
的すんなり決まった。同校はこれまでから地域性を大切にしながら人権教育に熱心
に取り組んできた学校であり、牽引役となる教員もいたからである。

　一方、東淀川高校については、新大阪駅からすぐという立地条件の良さを鑑みて
「枠校」に決定したが、そのためには中心的役割を担う教員を新たに配置する必要
があった（このことについては府教委の涙ぐましい努力があったが、個人情報保護の観
点からここでは割愛する）。

　当初の予定では、2015年度から福井高校で、その翌年度に東淀川高校で実施と
いうことになっていたが、東淀川については教員の配置の関係等から、予定より1
年遅れの2017年度からの実施となった。

4.　なぜ大阪で「枠校」設置が実現したのか

　このことについては、これまでも多くの知見が紹介されている。
　例えば新保（2008）は「大阪の取り組みのベースにあるのは同和教育である」と
しているし、高田（2022）は「大阪の多文化共生の取り組みに有形・無形の影響を
与えてきた部落解放運動、同和行政、同和教育」について述べている。また、髙谷
（2022）は「大阪が歴史的にマイノリティ集住地域だったという現実がある」「マイ

ノリティが経験している差別や権利保障の不十分さという克服すべき現実の認識から生み出されてきた」と分析している。

　これらの知見に筆者も全く意を同じくする。1950年代から始まった「今日も机にあの子がいない」実態に正面から向き合う長欠・不就学への取り組みを出発点にして、「しんどい子どもに寄り添い」「子どもの生活背景に迫る」教育実践の積み重ねが、今日の大阪の多文化共生教育、そして「枠校」設置に繋がってきたのである。

　ここで、もうひとつの重要な要素を付け加えたいと思う。それは、志水（2022）が指摘するように「実践を現場で体験した教師たちが、やがて府教委あるいは市教委などに指導主事として加わるという事態が発生するようになった」ことである。

　大阪では、歴史的にみてもマイノリティ集住地域がある。それゆえに、府教委としては被差別の立場にある人たちの声を聴く機会が多くあった。かつては行政闘争という形で、交渉等の場で激しく、厳しいやりとりが行われることも度々あった。そして、その外形的な形態の激しさに対して反発や忌避の念を抱くのではなく、当事者の声に内包されている苦しみや悲しみに真摯に向き合い、受け止め、それを具体的な施策につなげてこられたのは、当事者の声を受け止める感性を備えた職員が行政の側に少なからずいたからである。言うまでもなく、その職員とは現場実践を積んできた教師（行政では指導主事）たちであった。

5.　大阪府教育委員会が大切にしてきたこと

　1節でも述べたように、この10年あまり、大阪府は新自由主義的な思想に席巻され、その荒波に翻弄されてきたように思う。志水（2022）は新自由主義的教育政策について、「市場原理（選択の自由、あるいは競争原理や成果主義）を教育の場に持ち込もうという明確な意図を備えた一連の政策」と定義しているが、まさにこの間行われてきた「学区撤廃」や、大阪府立学校条例に定める「3年連続志願割れ」規定などはその最たるものであると言える（市川2012、志水2012）。

　ところで、府教委がこれまで大切にしてきた大きな教育理念がある。それは「卓越性」「公平性」（教育社会学でいう「公正」の意。以下同じ）、それに「多様性」を加えた3つの理念である。

　これに対して、政治の潮流が新自由主義的方向に舵を切っている現下の状況においては、自由選択や競争主義的な考え方をベースにした「卓越性」につながる施策に力学が働く傾向にあることは否めない。もちろん、子どもの力を最大限に伸ばし

ていくという観点は大変重要であり、府教委が大切にしてきた理念のひとつであることは間違いない。しかしながら、「卓越性」と同時に、「公平性」の理念も重視してきたのが府教委のこだわりである。このことは、前述した学教審の2022年1月答申においても確実に引き継がれている。

　では、府教委が大切にしてきた「公平性」の原理とはどのようなものなのだろうか。それは、すべての子どもが学びのスタートラインに立つことが出来て、全体の教育水準の引き上げを図ることと説明出来るだろう。

　子どもの生活背景は様々である。その生活背景の差ゆえに、裕福で教育に関心の高い親のもとで育った子どもは人生の初期の段階からアドバンテージを有することが多いとされる。一方で、そうでない環境に育った子どもは、学びのスタートラインにすら立てない場合もある。そんな不条理な状況を少しでも是正することこそが「公平性」の原理の根底にある思想である。

　府教委は、形式平等もさることながら、実質的な平等の視点を大切にしてきた。それゆえに、子ども一人ひとりに対する支援のあり方は当然に異なってくる。多くの支援を必要とする子どもには他の子どもに比べて相対的に多く関わっていく。このことは必然であり、決して「特別扱い」ではないのである。

　なお、ここで取り上げている「日本語指導が必要な帰国生徒・外国人生徒入学者選抜」制度については、「特別枠」制度と称されることがあるが、筆者をはじめ多くの関係者はその表現は極力使わないようにしている。「特別枠」という呼称はその名の通り「特別扱い」を想起させるからである。あくまで、日本語指導が必要な生徒に教育の機会を保障するための制度であり、彼ら、彼女らを「特別扱い」するのではない。そのため、この制度のことを単に「枠」と略したり、実施校のことを「枠校」と表現することが多い。

　「特別扱い」に関しては、障がいのある子どもに関する教育について同様のことが見られる。「特殊教育」から「特別支援教育」へ転換する流れの中で、学校教育法においては、それまでの「盲・聾・養護学校」の名称が2007年に「特別支援学校」に改められた。したがって、従前の「盲・聾・養護学校」は、法律上は「特別支援学校」になった。

　この法改正を受け、多くの自治体では、所管する学校の名称を変更した[(5)]。具体的には、法律上の名称である「特別支援学校」をそのまま採用した自治体が最も多い。また、一部には依然として「養護学校」の名称を用いている自治体も見られ

る。それに対して大阪府では、あえて「特別」の文言を外して「支援学校」と称している。「支援」は特定の子どもに対する「特別」なものではなく、すべての子どもに対して行われるものとの思想が根底にあるからである。

　各自治体でそれぞれの考え方があるのだろうが、ここでも、府教委が大切にする「公平性」の理念が垣間見られるのではないだろうか。

6.　すべての子どもが学びのスタートラインに立てるように

　筆者が現在、大学で担当している授業のひとつに「子どもと多文化社会」という科目がある。外国にルーツのある子どもの置かれている現状を知り、「『内なる国際化』に向けて自分は何が出来るのか」について考察し、行動につなげていくことをねらいとしている。

　この授業では、毎年、「枠校」のひとつである長吉高校の卒業生であり、中国にルーツがある唐櫻さんをゲストに招いている。現在、母校で教諭として教壇に立っている彼女は、様々な被差別体験や、苦労しながらも困難を乗り越えてきた話を語ってくれるが、中でも「私がここまで来れたのは、長吉高校のような学校があったおかげです。私と同じく外国にルーツのある先生が居てくださったおかげです」との彼女の言葉は、学生のみならず、筆者の心を大きく揺さぶるのである。

　教育行政に携わる者は、こういった声を真摯に受け止め、施策につなげる努力をしなければならない。近年、教員の年齢構成のいびつさもあって、府教委の指導主事の経験不足等を懸念する声も聞かれるが、肝要なのは「すべての子どもが学びのスタートラインに立てる」こと。このことを何よりも大切に、今後も必要な施策を展開していくことを期待しているし、そうなることを確信している。そのために筆者自身もOBとして応分の役割を担っていく所存である。

［橋本光能］

▼注

(1)　八尾北高校、長吉高校ともに「枠校」である。ただし、筆者の八尾北高校在職時はこの制度は未実施だった。
(2)　大阪府教育委員会のWebページで参照できる。（2023/2/23確認）
　　https://www.pref.osaka.lg.jp/attach/5185/00000000/tousin.pdf
(3)　大阪府議会会議録検索システムで参照できる。（2023/2/23確認）
　　https://ssp.kaigiroku.net/tenant/prefosaka/SpMinuteView.html?council_id=872&sche

dule_id=2&minute_id=149
（4）　大阪府のWebページで参照できる。（2023/2/23確認）
　　　https://www.pref.osaka.lg.jp/zaisei/yosan/h27youryo.html
（5）　学校名は、それぞれの自治体の条例で規定されている。
　　　大阪府では「大阪府立学校条例」
　　　兵庫県では「兵庫県立特別支援学校の設置及び管理に関する条例」
　　　奈良県では「奈良県立高等学校等設置条例」

教育の現場から4

教育委員会からみた枠校

1972年の日中国交正常化以来、中国残留孤児等やその家族等が日本へ帰国するという社会情勢の変化があり、1989年度から入学者選抜における配慮が始まりました。これを受けて、2001年度から2校で「中国帰国生徒及び外国人生徒入学者選抜」を制度化し、選抜の名称変更等を経ながら、現在では8校を枠校としています。また、入学後の支援として、教員の加配や母語を話すことのできる教育サポーターの派遣等に努めてきました。

こうした取り組みの根底には、外国にルーツをもつ生徒を日本に同化させるのではなく、その人らしく日本社会で安心して生きられる社会にしたいという思いがあります。

その成果の一つとして、中退率の比較を紹介したいと思います。2020年度における全国の高校生の中退率は1.1%ですが、これを日本語指導が必要な高校生でみると5.5%に上がります。一方で、府立高校における日本語指導が必要な高校生の中退は5.0%であり、さらに枠校に絞り込むと3.6%まで下がります。これは特筆すべき実績だと思います。

このことはまさに、枠校において、コーディネートする教員が中心となり、生徒への学習支援に留まらず、日本語指導や母語指導、生活支援、保護者との連絡調整等、懸命な努力を続けてきた結果と考えています。

その一方で、楽観視できない現状もあります。一言で言うならば、これまで積み上げてきた実践をいかに持続可能なものにしていくかということです。そのため、今後、府教育庁としては、枠校同士のネットワークづくりを構築することで、それぞれの学校に合った受け入れ体制を整備し、体系だったフローを確立することにより、コーディネートする教員が替わったとしても持続可能な体制を構築していきたいと考えています。また、日本語指導メソッドの確立や教材開発、支援体制の整備・充実に向けて、府立高校全体の包括的な指針の必要性を認識しており、今後、指針の作成に向けて検討を進めていきたいと考えています。

高階章一

大阪にあって神奈川にないもの

大阪と神奈川は、外国人教育の先進地域だと言われる。神奈川県では、高校進学ガイダンスも高校入試の在県外国人等特別募集も、全国に先駆けて1995年にはじまっている。特別枠の定数も2022年入試では18校187人で、全国で一番多く、2023年はさらに2校増えて20校になる。また、入学後の外国につながる生徒を支援する制度として2007年から多文化教育コーディネーター派遣事業がはじまり、在県枠校と外国につながる生徒の多数在籍する定時制と併せて、2022年度は27校にコーディネーターが派遣されている。

このようなことから、神奈川は「先進県」と評価されているのだと思うが、神奈川はまだまだだと思う。特別枠入試の受験資格が、2022年からそれまでの在留3年以内から、大阪のように在留6年以内になった。しかし、特別枠の入試科目は英数国で、大阪のように国語がない、母語で作文が書ける、外国語の辞書の持ち込み可といった配慮はないので、来日したばかりの生徒は不利になっている。

何より神奈川では、母語・継承語教育がほとんど行われていない。現在、母語保障を目的とする外国語を設置している高校は2校しかない。大阪の枠校では、少数言語であっても、その生徒の母語に関係するネイティブ教員が配置され、母語・継承語教育や母語での相談、保護者の通訳等で活躍していると聞く。

また、日本人の変容をめざす多文化共生教育の取り組みも、神奈川の高校ではとても弱い。「多文化共生」の言葉は使用されるが、実際に行われているのは「外国人支援」でしかない。

これらの違いは、在日朝鮮人教育の財産が、ニューカマーの子どもたちの教育にしっかり引き継がれているかどうかの違いだと思う。「在日朝鮮人問題は日本人の問題である」ということから出発した在日朝鮮人教育は、日本の子どもたちの変容をめざし、同化教育を批判し、母語・母文化を大切にしようとしてきた。神奈川は、その断絶が大きいと思う。

山根俊彦

第3章　枠校の教育システムと教員による支援

1. 枠校の教育システムの特徴

　特徴的な枠校のシステムとしては、①外国人生徒支援の校内拠点、②外国人生徒支援の教員組織、③カリキュラムがあげられる。またそのシステムの下での共通する実践として、④部活動、⑤進路指導、⑥一般生徒との交流、⑦ロールモデルとのつながり、⑧校外活動への参加が見られる。以下その内容をみてみよう。

①外国人生徒支援の校内拠点

　まず、より手厚い支援を提供するために、各枠校には、外国人生徒支援の校内拠点がある。各枠校の組織の共通点としてあげられるのは、「居場所」「文化活動のスペース」「学校からの諸連絡を受ける場」「日本語学習の場」「母語教育を受ける場所」などという機能があることである。また、各枠校の支援組織には、それぞれに特徴がある。例えば、八尾北高校と門真なみはや高校は、設立された初期、中国にルーツを持つ生徒の受け入れが多かったため、組織名も中国に関係するものであったが、年々受け入れる生徒のルーツが多様化していく中で、組織名が国際的なイメージをもてるものに改称された。成美高校は、中国にルーツを持つ生徒向けと、中国以外の外国人生徒向けに、それぞれ異なる組織を作っている。

②外国人生徒支援の教職員組織

　各校では、外国人生徒を支援する教職員組織が編成されている。学校により名称や組織形態が少しずつ異なるものの、学校の体制内に明確に位置づけられていることに変わりはない。例えば、長吉高校における外国人生徒担当の教職員組織は、校内分掌として「人権文化部」であり、そこが外国人生徒の対応をしている。成美高校の組織は「人権教育推進委員会」に含まれており、東淀川高校の多文化主担は「総務部」に属している。門真なみはや高校は「渡日生プロジェクト」が設置されており、外国人生徒指導の中心的役割を担っている。また、福井高校には「多文化

共生プロジェクトチーム」が設置されている。大阪わかば高校は「進路部」に「多文化共生・日本語チーム」が含まれている。

　外国人生徒を支援する教職員組織には、ネイティブ教員と外国人生徒担当教員がいる。各枠校では様々な立場の教員が外国人生徒支援に関わっており、非常勤も含む日本語教員、外国人教員、ネイティブ教員から、抽出授業の担当教員、教育サポーター、語学特別非常勤講師まで多岐に渡っている。このような教職員組織は、外国人生徒の指導に大きな役割を果たしてきた。上記のように、外国人生徒支援の教職員組織に所属する教員だけではなく、一般教員も積極的に外国人生徒の支援や指導に携わるような動きもみられる（本章2節）。

③カリキュラム

　各枠校では共通して、充実した日本語指導・教科指導時の抽出授業・母語指導が行われている。まず、日本語指導は、学年によって時間数が異なる学校もあるが、週数時間行われている。外国人生徒をより確実に支援するために、教科の免許と日本語指導の資格を併せて持っている教員の必要性が聞かれた。多くの学校では、両方の免許を持っている教員が数名おり、抽出授業を担当することもある。また、学校のシステムが異なるため、各枠校の抽出授業の設定方法もそれぞれ異なる。例えば、授業編成の関係から、特定のクラスに外国人生徒を固めて在籍させている学校もあれば、生徒の日本語能力に応じて抽出授業を設定している学校もある。また、学年によっては生徒が所属している原学級に戻しつつ支援を継続させるような学校もある。

　日本語や教科学習だけではなく、各枠校は、外国人生徒の母語も重要視している。多くの枠校においては、週2時間以上の母語学習の時間が保障されている。例え、その言語の生徒が1人であっても、講師を探してきて母語の授業の開講をめざすという方針は今でも各校で貫かれている。

④部活動

　①で取り上げた外国人生徒支援の校内拠点は、部活動を通じた外国人生徒の組織づくりという側面もある。例えば成美高校では、「国際文化部One World」と「中国文化『春暁』倶楽部」が組織されており、生徒のルーツによって入る部が異なる。それぞれの部の名称や活動内容については第2部で適宜記述するが、部活動

では生徒が放課後集まって勉強をしたり、文化祭前に発表を行うための練習を行ったりしている。

　各枠校とも、部活動として交流会や地域イベントに参加し、民族舞踊や各国の料理などを披露している。例えば、成美高校の中国にルーツを持つ生徒が所属する部活は獅子舞で名高く、卒業生も加わり、地域イベントで活躍している。近年新たに取り組まれ始めた「渡日生による訪日観光客通訳案内ボランティア」活動やマラソン大会の通訳ボランティア活動には、ほとんどの枠校の外国人生徒が参加し、自らの母語や得意な言語を活かしている。部活動は校内行事にとどまらず、学校から飛び出て、地域社会への貢献や他の枠校の生徒との交流の機会ともなっている。こうした取り組みは、各枠校の認知と評価に繋がるとともに、外国人生徒たちの自尊心を高め、母文化や母語に対する誇りが育まれるきっかけになっている。

⑤進路指導

　各枠校に共通している点として、進学を目指す生徒が多いことが挙げられる。相対的に就職が多かった布施北高校の生徒たちもここ数年、進学が増加している。AO入試や外国人特別入試などを利用し、進学する生徒が多い。ある枠校では、卒業生の8割以上が大学に進学していた。進学希望者が多い点は共通しているが、各枠校の学校システムの状況に応じて違いもみられる。八尾北高校の特徴として挙げられたのは、他の学校に比べて、理系進学に対して配慮が行われているという点である。また、福井高校は、大学、短期大学、専門学校、就職など進路が多岐にわたっている。

　総じて、外国人生徒たちの家庭状況が厳しく、経済状況が不安定であるにもかかわらず、学力が比較的に高く、進学率が高いというのが特徴である。ただし、八尾北高校と門真なみはや高校の担当教員から、大学や専門学校に進学しても、日本語の壁や経済的な問題で中退してしまうケースも少なくないことが聞かれた。これは今後の課題としてどの枠校でも挙げられていた。学業継続や大学卒業後の就職までを見据えた「面倒見がいい大学」へ進学させたいという外国人担当教員の声もあった。

⑥一般生徒との交流

　一般生徒との交流を促進するために、八尾北高校や布施北高校、門真なみはや高

校のような、外国人生徒を紹介する場を提供する学校がある。具体的には、新入生向けの説明会などを利用して、外国人支援組織の紹介と外国人生徒の自己紹介が一般生徒の前で披露される。また、生徒側の動きもある。例えば、長吉高校は2018年度から、「ワールドスタディ」という多文化関連の科目で外国人生徒が出身国のことなどをスピーチする授業を実施したところ、日本人生徒の反応は良かった。また、成美高校では毎年2回全校をあげた中国文化に親しむための「多文化理解講演会1」と中国以外のルーツ生の母国文化に関係する「多文化理解講演会2」が行われており、外国人生徒がそうした授業で活躍している。福井高校で外国人生徒が母語教員の協力を受けて、各国の料理を日本人生徒や教員に振る舞う会が催されている。東淀川高校においては、一般生徒に丸つけのボランティアを募っており、外国人生徒が一般生徒と交流するために働きかけも行っている。

⑦ロールモデルとのつながり

　多数の枠校は、卒業生との繋がりを生かしている。各枠校は、卒業生の力を大事にし、例えば、八尾北高校は外国人支援組織出身の先輩と交流する場を設定している。また、成美高校は一期生からの卒業生とも繋がっており、卒業生に獅子舞などの文化活動をはじめとする様々な活動に参加してもらっている。東淀川高校は、進路ガイダンスなどで他校の生徒との出会いの場を設け、地域の大学生との交流の機会を作ったりしている。さらに、門真なみはや高校出身の2人の卒業生は、現在、他の府立高校で教員として活躍している。長吉高校は単位制からクラス制になり、外国人支援組織における先輩の影響が薄くなっているという指摘があるが、長吉高校出身のベトナムにルーツを持つ卒業生は、大学卒業後、外国人生徒として支援された側から、外国人生徒を支える側になり、長吉高校で教員として活躍している。卒業生は外国人ロールモデルとして、様々な形で外国にルーツを持つ在校生を励ましている。

⑧校外活動への参加

　外国人生徒は、枠校内における取り組みだけではなく、特に府立外教が主催する各種イベントにも積極的に参加している。例えば、自分自身のことや日々考えていることなどについて、母語でスピーチをするイベントや、枠校の生徒がルーツ毎に集い、母国文化について触れられるイベントなどがある。こうしたイベントへの参

加を通して、生徒は自身のルーツについて自信をもつことができたり、同じルーツの交友関係を広げたりすることができる。

　また、「府内高校生による訪日観光客への案内通訳ボランティア」や、内外から参加者が集う「大阪マラソン」へも、教員の声かけのもと積極的に参加がなされている。こうした、母語を用いて活躍できる場をもつことにより、生徒の自己肯定感が向上するのと同時に、進学時におけるアピールポイントにもなっている。

2.　「枠校」を支える様々な教員たち

　ここでは、枠校を支える日本語教員、外国人生徒担当教員、ネイティブ教員らによる具体的な支援の姿を見ていきたい。

①日本語教員、外国人生徒担当教員

　日本語指導を行うのは、「日本語指導充実加配」教員や常勤講師などである。実際、多様なルーツの外国人生徒に配慮し、生徒の文化的背景なども授業中にとりあげ、丹念に日本語指導を行っている。日本語教員は、普段の日本語の授業や、保護者懇談会などを通しても、外国人生徒と密に関わっており、信頼関係を構築している。日本語教員のこうした関わりは、外国人生徒に「日本人の先生がここまで自分たちのことを見てくれる＝日本人に受け入れられている」という安心感をもたらしている。

　外国人生徒担当教員と日本語教員は、生徒指導や進路指導などにも積極的に関わっている。八尾北高校では、元外国人生徒担当教員が、中国ルーツの生徒の腕につけた数珠をアクセサリーとして没収した。しかし当該生徒から、母親が中国のお寺で求めたお守りの数珠との訴えがあり、こうした風習があるかをネイティブ教員に訊ね、その結果、没収した数珠を返して「腕につけずに鞄に入れよう」と生徒を指導したという。

　外国人生徒担当教員と日本語教員は、情報弱者となってしまう外国人生徒の進路指導に力を入れており、外国人生徒の「出口」を保障している。布施北高校では、若者の高い失業率や非正規雇用率の増加問題に取り組むための「専門高校等における日本語デュアルシステム」を導入した。社会人として必要なコミュニケーション能力を高めるために、「デュアル基礎」「デュアル演習」などの科目を設定して、実際の職場での仕事を生徒に体験させている。日本語に自信がなかったり、日本のビ

ジネスマナーに慣れていない外国人生徒を支援するために、教員は実習先の職場からのコメントに基づいて外国人生徒と話し合ったり、外国人生徒向けの発表練習を設定している。また、進学を希望する外国人生徒及びその保護者を支援するために、オープンキャンパスに同行し、教育ローンの貸し出しに一緒に行き丁寧に説明するなどもしている。

　第一希望に落ち絶望した生徒が、日本語教員と進学相談をしていた。丁寧に相談に乗ってもらうだけではなく、日本語教員に励ましてもらった結果、その後無事に大学に合格した話もあった。

　外国人生徒担当教員以外では、抽出授業を担当する一般教科の教員が、プリントの漢字に振り仮名をふったり、キーワードを生徒の母語に言い換えたり、ジェスチャーや図を利用したりするなど、外国人生徒の授業理解を深めるために尽力している。

　また、授業に入り込み、外国人生徒に難解な内容を母語で説明したり、外国人生徒の声を拾う教育サポーターも、抽出授業の教員を支える存在となっている。さらに、生徒の所属する学級の担任教員もそのクラスでの日本人生徒と外国人生徒のコミュニケーションを図るため、合宿のグループ分けを工夫したり、文化祭や体育祭で協力し合うように指導したりしている。そして、外国人生徒の大学願書を丁寧に添削したり、大学入学面接の練習に付き合ったりしている。このように、異なる立場の教職員は様々な形で外国人生徒を支えている。

②ネイティブ教員

　ネイティブ教員はクラブ活動、母語の授業や外国人向けの日本語の授業を担当する。中国ネイティブの常勤教員は「中国語基礎」「中国語初級」「母語中国語」などの初級だけでなく、「中国語古典講読」「中国語文学演習」など外国人生徒の学年相当の母語の授業も実施している。生徒の母語にあわせて、ベトナム語、ネパール語、タガログ語、スペイン語、ポルトガル語、ロシア語、ペルシャ語、韓国・朝鮮語などの授業も設置され、特別非常勤講師らがこれらの言語を担当している。母語指導は、どのような少数言語でも、人材を探し出し対応する姿勢が各枠校に見られる。

　「なぜそこまで母語教育に力を入れるのか」の質問に対しては、母語教育はアイデンティティの保持や民族文化の維持などに深く関わる外国人生徒の権利だと指摘する。それ以外、ネイティブ教員から以下のような語りもあった。

　　他们觉得学中文是让他们精神上放松下来。都累得不行不行了，完了到这儿（母
　　语中文课）来，用母语思考，真的是绿洲。オアシス。元気もらってじゃあまた
　　頑張ろう。
　　（訳文：中国語の授業を受けることによって、精神的にリラックスできると生徒た
　　ちが考えています。（日本語で頑張って）めちゃくちゃ疲れている状態で、（母語
　　の授業に）行ったら、母語で考えたりすることができて、まさにオアシスです
　　よ。オアシス。元気もらってじゃあまた頑張ろうという）

　さらに、外国人生徒の心に響くのは母語であるとも述べる。授業で、母語で書か
れた文学作品の学習を通して、生徒の感性や思考力の向上につながるとネイティブ
教員が語った。

　　　人間の思考力や感性を発展させるために、言語はもちろん大事だが、文学
　　は（大事だと思います）。文学作品の中のキャラクターに共鳴させたり、性格に
　　影響を与えたりして。心や精神的な世界を変化させるために文学は必要。な
　　ぜ古典文学を学ぶか。なぜ世界中のほかの文学を学ぶか。言語そのものだけ
　　では足りないからです。

　ネイティブ教員は外国人生徒が日本語と母語といった両輪の言語教育を受け、人
生の選択肢を広げ、胸を張って自分の道が歩めることを期待しているようだ。
　言語教育に注目がされてきたが、単に言語を教えているというだけではない。た
とえば中国語の授業が充実しているといわれる学校では次のようなエピソードが語
られた。中国ルーツの生徒を連れ魯迅の故郷、紹興に修学旅行で訪れた際に、小学
校で来日した中国ルーツの生徒が魯迅の記念銅像を指して「このおっちゃんは誰
や」と訊ねた。教員は、中国では誰でも知っている人物を知らなかったことに驚き、
形式的な２単位の母語の授業をより充実したものにしたいと高校に提案した。そこ
から、母語の授業時間が増やされ、授業内容についても、文法や語彙だけではなく、
文学作品も積極的に入れるなどより工夫されるようになった。ネイティブ教員は生
徒の現状を把握し、カリキュラムのデザインに関与し、それを変えるということも
しているのである。

　また、外国人だけが厳しく指導されていることを不満に思う生徒に対し、日本人教員と外国人生徒の意識のずれを調停することもある。例えば、日本語教員はスリッパを揃えなかった外国人を厳しく指導していたが、日本人生徒に優しいのに、外国人生徒だけに厳しいと外国人生徒が文句を言う。そこで、ネイティブ教員は、みんなが順調に日本社会に生活していくために教育しているだけだと外国人生徒を慰める実例もあった。

　中国文化「春暁」倶楽部に熱心に取り組んでいる教員は、生徒を連れて中国の獅子舞、龍踊り、民族舞踊などを泉北・和泉地域の祭（例えば御池台・晴美台・若松台・高倉台ほか）、各地の国際フェスティバルなどで披露し、国連のイベントにも参加し、年間50回程度活動している。地域の人々などに高く評価されている。

　また、生徒に必要な情報を伝えるため、独自に50ページ以上の「進学のてびき」を中国語に訳し、ほかの進学情報などを追加しながら、保護者懇談での対応に役立てている者もいる。

　このようにネイティブ教員は、生徒情報や学習状況の聞き取り、生徒指導、校外の交流活動、部活動、進路指導、保護者へのサポートなど様々な役割を果たしている。

　第2節に示したように、異なる立場の教員の支援を受け、ネイティブ教員の姿を眺めてきた外国人生徒は、現在、教育現場に戻り、外国人生徒を支える立派な後継者に変身している。「自分の人生は高校で変わったから、自分も高校生の力になりたい」とインタビュー調査で熱く語ったある長吉高校の卒業生は、中国語のネイティブ教員となり、2022年に母校に着任した。同校には、数学の教諭を務め、外国人生徒担当教員を担う東南アジアルーツの卒業生が、自身の経験を生かし、ロールモデルとして2016年より活躍している。さまざまな課題もあるが、枠校で育った新しい世代や若手の教員が枠校に吹き込む新たな風にも期待される。

［伊藤莉央・王一瓊］

「枠校」勤務で感じたこと

大阪の「枠校」で勤務してはや21年になる。「枠校」のスタートは2001年で、当時渡日生にかかわっていた私たちの気持ちはとにかくどんなことがあっても、学校を辞めないで卒業させることにあった。それまで、高校に進学したくても学力検査という大きな壁を乗り越えられない外国ルーツの中学生がいたため、中学校、高校教員達が長い間訴え、交渉を通してやっとできた「枠」に入ってきた生徒にはしっかり勉強して、卒業後の進路実現をしてほしいという強い願いがあったからである。

当時、生活が苦しい家庭が多く、高校をやめさせ、子どもに早く稼がせたいという保護者がいた。また、保護者が仕事を失うことで一家の生活基盤が崩れるというケースもあった。私たちは保護者をつれて市役所へ相談しに行ったり、一緒に仕事を探したりする日々はたくさんあった。更に、保護者がビザの関係でやむを得ず帰国し、生徒だけ取り残されて高校生活を送るというケースも何件かあった。当時は、生徒だけでなく、保護者も含めた対応が教育活動の一つの柱であった。

もう一つの柱は、教育活動の中で生徒のアイデンティティ形成に手助けをすることにあった。幼少期に来日し、自分の仕草や言葉を嘲笑されたり、いじめられたりした経験のある生徒は、日本人の生徒とさまざまな違いがあることにコンプレックスを感じ、自己否定したり、心を閉じてしまったりといった事象も多々あった。そんな中で、まず入学時に本名の名乗り指導、母語中国語・第一言語の授業の充実、多文化クラブの活動の展開などいろいろと試みてきた。

大阪で「枠校」ができたのは一つの奇跡だとも言えよう。これは長年、外国人生徒教育に熱心に取り組んできた中学校、高校の先生たちの弛まぬ努力と教育委員会の先生たちのご理解とご尽力があったことに他ならない。これらの取り組みの成果が他県の参考になれればと願っている。

王雁

教育の
現場から
7

「特別入試枠」の意義とは何か

——ネイティブ教員の立場から

十 数年前、ベランダの植木をそのままにして中国へ里帰りしたことがある。家に戻るなり真っ先に植木を見に行った。枯れてしまっただろうとあきらめていたがなんと枯れずに太陽の光を求めてあちこち方向を変えながら必死に生き延びようとする姿を目にした。

八尾北高校で在職21年目、200名ほどの外国人生徒の卒業生を送り出した。一生懸命努力する生徒たちの姿が生き延びようとした植木と重なることが度々ある。大阪府立高校において外国に繋がる生徒の「特別入試枠」の設置は日本語指導が必要な生徒にとってまさに進むべき方向に導いてくれる一筋の光ではないかと、私は思う。

私は常に自分の制限時間は3年間と考えてきた。それは3年たつと生徒は高校を卒業して、巣立って行くからである。この短い3年間で日本語力を高め、母国で積み上げてきた学力を回復させ、高めて進路へとつなげていく責任が私にはある。当然この一連の教育保障は学校全体でも行っているが、ネイティブ教員として私にできることは何だろうかと問いかけてきた。それは中国語しかない。彼らのレベルに応じた中国語での授業、部活動、行事などあらゆる場面を通して生徒たちに関わってきた。彼らが自分で考え行動できる力を育てることを重視し、さらに母語を保障することで、彼らは自分の民族的アイデンティティを確立し、そこにある文化を維持しながら同時に自尊感情を持つようになる。日本社会で、少しでも主体的にそして彼らが誇りをもって自分らしく生きていくには民族的アイデンティティによる自尊感情がどの能力より大切である。

どんな国や環境の中に置かれても生徒は太陽の光を求める植木のようにたくましく羽ばたいていく姿を思い浮かべている。

趙仁淑

「ピアにほんご」事業と
おおさかこども多文化センターの成立

おおさかこども多文化センター

第1章でみてきたように、大阪府教育委員会は、高校入学後に日本語が十分でない生徒の学校生活を生徒の母語を使って支え、生徒が希望する進路を保障するため、2005年9月から、「教育サポーター」の派遣を始めた。その母体とし「ピアにほんご」(大阪府日本語教育支援センター)が、2007年1月大阪府教育委員会とNPOなどの外部団体との協働事業として始められた。

そこでは、関係団体によるネットワーク型の情報発信だけでなく、リソースセンターの機能を持つため、情報の一元化、教育サポーターの養成やスキルアップ、大学・研究機関との連携を考え、支援する側とされる側の双方より情報を得られるシステムを作ることを目標としていた。

将来的に、幼小中高と連動した包括的教育支援を目標に設置されたが、2008年橋下政権による財政の見直しで、全ての委託事業費が一旦凍結された。結果として事業内容は、府立高校への教育サポーターの派遣と高校生活オリエンテーション、相談窓口の設置等に限定され、予算の減額が続き、設立当初の事業を続けることが困難になった。そこで、教育委員会、高校教員、「ピアにほんご」事業関係者が協力して、本来の構想であった「外国にルーツをもつ子どもの教育リソースセンター」を実現するためにNPO法人おおさかこども多文化センター(通称オコタック)をつくり「ピアにほんご」を運営していくこととした。

「ピアにほんご」では、2種類の教育サポーター派遣と相談授業が行われている。

教育サポーター派遣の一つは、日本語指導が必要な生徒を対象としたもので、学習支援、母語での教科指導、日本語学習のサポート、学校生活の相談を受ける。定期活動派遣を決める際は、生徒へのヒアリング、日本語の四技能をはかる。また、母語と日本語の作文から両言語のレベルを調べる。生徒の母語・母文化に精通している教育サポーターは、生徒と日本人教員のコミュニケーションを助け、孤立しがちな外国人生徒の高校生活への不安

を取り除き、将来のロールモデルとなる。「私も、将来サポーターのように母語と日本語をつかって役に立ちたい、懸け橋になりたい」と思う生徒が、教員や学校通訳などとして次の世代の支援者になる。

　もう一つは日本語が十分理解できない保護者に対して懇談会、説明会等の通訳としての派遣である。サポーターの存在は生徒、保護者、学校間の必要不可欠な情報交換や意思疎通に役立ち、保護者支援につながっている。

　相談事業では、小中高校の教員及び教育委員会等から、日本語指導方法、教材、母語支援者の紹介、受け入れ対応、在留資格や奨学金等、様々な相談を受ける。在留資格や奨学金に関しては、府立外教や専門機関につなげ、枠校との連携も強化されている。

外国人生徒をエンパワーする おおさかこども多文化センター

オ コタックはピアにほんごの運営により誕生した経緯を持つが、現在、外国人生徒をエンパワーする活動も行っている。その1つが日本社会で母語を活用できる場の提供である。

「府内高校生による訪日観光客への案内通訳ボランティア」は、近年増加した訪日観光客に、市内主要駅で乗車券の購入方法、観光地への経路案内等を生徒が母語で行うというもので、2015年度よりコロナ感染拡大で中断した2019年度まで参加生徒は延べ1000名を超えた。ある生徒は、在籍校のPTA新聞に「自分も他人の為に役に立ち、困っている人を助けられると知り、とても自信になりました。……内向的な私が人と話すことに、とても勇気を持てるようになりました」と投稿している。他にも、付き添った教員が、日頃の学校生活では見せない快活で積極的な姿に驚いたという報告も多くなされた。

写真1　案内する高校生（団体撮影）

「多文化にふれる えほんのひろば」は、大阪市立中央図書館の協力で2012年度より開催し、毎回、枠校[1] の生徒を中心とした高校生もスタッフとして参加し、自分たちの国の絵本を子どもたちに母語で読み聞かせしたり、母国の文字の書き方を日本人参加者に教える場となっている。自らおすすめの1冊を手に取って来場者に紹介する生徒の中には、物語の背景や、自分自身が小さいころ読んでいたときのエピソードまで語る様子が見られ、母語を活かして人とつながり交流する機会となっている。

これら母語を活用する2つの場は、生徒たちが、母語・母文化の価値を認識することにもつながり、アイデンティティの確立や自尊感情を育む機会となっている。

写真2　来場した子どもに絵本を読む高校生（団体撮影）

おおさかこども多文化センター

またもう1つは学習支援の場の運営である。
週末の午後、日本語教師有資格者、学習塾講師、
大学生・大学院生、会社員等のボランティアが
一対一で学習を支援する「サタデークラス」[2]
は、学校で孤立や日本語力不足で質問できない
でいる子どもが、安心して質問しわがままも言

写真3　サタデークラス（団体撮影）

える場でもある。中学校に所属できないダイレクト生[3]にとっ
ても貴重な場である。支援は日本語や英語・数学等の教科学習、
高校入試情報提供、高校入学後の学習の躓き相談、大学進学相談
と幅広い。

　「サタデークラス」から進学に特化して2013年に開講された
「Tabunka Juku "Animo"（たぶんかじゅく「アニモ」[4]）」は、工
場で働くペルー、ブラジル、フィリピン、大阪モスクを中心とす
るパキスタン、スリランカルーツ等の多い西淀川区で行われてい
る。中学生・ダイレクト生を対象とし、毎年10人前後の塾生を
受け入れて学習指導を行う。大学院生、元当事者、枠校経験のあ
る元教員、生徒の母語が話せる講師が高校へ送り出す支援を行っ
ている。西淀川区役所や学校、市教委等と連携する実行委員会形
式で日本生まれの生徒を含む「たぶんか高校進学セミナー」を実
施し、多言語による進学説明と先輩と将来のキャリアについて語
る場を提供している。

▼注
(1)　大阪府の「日本語指導が必要な帰国生徒・外国人生徒入学者選
　　抜」実施校に在籍する生徒を「枠生徒」とする。
(2)　2005年、NPO法人多民族共生人権教育センター・（特活）多文化
　　共生センター大阪・教員で開室。2018年〜オコタック事業。
(3)　母国で9年間以上の就学を終えて渡日し、高校を受験する生徒。
(4)　2013年（特活）多文化共生センター大阪で開始、2018年〜一時
　　期オコタック、現在は西淀川インターナショナルコミュニティー事
　　業。

教育の
現場から
10

大阪府立学校在日外国人教育研究会（府立外教）の取り組み

小寺孝子

府立外教は、府立学校の在日外国人教育を推進し、その研究を深めることを目的に、1992年に設立された研究会です。学校現場での実践報告や研究報告を中心とした「研究部会」、外部講師等による「講座」など、外国にルーツのある生徒（ルーツ生徒）が安心して学校生活を送れるよう、教員がともに学び、考えていく取り組みを行っています。生徒が運営する生徒のための交流会として、「新入生歓迎！高校生交流会」、朝鮮半島のルーツ生徒が集う「はんまだん」、中国文化圏のルーツ生徒が集う「你好交流会」、それ以外のルーツ生徒が集う「One World」があります。交流会は生徒たちが学校を超えた仲間とつながり、先輩や後輩と交流し、悩みや将来について話し合える場となっています。学校に同じ境遇の生徒がおらず寂しい思いをしている生徒にとって、交流会は仲間づくりの場となります。

母語・継承語で自分の思いを伝えるスピーチ大会「Wai Wai！トーク」では、体験を通して、その成長過程で考えたことなどを発表します。教員は作文指導を通して、異国で暮らす大変さや生徒の背景について理解を深め、様々な気づきから普遍的な課題を見つけることもできます。生徒は母語・継承語を通して、自分と向き合い、「自分らしさ」と出逢い、共感し応援してくれる人の存在に勇気と応援をもらいます。

現在、外国人生徒の出身国等は年々多様化し、外国籍生徒数にも変化があります。例えば、かつて一番多かった韓国・朝鮮籍者は、日本人との結婚や日本国籍取得により、数字上は減少傾向にあります。しかし、国籍では見えなくとも、朝鮮半島のルーツ生徒が府立学校に在籍していることに変わりはありません。それは、他の外国のルーツ生徒についても同様です。誰もが多様性を認め合い、将来の夢を思い描ける公平な社会に向けて、在日外国人教育の歴史的な背景や先人の思い、取り組みを次の世代にもつなげていきたいです。

第2部
枠校の学校現場から

枠校の実践

　第2部では、大阪府立高校のうち「日本語指導が必要な生徒選抜又は帰国生選抜」を実施している8校について記述する。

　序章補論で示したように、第2部のポイントは外国人生徒のニーズにかなった教育を紹介することであるが、これを学校全体で実現しようとする「学校文化」についても触れている。そして学校文化を、「コンテクスト」「システム」「実践」の3つの観点から把握した。

　大阪府というコンテクストは第1章、これを下支えした教育委員会の動きについては第2章で記述した。第3章では各学校での共通した教育システムを整理している。これらを学校ごとにまとめたのが次々ページ以降の表である。

　以下でも触れるが、大阪府立高校では「母語教育」が実施されている。また、多くの学校では教科教育において抽出授業が行われる。こうしたフレキシブルな授業構成は総合学科の枠組みを活かすことで実現される。東淀川高校は全日制普通科であるため、授業を構成するための様々な工夫は複雑で手腕が問われる（第7章）。

　コンテクストにおいて注目いただきたい点は、学校経営計画である。学校経営計画は学校運営の背骨であるが、各校それぞれが外国人教育についての記述がある。母語教育の実施や、外国人教育のシステム化を目指すための教員集団の形成を目標に掲げている学校もある。各学校共にHPなどでも「多文化教育」「共生」といった言葉で外国人教育がアピールされている。

　つづいて学校教育システムに関しては、すでに第3章で整理しているのでそちらをご覧いただきたい。母語教育に関しては各校が工夫しながらカリキュラム化している。

　最後に実践についてはカリキュラム化されている日本語教育・外国人教育以外の実践について整理している。とりわけ進路指導については、1年生の頃から進路希望の把握、そして進路実現に向けた取り組みがはじまっている。

　校内においては日本人生徒と積極的に関わるための「前に出る」機会を作ることや、英語力が高い生徒が主役になるイングリッシュカフェなど、外国人生徒が活躍できる機会をつくろうとしている。

さて、すでに前著『高校を生きるニューカマー』において、2000年代に枠を設置した5校についてはかなりの記述を行っている。これが8校に拡大したことは、前著からの大きな変化である。

そこで、以下の具体的な各校の紹介では、「日本語・母語教育（第4章）」「教育システム（第7章）」「アイデンティティと居場所（第5章）」「キャリア（第6章）」の4つの観点から各校の実践を紹介している。各校の教育は、枠設置から20年が経過し、かなりの部分がパッケージ化された。外国人教育を実施する際の「力点」は、共通したシス

大阪府立高校の地理的配置　　　　（筆者作成）

テムと実践として結実している。したがって8校を満遍なく紹介すると、内容が大きく重複してしまう。限られた紙幅を最大限活用するため、枠校が重点的に実施している4つの観点に対して、それぞれ2校を記述することとした。各校で共通する項目は可能な限り割愛している。それぞれの学校の実践はユニークなものであるが、それと同時にすべての学校でも実践されていることであることをご了解いただきたい。

[山本晃輔]

		長吉高校	八尾北高校	布施北高校
基礎情報	所在地	中部	中部	中部
	学校設立年	1975 年	1983 年	1978 年
	学校システム（約10年前からの変化）	普通科単位制→総合学科（エンパワメントスクール。2015年度〜）	総合学科	普通科→デュアル総合学科併置→総合学科（エンパワメントスクール。2017年度〜）
	全校生徒数（在籍者数／定員数）	565 人／ 630 人	697 人／ 720 人	556 人／ 630 人
	枠設置年	2001 年度	2002 年度	2005 年度
	特別枠定員	12	12 → 14 *	12
	ルーツ生徒数（枠外生徒含む）	66 人	49 人 **	60 人
	ルーツ生徒のエスニシティ***	フィリピン、中国、韓国朝鮮、ベトナム、タイ、インドネシア、ネパール、ブラジル、イタリア、コンゴ、ペルー、ボリビア	中国、韓国朝鮮、ネパール、ベトナム、フィリピン	中国、フィリピン、韓国朝鮮、ベトナム、ブラジル、インドネシア、セネガル、ネパール、タイ、モンゴル、アフガニスタン、パキスタン
コンテクスト	地域性	・学校周辺に中国帰国者などが集住する公営団地。	・近隣の小中学校区内では同和地区の子どもへの人権教育／教育保障の取り組みに注力してきた歴史がある。 ・学校周辺にベトナム難民や中国帰国者などの集中地域。	・近隣の小中学校区内では同和地区の子どもへの人権教育／教育保障の取り組みに注力してきた歴史がある。 ・学校周辺に公営団地。市内北部の公営団地には中国帰国者などが集住。 ・小中学校が近接し校種間連携が活発。 ・学校周辺には中小企業が多数。
	学校の歴史（開校経緯、特別枠設置経緯、など）	・地域住民の願いと運動の結果、「地元校」として、1975年4月に開校。 ・家庭背景が厳しい生徒や、在日韓国・朝鮮人や障害のある生徒が一定数在籍。一人ひとりを大切にする学校づくりをめざす。 ・学校周辺の公営団地に中国帰国者が集住していたため、特別枠が設置される以	・「地域とともに」という理念のもと、地域の教育を高める1つの方策として、1978年に開校。 ・開校当初から、障害がある生徒を受け入れ。その後、急増する中国帰国者を中心に、中国とベトナムにルーツを持つ生徒を支援。このような流れの中、特別枠を設置。枠設置の翌年度（2003年度）に	・地域住民の願いと運動の結果、「地元校」として、1978年4月に開校。 ・家庭背景が厳しい生徒や、在日韓国・朝鮮人や障害のある生徒が一定数在籍。一人ひとりを大切にする学校づくりをめざす。2005年度に特別枠を設置。 ・大阪府の高校再編の流れの中、在籍する生徒層や、中小企

成美高校	門真なみはや高校	福井高校	東淀川高校	大阪わかば高校
南部	中部	北部	北部	中部
2003 年	2001 年	1984 年	1955 年	2020 年
普通科総合選択制→総合学科（2018 年度〜）	普通科総合選択制→総合学科（2017 年度〜）	総合学科（2015 年度〜）	普通科（専門コース設置。2017 年度〜）	普通科多部制：単位制Ⅰ・Ⅱ部
659 人／ 720 人	707 人／ 720 人	411 人／ 520 人	749 人／ 760 人	267 人／ 455 人
2003 年度	2001 年度	2015 年度	2017 年度	2022 年度
12	14	12	16 以内	15
55 人	50 人	37 人	59 人	40 人
フィリピン、中国、パキスタン、ベトナム、スーダン、タイ、ペルー、マレーシア	中国、フィリピン、ネパール、韓国、アフガニスタン、ロシア	中国、フィリピン、ペルー、ブラジル、パキスタン、エジプト、ロシア、インドネシア、ネパール	中国、香港、フィリピン、ネパール、タイ、ガーナ、ベトナム、イラン、バングラデシュ	中国、ネパール、ベトナム、フィリピン、ペルー、インド、ウクライナ
・学校周辺に中国帰国者などが集住する公営団地（大阪府内では大阪市に次いで中国帰国者が多い地域）。	・学校周辺に中国帰国者などが集住する公営団地。 ・多数の工場、文化住宅などが集まり居住者の所得階層は低い。 ・中高連携の取り組みが活発。地元高校への進学が奨励されてきた経緯がある。	・近隣の小中学校区内では同和地区の子どもへの人権教育／教育保障の取り組みに注力してきた歴史がある。 ・学区内に公営団地があり、近年は外国人児童・生徒も増加している。	・近隣はビジネス街だが、集合住宅も多い。 ・交通の要衝に位置している。	・大阪市内で最も外国籍住民の多い生野区にあり、コリアンタウンにも近い。 ・在日コリアンが歴史的にも多く居住する地区であるが、近年ニューカマーも増加している。 ・生野区では近年「やさしい日本語」の取り組みを推奨している。
・2 つの高校が統合されて 2003 年に設立。そのうち 1 校は、1989 年から中国帰国生を受け入れ。1991 年には中国人講師を雇用。日本語指導と中国語の保持、居場所としての中国帰国者の必修クラブがつくられるなど、中国帰国者教育の拠点に。そのため設立時点で特別枠の設置が決定。	・1997 年から中国帰国生が増加。地元高校集中受験の取り組みにより入学試験を受けるが、日本語能力や学力などの理由で、高校に入学できない中国帰国生が多数いた。そこで特別枠の措置が強く求められる。 ・大阪府の「全日制府立高等学校の特色づくり・再編整備計画」の一環で、中国	・1984 年に普通科高校として開校。2001 年に普通科総合選択制。2015 年に総合学科へと改編された。学校のスローガンは「夢・発見・実現」。 ・自身の進路を考える「ドリカム授業」が柱となっており、人権教育やキャリア教育が教科教育と併置されている。生徒一人ひとりの「進路	・1955 年に開校。最盛期は一学年 500 名を超える生徒だった。近年は 280 名前後で推移している。2009 年に普通科総合選択制高校となり、2017 年に普通科専門コース、そして特別枠が設置された。 ・めざす学像は「夢や希望、志を持ち、学びを通じて、自らの人生をたくましく	・2020 年度再編整備計画で全日制の勝山高校が 99 年の幕を閉じ、大阪わかば高校となり、近隣の桃谷高校とも統合整備され、府内唯一の多部制単位制Ⅰ・Ⅱ部のシステムを持つ定時制高校として新設された。 ・前後期制、秋卒業、午前 4 限、午後 4 限の授業（Ⅰ・Ⅱ部併用）で 3 年間でも卒

		長吉高校	八尾北高校	布施北高校
コンテクスト	学校の歴史 （開校経緯、特別枠設置 経緯、など）	前から、中国帰国・渡日生への対応を実施。 ・大阪府の高校再編の流れの中、在籍する生徒層に対応するために単位制へと移行（2001年度）。あわせて特別枠も設置。 ・2015年度より総合学科（エンパワメントスクール）へ移行。コンセプトは「学び直し」。	総合学科へ移行。	業が多いという地域性もふまえ、2004年度からデュアルシステムを導入。2006年度にデュアルシステム専門コースの設置、2013年度にデュアル総合学科の設置。 ・2017年度より、総合学科（エンパワメントスクール）へ移行。コンセプトは「学び直し」（デュアルシステムは継続）。
	学校経営計画での記載	【めざす学校像】様々な人との出会いを通じて共感性を高め、多様な他者を尊重する態度を育み、全ての生徒にとって学校が安全で安心な居場所となることをめざす。 【中期計画】多様化する渡日生、帰国生の母語保障及び日本語教育を推進し、大阪のモデルとなるような多文化共生の学校づくりをめざす。	【めざす学校像】総合学科の特性を活かし、多様な生徒の多様な学びと多様な進路実現を保障する。 【中期計画】配慮を要する生徒への支援を全ての分掌・教科・学年等の連携により進める。日本語指導が必要な生徒、障がいのある生徒等に対する支援体制を整える。 配慮を要する生徒が他の生徒とも関わり、ともに成長できる集団づくりを進める。	【めざす学校像】生徒一人ひとりのニーズに応じた、きめ細かい丁寧な指導を実践。地元保・幼・小・中・大学、企業・施設 など関係諸機関と連携を深め、地域の組織・人材を活用して 大阪府でもっとも進んだ キャリア教育 の実践 【中期計画】外国にルーツを持つ 生徒が 多数 在籍する学校として、学習の保障と進路保障に向けての支援を行うとともに、多文化理解教育を推進し、「ともに学ぶ」学校づくりを進める。
システム	外国人生徒支援の 校内拠点	・「多文化研究会」という部活動があり、多文化にかかわる校内外の活動や放課後学習（日本語など）を実施。	・渡日生を対象とする多文化共生部「オアシス」があり、クラブ活動、進路指導、学校からの諸連絡などの機能を有する。	・「中国文化研究部（多文化研究部）」という部活動があり、多文化にかかわる校内外の活動や放課後学習（日本語など）を実施。

成美高校	門真なみはや高校	福井高校	東淀川高校	大阪わかば高校
	出身生徒受け入れの環境整備が行われ、特別枠の設置へ。	実現」が学校として重視されている。 ・大阪府北部における外国人生徒の増加を受け、2015年度に特別枠が設置。	生きる力と社会に貢献する力を兼ね備えた人材を育成」すること。 ・大阪市内に位置し、交通の便が良いという機能性の面から特別枠が設置された。	業ができる。 ・他校からの編入・転入の受け入れも行う「多様な生徒のセイフティ・ネット」の学校として位置付けられた。 ・2022年度より「日本語指導が必要な帰国生徒・外国人生徒入学者選抜実施校」となる。
【めざす学校像】多様な文化を認め、共に生きることで、「人権意識」「他を思いやる心」を持つ「協働するチカラ」を育み、「文化をつなぐ」学校をめざす。 【中期計画】「日本語指導が必要な帰国生徒・外国人生徒」の学習状況や活動状況を校内で共有し、個々の教育的ニーズに応じた支援の充実に努める。	【めざす学校像】生徒の豊かな人間交流を促し、広い視野を持つ、健全な社会人、国際人としての成長を図る。 【中期計画】日本語指導の必要な帰国生徒・外国人生徒の指導。出身中学、母語指導者等との密接な情報交換を日常的に行い、渡日・外国人生徒の指導を行う。日本人生徒との交流の促進。	【めざす学校像】「日本語指導が必要な帰国生徒・外国人生徒入学者選抜」実施校として、外国にルーツを持つ生徒への適切な支援を行うとともに、多文化共生を推進する。 【中期計画】日本語指導の必要な生徒について、母語指導の充実や進路への取り組みを進めるとともに、学校全体で多文化共生の取り組みを発展させる。	【めざす学校像】特別枠入試（「日本語指導が必要な生徒選抜」）の実施校として、より一層多様な価値観を認め、異文化を理解し共生社会を実現する力を育む。 【中期計画】「日本語指導が必要な生徒選抜」による入学生徒への指導体制の確立。国際理解・国際交流の取り組みの充実。	【めざす学校像】生徒の多様性を尊重し、一人ひとりの成長に寄り添う指導を行うことにより、常に変化する社会の中で、様々なかたちで社会とかかわることができる人を育てます。 【中期計画】家庭や地域との連携強化により、多様な生徒を支える地域に根ざした多文化共生をすすめ、すべての生徒一人ひとりを大切に育てていく。
・中国帰国・渡日生のためのクラブと、中国以外の外国人生徒のためのクラブがあり、それぞれの生徒の居場所、文化活動、日本語や母語教育の場に。 ・それぞれの活動が全校を対象とする「多文化理解講座」（年1回）に貢献。	・「多文化交流部」があり、文化祭や地域のイベントなどで生徒のルーツとなる文化の紹介や踊り・歌のパフォーマンスなど、多様な活動を実施。	・特別な支援の対象となる生徒は「コスモス生」とよばれ、ホームルームでの終礼後にコスモスルームと呼ばれる部屋に集まり別途連絡事項を聞くなどしている。	・特別枠で入学した多文化生は「くろーばぁ生」と呼ばれる。他の枠等で外国人生徒の指導経験を有するベテラン教員と経験年数の少ない教員が中心に指導をおこなっている。抽出授業やクラブ活動を通して日本語や生活面での支援を行う。	・外国にルーツをもつ生徒はWING（Wakaba Intercutural & Grobal Club）という部活動に所属し「WING生」とよばれる。

		長吉高校	八尾北高校	布施北高校
	外国人生徒支援の 教職員組織	・校内分掌として「人権文化部」を設置。外国人生徒支援の中心的役割を担う。担当教員は８人。 ・ネイティブ教員(中国)がいる。	・漢字圏の生徒を担当するネイティブ教員１人、非漢字圏の生徒を担当する教員１人、多文化部を主担するコーディネーター１人、各言語の特別非常勤教員（母語教員と教育サポーター）。	・校内分掌としての「人権教育部」の担当教員６人のうち、部長１人、他３人が外国にルーツがある生徒への対応を担当。 ・ネイティブ教員(中国)がいるが、現在(2018年度)産休中。
システム	カリキュラム	・日本語：１年生時は「日本語」クラス（抽出）で授業実施。２年生では社会・理科・国語、３年生では国語でのみ「日本語」クラス。また、選択科目で「日本語」の授業も。 ・母語：日本生まれ（日本語が第一言語）の生徒以外の、すべての外国人生徒に母語保障を授業として実施。 ・クラス編制：授業編成の関係で、１年生は２クラスに外国人生徒をかためているが、２・３年生ではばらけさせている。ただ、担任の配置は配慮。	・日本語：日本語指導については「日本語指導充実加配」教員及び他の教員や講師なども含めて対応。日本語を学ぶ授業は、１年生の「国語総合」「日本語」、２・３年生の「生活日本語」（選択科目）など（３年間で最大17単位の受講が可能）。各科目は受講生の日本語能力や出身の違いなどで３講座に分割。 ・母語：中国語関連の科目を中心に多数設定。「中国語初級」「中国語上級」「中国語総合」「中国語講読」「中国古典講読」「中国文学演習」「ベトナム語」「ネパール語」「タガログ語」など。 ・抽出：１年生を対象とする抽出授業を設定。生徒の日本語能力と学力などによって、抽出授業の参加状況が異なる。抽	・日本語：１年生は17単位、２年生は13単位、３年は６単位（３年生は制度が異なる）で抽出授業。１年生は数学、英語、体育、芸術以外は抽出。数学、英語については全体で習熟度別で実施。日本語の授業は「国語」の抽出で対応。 ・母語：2018年度から、２・３年生で２コマずつ実施。現在は中国語とフィリピン語だけだが、対象の生徒がいればすべての言語で対応する予定。 ・クラス編制：授業編成の関係で、各学年いずれも２クラスに外国人生徒をかためている。

成美高校	門真なみはや高校	福井高校	東淀川高校	大阪わかば高校
・「人権教育推進委員会」の中に含まれる。外国人生徒担当として、中国帰国・渡日生徒担当者として中国人ネイティブ教員1人（中国帰国・渡日生のクラブの主顧問を兼ねる）、外国人担当者として日本人教員1人（中国以外の外国人生徒のクラブの主顧問を兼ねる）。 ・補習（7限）担当者は教務部の指導教諭。	・「渡日生プロジェクト」が渡日生指導の中心的役割を担う。渡日プロ主担者をはじめ、ネイティブ教員（中国ルーツ教員）、日本語教員、多文化交流部顧問、各学年担当者、管理職で構成。 ・前回調査時は「渡日生プロジェクト」を中心に支援が行われていたが、現在は教務や進路指導など、プロジェクト以外の一般教員が渡日生教育に携わるように。	・「多文化共生プロジェクトチーム」を設置。中心となるのは、コーディネーターの教員、ネイティブ教員、日本語教師の3人。	・多文化主担は総務部に属している。 ・多文化主担、日本語主担、多文化研究部の顧問等による「多文化共生4者会議」、他の分掌の教員や多文化生担任も参加する「多文化共生推進会議」、教科を超えた「多文化抽出担当者会議」も実施されている。	・進路部に多文化共生・日本語チームが置かれ、中心となっている教員3人（元他の枠校経験者2人）とネイティブ教員（元他の枠校経験者）である。学校が2022年「日本語教育推進校」としてのミッションを果たす環境整備を「学校運営推進費事業」として計画し、「国際交流室」「日本語指導推進教室」「多文化共生研究室」などを整備している。
・日本語：各学年で週2時間から4時間開講。 ・母語：中国語は、各学年で週2時間開講。それ以外の言語（フィリピノ語、ベトナム語、スペイン語、マレー語、タイ語、アラビア語、ウルドゥー語）は2・3年で週2時間開講。 ・7限目の補習授業（単位認定はされないが制度化されている）で特別枠生（1～3年生）が日本語、教科、母語を学習。	・日本語：日本語の習熟度に応じた日本語授業を開講。1年生週4時間、2年生週4時間、3年生週2時間と選択科目4時間で抽出。 ・母語：母語授業は、単位認定される正規の授業として開講。各学年2時間で履修可能。中国語、フィリピノ語、韓国語、ポルトガル語、スペイン語、英語、タイ語、ペルシャ語がこれまで開講。	・日本語：1年生週4時間、2年生週6時間（現代文2単位、選択日本語4単位）、3年生週7時間（現代文3単位、選択日本語4単位）。 ・母語：毎週金曜日2時間連続授業。中国語、ネパール語、インドネシア語、ロシア語、タガログ語（フィリピン）、ポルトガル語（ブラジル）、アラビア語（エジプト）、スペイン語（ペルー）、ウルドゥー語（パキスタン）の9言語の授業を展開。	・日本語：1年生は「現代の国語」等で抽出授業を設定。2年生・3年生は多文化生徒向けの講座として「時事日本語」を設定。 ・日本語以外の抽出科目は、「多文化抽出担当者会議」で生徒の学習状況を検討した上で決定するため、毎年多少変更がある。 ・第一言語（母語）：1年生は週1時間の必修科目。2年生・3年生は週2時間の選択科目。中国・フィリピン・ベトナム・タイ・ネパール・バングラディシュ・イランなどの母語に対応。 ・普通科のため抽出授業を組み込んだカリキュラム編成が難しく、日本語能力がついた後に学期の途中で原学級に戻ることは困難。また、カリキュラム編成上、	・日本語指導に関する学校設定教科を「自己実現のための日本語」とし、自己実現のための日本語を含む、生徒たちを複数言語で多角的・包括的に評価するプログラムを「わかば日本語モデル」とした。 ・「わかば日本語モデル」は子どもの持つ力を複数言語で捉え、内容重視のアプローチを行う。 ・日本語授業では段階的読書プログラム、市民性教育を踏まえたプロジェクト型授業を中心にトランスランゲージングを戦略的に取り入れる。 ・教科学習は必履修科目の体育と芸術科目以外はすべて「やさしい日本語」での授業とし、授業の中で取り残されることのない学びの機会を提供する。

		長吉高校	八尾北高校	布施北高校
システム	カリキュラム		出授業を設定した科目は英語 G、英語 R、数学 A、数学Ⅰ、保健、理科、世界史。	
	日本語指導体制	・「日本語」の授業については、日本語指導の資格を有する教員（4 名）が基本的に担当。	・日本語指導ができる「国語」の免許を有する教員（3 名）が担当。	・日本語指導の資格を有する教員（2 人）が日本語（「国語」抽出）の授業や放課後学習を担当。
	ネイティブ教員	・2001 年から常勤講師として勤務。2010 年から教諭（中国語）。 ・教諭になったことによる仕事上の変化は特にないが、雇用形態が安定して生活面は改善。	・2010 年から教諭。仕事内容に変化はないが、安定した身分保障のなかで安心して仕事ができている。	・前任のネイティブ教員（中国人、「英語」教諭）が突然異動となったため、2016 年度は 1 年間「ネイティブ教員不在」。 ・2017 年度より、中国人教員（教諭、中国語）が就任。枠校の卒業生。

成美高校	門真なみはや高校	福井高校	東淀川高校	大阪わかば高校
			1学年6から7クラスのうち、多文化生が入っているのは2クラスのみ。	・母語は毎週火曜日5・6限目。中国・ロシア・ウクライナ・フィリピン・タイ・ベトナム・スペイン・ネパール語。
・日本語指導と教科指導の免許を持っている2人（中国人）が非常勤講師として指導。	・日本語指導の資格と教科の免許を併せて持つ教員の必要性を感じている。現在、数名は日本語の免許を保有。	・基本的には日本語教師が指導。	・日本語主担、多文化主担。 ・国語科、英語科の教諭、非常勤講師等で担当。	・日本語担当教員は4名。うち、日本語主担の国語科教諭と、国語科常勤講師は大学院日本語専攻、中国語・国語教諭は中国語ネイティブ教員、加えて長年枠校で指導してきた社会科教諭が多文化共生主担となっている。 ・2022年度文部科学省委託事業「高等学校における日本語能力評価に関する予備的調査研究事業」のモデル校（全国2校）となり、日本語と母語二言語作文の実施や評価方法や指導方法についての研究を実施している。
・統合前の中国帰国者の拠点教育校の時代から関わる。2015年から教諭。分掌は進路担当。中国人生徒の3学年全員を見なくてはならないため、教諭になってからの負担は増加。 ・中国人生徒に関しては1人も辞めさせないというポリシーがあり、それに沿って指導。	・2011年から教諭。常勤講師の頃と比べて仕事は忙しくなったが、日本人の教員と同じ立場で働くことができていること、公立学校で働けることを誇りに思っている。 ・常勤講師の時代は、短時間で帰ることもあったが、毎日学校にいることで、生徒へ良い影響も与えることができると思う。また、教員を目指す渡日生にも希望を与えることができると思っている。 ・授業の他に、渡日生プロジェクト、国	・中国ルーツのネイティブ教員がコスモス生の担任教員に。ネイティブ教員は英語の免許も所有し、コスモス生に対して中国語の母語を担当するだけでなく、英語の授業も担当。	・常勤の中国語ネイティブ教員は配置されていないが、週2回、ネイティブの中国語教員（NCT）が勤務。中国ルーツの多文化主担や大学で中国語を専攻していた日本語主担等も中国人生徒に対応。大学でタガログ語を専攻していた英語教員がフィリピン生徒に対応。 ・母語は特別非常勤講師が担当。	・他の枠校で2001年から勤務し、2010年より中国語教諭（指導専任）になったネイティブ教員が2022年より異動して着任。

		長吉高校	八尾北高校	布施北高校
システム	ネイティブ教員			
実践	クラブ活動	・校内外で多文化にかかわる発表など（ダンス、民族舞踊、母語によるスピーチ、文化祭での民族料理出店など）。	・民族舞踊、獅子舞などを、府内の外国にルーツを持つ生徒の交流会や各地の国際交流イベントで披露。地下鉄ボランティア活動なども参加。	・校内外で多文化にかかわる発表など（獅子舞、民族舞踊、母語によるスピーチ、中国料理教室など）。 ・以前の中国人教員は熱心に校内外のアピール活動に取り組んでいたが、現在の中国人教員は赴任して間もないということもあり模索中。
	進路指導	・多くが進学（とりわけ中国人生徒）。 ・学校システムの変化もあるが、経済的に厳しい家庭が多いため、進学先が限定的。 ・外国人生徒はAO入試や推薦入試が多いため、早くから準備・対策を実施。	・ガイダンス部（進路指導部）と多文化部の担当教員が協力して進路指導を実施。 ・理系進学者も少なくない。総合学科のため、理系に関係する授業も少人数で行われる。 ・大学や専門学校への進学後、日本語能力の問題や経済的な問題で、中退してしまう生徒もおり課題。	・以前は相対的に就職が多かったが、ここ数年は進学が若干増加。ただ、エンパワメントスクールのカリキュラムは、大学進学には向いていない。 ・外国人生徒が周囲の日本人生徒の雰囲気や学力レベルに「流されてしまう」というケースもある。一人一人の生徒に向き合いながら進路指導を行なっている。

成美高校	門真なみはや高校	福井高校	東淀川高校	大阪わかば高校
	際交流委員会に出席。 ・分掌として、総務の仕事（奨学金関連）を担当しており、書類作成など忙しい。			
・中国の倶楽部は、獅子舞や龍の舞、中国太鼓などの本格的な文化パフォーマンスを地域や学校その他の舞台で披露。中国以外の外国人生徒も集まって様々な活動を実施。	・文化祭や地域のイベントなどで、生徒のルーツとなる文化の紹介や踊り・歌などのパフォーマンスなど、多様な活動を実施。 ・地下鉄ボランティア活動、社会福祉施設などでのボランティア活動も参加。	・地域や近隣の小中学校から依頼があれば獅子舞などのパフォーマンスを実施。	・水曜日の放課後や夏休みに学習会を開き、日本語能力試験の対策を実施。 ・金曜日の放課後は中国獅子舞や和太鼓、国紹介の練習。 ・校内ではPTA活動や中学生への学校説明会に参加。 ・校外では母語のスピーチ大会や人権文化発表会等に参加。 ・クラブ活動を指導するのは多文化主担、クラブ顧問だけでなく、他の多文化の教員も含む。	・放課後週二回の日本語勉強会を開き、日本語や英語検定の試験の準備を行っている。府立外教主催行事（高校生交流会やWai Wai！トーク）への参加や、進路ガイダンスなどへの手伝い、大阪市内のアジアの祭りへの参加、地域での多言語絵本の読み聞かせなど、積極的に様々な活動に参加している。
・多くが大学進学。入学した時点で進路希望を聞いて、AO入試の対策などを始める。	・外国人生徒の進路指導は、キャリアプランを立てるところから、面接小論文の練習、資格検定（英語や中国語）の受験など。 ・外国人生徒の約半分がAO入試を受験。他は外国人特別入試を利用したり、センター試験の外国語で英語や中国語を受験するなど。 ・大学進学率は高いが、過去に学力が低く大学を中退したケースも。「面倒見のいい大学」へ進学させたい。 ・理系を選択した場合、抽出授業がないため苦労する。	・「ドリカム授業」を軸に、1年生の頃より進路指導が行われている。 ・2017年度に初めてコスモス生が卒業。4年制大学、短期大学、専門学校、就職など進路先は多岐にわたる。 ・4年制大学へは、ほぼ全員がAO入試を利用する。	・1年から大学・専門学校等を調べさせたり、積極的にオープンキャンパスに参加するように促している。 ・高い英語力や中国語力を有する生徒には積極的に検定試験を勧める。ルーツを生かしたAO入試に対応できるよう、クラブ活動で積極的に校外活動への参加を勧めたり、授業内でプレゼン等を多く取り入れている。 ・就職を希望する生徒について、在留資格を踏まえながら個別に指導・支援している。	・初年度であるが、大学のオープンキャンパス、適正テストなどへの積極的参加を呼びかけている。 ・一人一人の生徒から将来についての希望などを、合わせて家庭の経済状況なども把握し、面談を行っている。

		長吉高校	八尾北高校	布施北高校
実践	一般生徒との交流のための取り組み・働きかけ	・「ワールドスタディ」「グローバルスタディ」という多文化関連の科目で外国人生徒の存在も伝達。 ・今年度（2018年度）、上記科目で外国人生徒が自身の出身国のことなどをスピーチする授業を初めて実施。日本人生徒の反応は良かった。	・1 年生の合宿で、多文化部の紹介および渡日生の自己紹介を実施。	・新入生向けの説明会などで外国人生徒の存在について紹介。 ・文化祭や表彰式など、外国人生徒が「前に出る」機会を積極的に設ける。
	地域交流	・地域行事におけるダンス、民族舞踊などの発表。 ・周辺の小・中学校への「出前講座」の実施。 ・地下鉄ボランティア活動への参加。	・地下鉄ボランティア活動への参加。	・地域行事における獅子舞、民族舞踊などの発表。 ・中国料理教室の開催。 ・中華学校との交流。 ・地下鉄ボランティア活動への参加。

2018 年のフィールド調査から作成している。
データに大きな変化があった学校については、2022 年度データに更新している。
＊2019 年度から、特別枠定員を 12 名から 14 名に増加した。
＊＊在日韓国・朝鮮籍、中国帰国及び新渡日、外国にルーツありの生徒数が含まれている。
＊＊＊エスニシティは各学校の表記による。

成美高校	門真なみはや高校	福井高校	東淀川高校	大阪わかば高校
・外国人生徒のクラブ活動が全校を対象とする「多文化理解講座」（年1回）に貢献。	・入学直後の5月に、学年全生徒の前で「渡日生紹介」を実施。渡日生が、自らの文化などについて語る機会。	・各国の料理をコスモス生、日本人生徒、教員で食す会を設けている。	・水曜日放課後に行われる日本語学習で、丸付けをするボランティアを一般生から募る。 ・生徒会と校内美化活動に取り組む。 ・学年集会で多文化生が自分の国を紹介する。	・学校全体で取り組んでいるSST（ソーシャルスキルトレーニング）などにも積極的に参加、学校行事（文化祭）への参加、校内放送などへの出演など、学校全体としてもすべての生徒同士の交流の場を重要視している。
・地域の自治会とは中国の倶楽部の出演依頼がほぼ全部から来てつながっている。	・地下鉄ボランティア活動、社会福祉施設などでのボランティア活動。	・地下鉄ボランティアやマラソンの通訳ボランティアなどに参加。 ・連携をすすめている小中学校に在籍する外国にルーツをもつ児童生徒との交流も年に1回ほどもつ。	・大阪マラソンや四天王寺ワッソにボランティアとして参加。地域の人たちとの共同作業を体験する。	・学校教員、学識者、地域の多文化共生に関わるNPO、外国人教育研究協議会（小中学校）などによりつくられた「わかばプロボノプロジェクト実行委員会」が定期的に情報交換をしている。

（筆者作成）

第4章　枠校の授業・言語教育

Part1❖八尾北高校／ Part2❖門真なみはや高校

◉枠校における抽出授業──一般教科、母語、日本語を中心に

　枠校の特徴である外国人生徒向けの抽出授業や言語教育は、枠校それぞれの実情に応じて形作られてきた。

　大阪府では2001年度から外国人生徒を受け入れる高校特別入試枠が設定された。門真なみはや高校は2001年、八尾北高校は2002年に枠を設置した。この制度を備えた高校は、外国人生徒のための受験制度を整えただけでなく、入学後の教育として、外国人生徒だけの抽出授業や言語教育といった取り組みを実施している。これは、日本語能力が十分でないなど学習上の配慮が必要な外国人生徒を支援するためである。本章で取り上げる2校は枠校の中でも先発校であり、一般教科の抽出授業、日本語教育、母語教育の実践が積み重ねられてきた。

　2校には共通点が多い。昔から校内に人権教育が培われてきたこと。学校区に外国人難民や中国からの帰国者の集住地域があること。地元が中心となって、外国人生徒の高校進学に向けた特別枠への働きかけがなされたことである。

　このような先発校2校では具体的にどのような実践が行われているのだろうか。本章では各授業の様子を描くことで詳細をまとめる。

Part1❖八尾北高校 ··

1. 八尾北高校の概要

　大阪府の東南部に位置する八尾北高校は、地域の教育力向上を目的として、1983年に創立された。地域の教育力向上といっても、それは学力向上だけを意味するわけではない。障がい者の高校進学ニーズなど、多様な生徒の教育ニーズに応えるための高校が地域で必要とされていたのである。

　こうした設置経緯から、人権教育のコンテクストが培われていった。それでも外

国人生徒の受け入れにあたっては、当時の校長がリーダーシップをとり、文字通り「奔走」して制度化されていった（新保2008）。

　八尾北高校は普通科時代から中国帰国者やベトナム難民（当初、「中ベト」と校内で呼ばれていた）を受け入れてきた。2002年から、入学試験定員の5％を外国人生徒枠として定め、毎年12人を受け入れてきたが、外国人生徒の増加に応じて、2019年度から毎年14人に増えた。全校生徒数は約700人で、2022年現在、一般入試で入学した生徒を含めて、外国人生徒は49人程度在籍しており、中国、ネパール、ベトナム、フィリピンなど多様なルーツを持っている。

　その後、日本人生徒を含めた多様なニーズにより効果的に対応するため、2003年度に普通科から総合学科へ移行した。その狙いは、生徒の多様な進路希望に対応するためである。

　総合学科の特徴は、普通科や専門学科より多くの専門科目が設置できることにある。「学びの柱」として位置づけられているのは、将来の自分のあり方と生き方を考えることを目的とした、1、2年生向けの「社会への扉」という科目である。「社会への扉」は自己を理解し、他者と関わり、社会とつながるための授業である。ゴミ処理場、保育園、保健所、博物館など様々な施設を訪れ、スタッフの話を伺う。この「社会への扉」には外国人生徒も参加する。今まで意識しなかった偏見などに気づき、日本社会への理解が深められたという。

2. 外国人生徒に特化した指導体制

　高校では外国人生徒を支援するためのカリキュラムが組まれている。カリキュラムの説明に入る前に、これを実現するための指導体制について整理しておきたい。

　まず、多くの授業や外国人生徒の進路／生活指導がオアシスという多文化教室で行われている。「多文化共生部オアシス」という部活動が設定され、ここで外国人生徒の母語・母文化保障が行われている。

　一般教科の抽出授業は非常に充実している。一般生徒と同じクラス（いわゆる原学級授業）とは別に、外国人生徒向けの少人数の抽出授業が行われている。抽出授業は基本1年生を対象として設定され、英語G、英語R、数学、保健、世界史、理科といった授業が含まれている。担当教員とネイティブ教員は定期的に生徒が当該授業の原学級に戻るべきかどうかを成績や日本語能力をもとに判断している。

　抽出授業は原学級授業より進度が遅いと思われるかもしれないが、数学や理科の

時間割

	月	火	水	木	金
1	数Ⅰ	国甲	数A	家庭	情報
2	理科	体育	国甲	数Ⅰ	体育
3	美術 書道	数A	英G	国乙	国乙
4	美術 書道	情報	数Ⅰ	家庭	世界史
5	保健	英G	英R	社扉	理科
6	社扉	世界史	体育	HR	英R

図4-1　一年生の時間割／灰色は原学級授業（学校提供資料より筆者作成）

抽出授業では生徒の母国での教育経験を十分に活かした結果、原学級より進度が早くなることは珍しくない。2年次の理系科目を選択する日本人の学生が少ないこともあって、外国人生徒中心となる授業もある。結果的に、外国人生徒の進路は外国語系や国際系の大学や専門学校だけではなく、理系進学も実現している。

　また、一般教科の抽出授業だけではなく、言語教育も充実している。日本語関連科目が3年間で最大17単位受講できるよう設定されており、生徒の日本語レベルや出身（漢字圏・非漢字圏）の違いなどによって3講座に分かれている。さらに、中国ルーツのネイティブ教員を「教諭（指導専任）」として採用しており、日本語科目だけでなく、特に母語中国語の授業が充実している。「中国語上級」「中国語講読」「中国古典講読」などといった高度な中国語科目が多く設定されている。加えて「ベトナム語」「ネパール語」「タガログ語」などの少数言語も「1人であっても、母語を教える」という方針のもとで設置されている。母語の授業は2年次からの選択授業であり、週2コマ以上の学習時間が確保されている。ただし、カリキュラムの調整の難しさから、理系を選択した生徒は数学などの理系科目で時間割が埋められ、母語の授業が取れないこともある。

　上述したカリキュラムは主にオアシスと呼ばれる多文化教室で行われている。放課後オアシスは各種の抽出授業の教室から変身し、民族舞踊や獅子舞の練習の場となり、外国人生徒の部室となる。ネイティブ教員（オアシス主担）はオアシスについて、「日本語がわからないのに、日本語ばっかりの授業を受けてきた子どもたちにホッとする場所を提供したい。安心できる場所よね。心のオアシスだね」と述べている。

　このようなシステムを支えているのは教員である。ネイティブ教員（1名）をはじめ、日本人教員とオアシスとの間をコーディネートするオアシス主担の教諭（1名）、日本語常勤講師（1名）、非常勤講師（日本語）、特別非常勤講師（母語）、教員サポーターが、オアシスを担当している。オアシスに所属していないが、数学、理科、世界史などの抽出授業を担当する教員、原学級の担任教員なども、異なる形で

熱心に外国人生徒を支えている。

3.　多言語が飛び合う抽出授業

　第3節で述べたように高校では教科内容を理解できるだけの日本語能力を持っていない生徒のために、一般教科の抽出授業を設定している。教員（授業担当）と外国人生徒の間では、どのようなコミュニケーションが行われているのであろうか。

　　「解けた！」と中国ルーツの生徒が手を上げ、教員に報告する。「早いね」と教員は笑いながら、生徒のノートをチェックした。「正解、よくできたな！」と教員のコメントをもらった生徒は笑い、照れている様子だった。隣に座っているベトナムルーツの生徒は、「もうできた？　見せて」と言いながら、中国ルーツの生徒の隣に近寄ってきて問題の解き方を眺める。「こう……うん……、あとは、こうして……」と中国ルーツの生徒はつぶやく。日本語があまり話せない彼は、ノートに書かれた計算式と少ない日本語を駆使し、解き方をみんなに見せる。しばらくすると、「あ、わかった！」とネパールルーツの生徒が頷きながら、自分の席に戻り、後ろの席に座っている別のネパールルーツの生徒とネパール語でやり取りを始めた。先の成果を共有しているようだ。「もう少しで解けたのに」と悔しそうにため息をつく生徒もいる。異なる言葉、笑い声、プリントを開く音が小さい教室で飛び交い、大変賑やかだった。
　　「はい、いいですか？　みんな、できていますか？　席に戻って！　先生からもう一度説明するね」と教員が呼びかけた。生徒たちはさっと自分の席に戻り、教員が書いた板書に注目する。（数学の抽出授業のフィールドノートより）

　これは、抽出授業（数学）の様子である。外国人生徒が集まり、異なる言葉が飛び交う風景は日本の教育現場には珍しいものの、八尾北高校の日常である。抽出授業を担当する教員は、簡単な日本語で説明したり、ジェスチャーや道具を使ったり、生徒の教え合いを促したり、授業内容を伝える工夫をしている。
　また、授業の内容そのものだけではなく、日本語と一般教科内容を組み合わせ、授業を行っている様子も見受けられた。保健の授業では、保健の内容だけではなく、日本語の文法などにも触れながら授業を進める。インタビュー調査によれば、保健の教員は生徒の日本語習得を意識しながら、授業を進めている。このような教育実

践は教科内容の理解、日本語能力の伸長につながっている。

　さらに、日本語や非言語的な配慮を行うだけではなく、教員は生徒の母語使用を認め、母語使用の空間を積極的に構築する様子も見られた。教科内容に興味を持たせ、外国人生徒の文化的背景を配慮するため、教員は授業で生徒の母語に言及したり、生徒の母文化に触れたりしている。以下では一般教科の抽出授業での実践の一例を紹介する。

　世界史の授業で教員はアメリカの独立運動を説明する際に、外国人生徒と一緒に地図を調べる。その際、アメリカの位置だけではなく、教室にいる生徒の母国の位置も生徒全員で一緒に確認する。

　　　ここがアメリカです。大丈夫ですよね。アメリカここで、日本がここで、中
　　　国がここで、ネパールはどこにある？　ちっちゃいな。ネパール、ちっちゃ
　　　いか。インドと中国の間ぐらいにあるのはネパールですよね。で、フィリピ
　　　ンがここから下がっていた。ここやな。フィリピンがここにあって。ベトナ
　　　ムはちょうどここの部分ですね。というように、みんなの出身国、東南アジ
　　　アであったり、アジアであったりとかするわけです。で、アメリカは太平洋
　　　を挟んで向かい側というような地域状況にあります。

　　　　　　　　　　　　　　　　　　　　　　　（世界史の抽出授業の録音より）

　このように、教員は授業内容に関連させながら、生徒の母国に触れていく。この世界史の教員は、Google 翻訳などの ICT 技術を活用し、生徒の母語での専門用語の言い方を調べ、発音することもある。日本語の意味が通じているかどうかを確認することができ、生徒は親近感を抱いている。生徒は、自国だけではなく、隣にいる異国の友達の国の文化や事情を興味深そうに聞いていた。また、教員は授業外課題として生徒に母国の政治体制を調べさせ、お互いに共有させるなど、生徒の自他国の知識に関係する宿題を出している。教員と生徒がともに勉強し、学び合う姿勢が見受けられた。

4.　外国人生徒にとってのオアシス

　世界史の授業だけではなく、冒頭で述べたように、生徒の母語や母文化と直接に関わらないが、数学の抽出授業などでも、母語で話し合える場が確保されている。

授業中に、教員は絶えず「わからなかったら、手を上げて」「自分の言葉で教えあってね」と声をかけ、生徒が話しやすい雰囲気を作り出している。

このような教員の手厚い支援を甘えとして捉え、危機感を覚えている生徒もいる。生徒の相談相手として筆者は「私、日本語できるし、成績がまあまあ良いので、原学級に戻りたいな。日本人の友達も作りたい」という話を聞く。「でも、原学級に戻ったら、今までのような教え合いもないし、先生もいちいち分かるかを聞いてくれないし、うまくいけるかな」と心配しつつ、一方で、「先輩たちからも聞いているけど、日本人の学生は何を言っているかわからないし。やっぱり抽出授業で勉強する時の雰囲気がいいかも」と抽出授業のよさも語る。このように、外国人生徒にとっては、一般教科の抽出授業は居心地のよい、知識をしっかりと身につけられる場である。だが、抽出授業で教員からの手厚い配慮を受け続けたら、いつまでも「一人前」になれず、「残念な自分」のままで成長できないと感じている。

しかし、日本の中学校を経験した多くの外国人生徒は原学級より抽出授業の方がよいと述べた。「原学級にいても日本語がわからなかったので、誰とでも話せない毎日を過ごしてきた」「授業内容が全然わからなくて、ついていけない」からである。

原学級の授業ではどうか。抽出授業で活気が溢れていた外国人生徒は、いざ原学級に戻ると、「青菜に塩」となるのである。原学級での授業時に、教員が外国人生徒のために振り仮名をつけたプリントを配ったり、周りの日本人の生徒も熱心に外国人生徒に教えたりしているが、静かにポカンと座り込んでいる外国人生徒と陽気に振る舞う日本人生徒は対照的であった。外国人生徒に聞いてみると、「先生と同級生のギャグが分からない。なぜみんな笑っているか分からない。先生と日本人同級生の関係を羨ましく思う」「授業の内容と日本語が分からなくて聞きたいが、いちいち聞くとみんなの邪魔になるから、黙っていた」と述べており、静かな様子には様々な理由があるようだった。また、理系進学を実現した中国ルーツの卒業生によると、2年次になってから数学や理科の授業が急に難しくなり、焦ってしまったという。理系の選択科目は実質的には抽出授業のような状態となっており、2年次以降に少人数で授業を受けるようになると、困難を乗り越えることができたという。このような状況からすれば、多言語が飛び合い、話し合える空間が確保された抽出授業の大切さが明らかになる。

外国人生徒が抱える葛藤は、抽出授業だけでなく、授業外の居場所としてのオア

シスへの捉え方からも見受けられる。外国人生徒はいつも、オアシスという多文化教室に集まってしまい、同級生の日本人の生徒との交流が少なくなることがある。それが少し残念だと思っている卒業生もいた。

　多くの卒業生はオアシスの存在の意義を語り、そこで過ごした日々を微笑みながら振り返り、「楽しかった場所」だと述べている。社会人となった卒業生は「勉強したり、話したり、部活動も一緒にして結構楽しかった」と懐かしく述べた。また、ほかの卒業生も以下のように、オアシスの思い出を語っていた。

　　オアシスにいる外国人とは結構深くつながっていたというか。会って、放課
　　後に必ず集まったり何かしていたので。(中略)結構、みんな仲がいいという
　　か、オアシスって教室なんですよ。いつ行っても誰かが必ずいる。(中略)も
　　う暇だったら、寄っていくみたいな。昼ご飯も、そこで食べて。

　　　　　　　　　　　　　　　　　　　　　　　　　　　　(卒業生インタビューより)

　当該の卒業生はオアシスが学年や国籍を問われない場所だと言う。外国人生徒にとっては、オアシスは「いつ行っても誰かは必ずいる」居場所になっているのではないかと考えられる。

　このように、オアシスについて「ほっとする居場所」として肯定的に捉える外国人生徒がいる一方、日本人生徒とは別の居場所が用意され、教員の配慮が受けられることについて「甘え」や「逃げ」だと捉える生徒もいる。だが、新保(2008)が指摘するように、エスニシティごとの居場所づくりか、日本人生徒との交流かを二項対立的に考えるのではなく、各高校のその時その時に合った方法を探ることがより現実的であると考えられる。抽出授業や多文化共生部オアシスに関する議論はまだまだ続くのであろうが、前文で記述した世界史の教員の実践のように、ICT技術の活用やグローバル化の展開など、教育現場に新しい刺激をもたらしていくのではないかと考えられる。

Part2❖門真なみはや高校 ………………………………………………

5. 門真なみはや高校の概要

　門真なみはや高校は、大阪府で初めての普通科総合選択制高校として、2001年に創立された。その前身校は、門真高校と門真南高校である。大阪府の北東部に位置する門真市は、パナソニック本社の所在地として知られ、市には中小の町工場が点在する。門真なみはや高校の前には、5階建て府営住宅の棟が並ぶ大規模団地がある。団地には、90年代初頭より中国からの帰国者（中国残留日本人とその家族）の入居が増え、学校区での中国帰国生徒数も増加した。

　このような背景もあり、創立当初から「中国帰国生徒及び外国人生徒入学者選抜」制度（2017年度より「日本語指導が必要な帰国生徒・外国人生徒入学者選抜」に改称）が設定され、これまで、中国、フィリピン、韓国、ネパール、アフガニスタン、ロシア、イタリア、といった外国人生徒が特別入学者選抜の機会を生かして、入学を果たしている。2019年調査では、これらの外国人生徒と、一般入試で入学した外国にルーツのある生徒を併せて、約60数名が在籍している。また、同校は、生徒の80％以上が進学を果たす進学校でもある。

　特徴の一つである「渡日生教育」では、毎年「中国帰国生徒及び外国人生徒入学者選抜」で選ばれた14人（過去にその数には若干変動がある[1]）の外国人生徒が、日本語授業、母語授業、抽出授業を履修しており、その歴史は20年以上に及んでいる。

　2017年度からは、同校の「普通科総合選択制」が、「総合学科」へと改編され、生徒たちにとっては、それまで以上に、自分たちの興味・関心のある分野に特化した授業選択が可能になった。

6. 外国人生徒に特化した指導体制

　外国人生徒に特化した教育は、日本語授業、抽出授業、母語授業である。外国人生徒への日本語教育では、生徒の習熟度別に、初級、中級、上級の日本語授業が開講され、日本語能力試験N1の合格が目標とされている。

　抽出授業は、1年次には、国語総合現国（上・中・初級）や国語総合古典（上・中・初級）など実技以外の全科目について、2年次以降には国語系・社会系、理科系、保健、家庭科など教科理解に日本語支援が必要とされる科目について設けられてお

り、生徒のニーズに合わせた授業が展開されている。また、週2時間の母語授業では、第一言語（タガログ語、ネパール語、ロシア語、ペルシャ語、韓国語、イタリア語、スペイン語、中国語など）で授業が行われ、外国人生徒は、折に触れて自国の文化や歴史を学ぶ。

　2008年調査では、母語の維持が、外国人生徒が日本社会の中で生きていくための自己肯定感を獲得するために必要不可欠であることが強調された（石川2008）。こうした母語教育の理念は今日まで継承されている。具体的には受講生徒数の多少にかかわらず、外国人生徒の母語の授業が設定され、母語授業は、必ず生徒の母語を第一言語とする（または母語のように操れる）指導専任教諭（以下「ネイティブ教員」）や特別非常勤講師が担当することが目指されている。

　とはいえ、特別非常勤講師は、交通の便が決してよいとは言えない立地にある学校へ、週2回・1回50分の来校をすることになる。教員の負担は少なくない。毎年、特別非常勤講師の確保は難しく、府の人材登録バンクの検索や各大学外国語学科への問い合わせ、教員同士の個人ネットワークを駆使した人材探しが行われる。こうしたことから、特別非常勤講師たちは、担当教員の言葉をかりれば、「もうほんとボランティア精神って言ったらおかしいですけど、お金以上に、外国にルーツのある子どもたちに教える意味を心に強く持ってくださった方」として、母語教育における貴重な存在として感謝されている。

　外国人生徒に向けた部活として、高校創立当初は「中国文化研究会」があった。部員の多くが中国からの生徒だったころは、放課後になると、ほぼ毎日のように部室に生徒たちが集まってきていた。しかし、中国以外の国々からの外国人生徒が増加するにつれ、部員の中から「中国文化研究会という名前は、私たちの居場所じゃないみたいだ。ここに私たちがくる意味があるのか」という声が挙がるようになった。部員たちは、話し合いを重ね、結果、部活の名称は「多文化交流部」へと変更された。

　外国人生徒の部活動には、「中国文化研究会（多文化交流部）」の他に、生徒が部活を自由に選べる余地もあった。例えば、柔道部では、家の手伝いや教会活動で部活への不参加を余儀なくされたり、その状況をうまく日本語で説明できなかったりする生徒に、比較的柔軟な対応がなされた。近年は、外国人生徒の文科系部活への入部も増えた。美術部には毎年外国人生徒が入部し、全国大会に出場する者もいる。

　外国人生徒の校外活動には、「Wai Wai！トーク」や、「你好交流会」「One

World」「はんまだん」など、大阪府下の外国人高校生交流会や人権文化発表交流会でのスピーチ、民族ダンスの披露などがある。最近では、それらに加えて、地下鉄の駅での案内通訳や老人ホーム訪問といったボランティア活動も行われている。

　このように、外国人生徒に向けた日本語授業、抽出授業、母語授業のカリキュラムの充実が図られてきただけでなく、部活動や校外学習においても積極的な支援がなされている。

7.　安心感に包まれる母語授業

　言語教育の特徴は、第一に、外国人生徒に向けた母語授業である。母語授業は、全て、ネイティブ教員と特別非常勤講師（母語をネイティブレベルで使う教員）によって担当される。

　下記のタガログ語の授業では、タガログ語教員が、フィリピンルーツの生徒4名の指導を行っていた。授業には指定の教科書はなく、教員手作りのタガログ語の資料を集めたプリントを、生徒が一文ずつ交替で読み上げながら日本語に訳す、という形で進められていた。難解な読み方や意味については、その都度、生徒たちと教員が自由に意見交換を行っている。

　　楽しそうに談笑しながら生徒3人が入室。私たちを見ると、一瞬「あれ？」という表情になったが、皆、ペコリと会釈をして私たちの前を通りすぎる。生徒たちは教室の後方に向かうと、勝手に机4脚を動かして対面の形にする。タガログ語教員は、「この子たち、なぜか教室の後ろが好きで」と、私たちに笑顔で説明すると、生徒たちとタガログ語で談笑を始める。「さっき見たで。きっと時間ぎりぎりにくるで！」という生徒の日本語の発言を機に、そこから、会話がタガログ語と日本語でなされた。

　　生徒による号令があり、教員が本時の授業の説明に入る。全てタガログ語である。教員は教壇から生徒たちの席に移動し、プリントを配付する。一斉に生徒たちが課題に取り組み始める。実に無駄のない授業導入であった。

　　スラスラ音読する生徒、周りからちょっと助けを借りる生徒など、タガログ語の流暢さは4人4様だが、誰一人として、タガログ語を強要したり、日本語を禁止したりするものはいない。教員は、板書の時以外、生徒たちの机の傍で授業を進めている。教室には、和やかで、それでいて活発な授業が展開された。

写真4-1　母語授業 [中国語]（筆者撮影）

（母語授業のフィールドノートより）

　少人数ということもあるのだろう、タガログ語の教室にはほっと安心できる雰囲気がある。それは、生徒が教室内に自分たちの学習スペースを自由に選んでもいいといった自主性が尊重されているからだろうか。または、タガログ語教員が、教壇を離れて生徒たちの学習スペースに歩み寄り、生徒の傍で始終授業実践を行っているからかもしれない。

　特筆すべきは、タガログ語教員を含めた全員が、互いの母語習得レベルを尊重しながら、自由に質問し、話し合う形で学習が進められていることである。そこには、「教員が指示を出し、生徒が従う」という関係性よりも、まるで生徒の先輩や親戚のように、教員が生徒と共に学ぶ仲間としての関係性が感じられる。そのせいであろうか、5人の対話は、課題と直接関係がない方向に展開してしまうこともある。しかし、その際は、誰からともなく課題に関する質問や発言がなされ、再び皆で課題に向き合う、といった自律的な学習が展開されていた。

　このように、母語授業の教室は、母語や日本語の習熟度に合わせて、生徒自らが自分のペースで学習できる「自分らしさ」が尊重される心地よさや、生徒や教員が互いを仲間のように認め合うことで生まれる安心感に包まれていた。こういった心地よさや安心感は、生徒やタガログ語教員の始終楽しそうな表情や、生徒が課題に前向きに取り組む様子、突然の訪問者に、あえて日本語でタガログ語教員に応えてみる、といった生徒の機転となって現れていた。

8. 日本語指導

　日本語のカリキュラム（2019年度）は、外国人生徒が「日本で生きていくために必要な日本語力、表現力を身につける」ことを目標に設定されている。1年次は、日本語や母語の習熟度別にクラス分けがあり、日本語学習は、必修の「国語総合」の授業の中で週4時間行われている。同様に、社会や数学といった教科においても、

生徒の日本語力や学力に応じた少人数指導が行われる。2年次の日本語学習は、必修の「現代文」や、自由選択科目の「日本語1」の授業を通して行われる。3年次の日本語学習も、2年次と同様に必修の「現代文」の授業を通して行われるが、自由選択科目には、「日本語2」と「総合日本語」がある。

　一方、日本語クラスには、変化も起きている。校内に中国ルーツの生徒よりも外国籍ルーツの生徒が増えたことによって、日本語クラスの母語が多言語化したのである。

　　担当教員：多分、授業も2、3年前に変わった。基本的に日本語の指導って、ネイティブ教員は中国（ルーツ）の生徒に、で、こっちは、非漢字圏の生徒に教えるとかあったけど、時間割の関係等でレベル分けが難しくなってきて、ネイティブ教員も日本語を非漢字圏や中国の生徒に教えるといった時が、大きな転換ではありましたよね。

　　ネイティブ教員：日本語で教えるのに慣れていない。全部日本語で日本語を説明しなくてはいけないじゃないですか。先生たちの大変さがわかりました。そこですごい変わった。　　（担当教員・ネイティブ教員インタビューより）

　日本語クラスの共通語が変わった結果、中国語のネイティブ教員は、日本語と中国語で行っていた指導を、日本語だけを使った指導に変更した。このように、教員は、制度の改編といった教室外の要因に基づき、指導方法に工夫を凝らしている。

　さらに、教員が「渡日プロの一員」として生徒たちの生活面での支援を積極的に行うことで、日本語指導は、教室内にとどまらず、教室内外での異文化理解の促進に向けた指導ともなっている。中でも「リアルなぶつかりあい」は、生徒が相互理解を深める場として、教員間での認識が共有されている。

　例えば、教員は、学校で掃除をする習慣のない外国人生徒と、掃除をさぼる外国人生徒にいらだつ日本人生徒の間で、指導にあたる。

　　担当教員：（外国人生徒は学校で）掃除の習慣がないし、掃除の場所までの行き方がわからんとか、自分が聞き取れないとか、自分の班の担当かどうかさえわかってなかったりするから、って理由を説明したら、「あ、そうなんや。それはむかつくけど、わかる」って。で、外国人生徒は、（相手がむかついて

いることに気づかないので、説明されて）むかつかれてることに気づく。だから、うまくやる、のはその後にある。（中略）それが、社会の中だから、（お互いに）あぁ、そういうもんなんや、って。で、外国人生徒は、「日本人そんなこと気にするんや、なんかむかつくけど、あわせなあかんな」って思うし、日本の子は、「あ、中国人とかフィリピン人の子って、こういうことがあるんやな、じゃ、そん時は、ただむかついて放っておくより注意せなあかんな」とか思うことが、やっぱり学校っていう生活の場の中で、起こってくるんですよね。その中で、リアルなぶつかりあい、摩擦があって、普通に当たり前になってくる、っていう関係が作れる場所。

ネイティブ教員：そう、練習の場。

（担当教員・ネイティブ教員インタビューより）

　教員は、外国人生徒に、相手生徒のいらだちを伝えるだけでなく、仲間としての責任が期待されていたことや、相手を失望させたことを説明し、掃除への理解を促す。同時に、教員は日本人生徒に対し、外国人生徒が掃除をさぼった（ようにみえる）原因が、日本語理解の難しさや掃除をする習慣がないことにあると説明し、相手に対する理解を促す。「あ、そうなんや。それはむかつくけど、わかる」というつぶやきには、ぶつかりあいを通して、価値観や文化が異なる相手を一旦受け入れることができた生徒の様子が反映されている。ここには、日本語指導が、結果として、外国人生徒・日本人生徒の双方にとっての相互理解に向けた働きかけである、という教員間の認識の共有が生きている。

　このように、まさに、「リアルなぶつかりあい、摩擦があって、普通に当たり前になってくる、っていう関係が作れる場所」であり、生徒たちの相互理解を深める経験が教員によって支えられている。自分が困ったときに積極的に指導や支援を行ってくれる教員の存在は、生徒にとっての安心の保障でもある。これらのことから、門真なみはや高校は、日本語教育によっても、生徒たちが安心して活動できる居場所になっているといえるのではなかろうか。

◉継承と創造：先発校のこれから

　本稿では、八尾北高校及び門真なみはや高校で行われてきた一般教科の抽出授業、母語授業、日本語授業のあり方を描き、外国人生徒の日常をまとめた。2校におい

ては外国人生徒に対する手厚い指導が校内で受け継がれてきたと言えるだろう。

　例えば、世代交代によって、若い世代の教員の間では、八尾北高校で実践を担ってきた教員が抱いていた理念が継承されていないのではないかという懸念がある。一方、新世代の教員は指導方法や外国人生徒との関わり方に、新たな実践をもたらし、八尾北高校の中堅教員となって育っていっている。

　また、門真なみはや高校では、生徒の多くが中国人帰国者であった初期の頃から、次第に生徒のルーツが多様化していく中で、それぞれの生徒たちのニーズに応えようと、指導方法を調整したり、生徒たちの関係を仲介したりして、教員たちが「熱い思いを引き継ぐ」教員たちであった。八尾北高校にしても、門真なみはや高校にしても、「生徒を一人一人大切にする」という学校の理念を踏まえながら、新しい知見を生命力として吹き込むことで、課題の解決に向けてさらに邁進していくのであろう。

　生徒間の関係性の構築を取り持つ教員の指導・支援によって、八尾北高校や門真なみはや高校に育まれる「安心感」は、外国人生徒と担当教員やネイティブ教員との間に共有される感情としてだけでなく、生徒同士、生徒と教員、ひいては教員同士で共有される感情となって、これからも校内に広がり続けていくのではないかと期待される。

　このように先発校である2高校では、外国人生徒の多様化に直面しつつも、一般教科、母語、日本語の抽出授業を教育の軸とした上で、生徒の安心感を育む部活動や、生徒が互いを認め合うための教員の指導が積極的に行われており、外国人生徒の成長を下支えしている。中でも、外国人生徒への母語教育の保障や、外国人生徒の心に寄り添う教科指導、さらに外国人生徒のニーズに合った言語教育は、すでに長い歴史の中で、両高校の学校文化の中に溶け込んでおり、教員の「特別扱い」や特別な配慮としてではなく、自然で洗練された指導の一環に昇華している。

[王一瓊・山川温]

▼注
　(1)　門真なみはや高校の特別枠入試での入学生は、定員が240人の時は12人がMAX、数年前までは定員に満たないことも多かったので8人や9人受け入れということもあった。

教育の
現場から
11

ひとりひとりを大切に

八尾北高校の特徴は設立当初から「ひとりひとりを大切にする学校」という理念が脈々と受け継がれていることです。この理念によって外国人生徒が安心して学ぶことができる環境の形成がなされています。

また、総合学科であり選択科目が非常に多いということも大きな強みです。個々の生徒の日本語能力の違いや、それぞれの進路の希望など外国人生徒の学びを保障するためにはさまざまな状況に合わせて対応する必要があります。八尾北高校では総合学科の特徴をいかして多様な選択科目を開講することで、ひとりひとりの生徒のニーズに合わせた対応をおこなっています。実際に、抽出の授業では難しい言葉を同じ母語の生徒同士で教えあう姿が見られます。こうして日本語の能力に応じて学ぶとともに母語を使う機会を保障することも外国人生徒たちが安心して学校生活を送る上では大切なこととなっています。

そして、オアシスという外国人生徒たちが集う場所が保障されていることも生徒たちが安心して学ぶ環境形成の大きな柱となっています。オアシスではただ外国人生徒が集うだけでなく放課後に練習した民族舞踊や獅子舞、龍の舞を文化祭や地域のイベントで発表しています。このような活動が自分たちのアイデンティや自己肯定感を高めることにつながっています。さらに、外国人生徒たちが多く在籍することによって日本人生徒たちにとっても違いを認め合う機会、あらためて自分を見つめ直す機会となっています。

八尾北高校で特別入試枠が設定されて20年が経ちます。今後の課題としてはこれまで培ってきたオアシスでの教育活動を教員の入れ替わりがあってもいかに継続し発展させていくかということがあげられます。難しい課題ではありますが、どのような時でも「ひとりひとりを大切にする学校」という八尾北高校の理念を大切に今後も教育活動をおこなっていきたいと思います。

長尾啓三郎

Aとの出会い

私が勤務している門真なみはや高校は、2001年から外国にルーツのある生徒に対して特別入試を実施している学校だ。本校の渡日生プロジェクトチームの主担をしている私が渡日生と深く関わるようになったきっかけは、とても気になる渡日生・Aが入学してきたことだった。Aを見た時に「この子の担任をしたい」と思ったのだ。なぜ気になったのかはわからない。だが、Aを見た日に当時の渡日プロの主担の所へ「渡日生の担任を持つには何か決まりがありますか？」と聞きに行ったのだ。私の願いは叶い、Aの担任をすることになった。Aは入学した当初はまだ日本語が得意ではなかったので私は簡単な英語や、やさしい日本語を使ってAとコミュニケーションを取るようにした。「普段の私ならこう話すけど、この話し方でAに伝わるだろうか」。ホームルームでの話もこれを基本に考えるようになった。そうすることで今までの話にいかに無駄が多かったのかよくわかった。今まで生徒はよく黙って聞いてくれていたなと反省もした。わかりやすく簡潔に伝えることで、Aを含む渡日生だけでなく他の生徒にとってもプラスに働いたように思う。このほかにも学びの多かったAの担任だが、私が産休に入ったことで他の先生に半年でバトンタッチすることになった。

産休・育休を経て復帰した時に渡日プロの先生に「渡日プロに入らないか？」とお誘いをいただいた。特別なスキルも何もない私がなぜ？と思ったのだが「Aの担任をしたいって言ってくれたでしょ？　だから、一緒に渡日生を見たいと思って」と言っていただけたのだ。Aから聞く母国の話はとても興味深いものがたくさんあった。そのような話をたくさんの生徒からまた聞けるのは楽しいことかもしれない。そう思い渡日プロに所属して今年で5年目になる。今後もAのような生徒に出会えることを楽しみにしている。

石川裕美

第5章　枠校における外国人生徒の居場所

Part1❖成美高校／Part2❖福井高校

◉枠校の居場所

　各枠校には、外国人生徒支援の校内拠点がある。それぞれの枠校には、外国人生徒が自由に使える教室が設置されており、「居場所」「文化活動のスペース」「学校からの諸連絡を受ける場」「日本語学習の場」「母語教育を受ける場所」などという機能が果たされている。具体的には、放課後に外国人生徒を対象としたホームルームが行われたり、昼休みに生徒が集まる居場所としての機能に重きが置かれている。

　また多くの枠校では、外国人生徒が日本人生徒との関わりにおいても居場所を感じられるようにする取り組みも行われている。上述したように、外国人生徒同士の関係性のなかで、学校に居場所を感じられるようにするだけではなく、教員や他の生徒といった、多様な関係性のなかで居場所を実感できるようにする様々な工夫が枠校では行われている。

　成美高校には、国際文化部（通称One World）と中国文化春暁倶楽部があり、部活動が居場所として機能することで、生徒を学校に「ステイさせる」ことを目指し、支援にあたっている。また、福井高校では生徒の厳しい背景を考慮したうえで、多様なアクターが外国人生徒に関わり、生徒が学校で居心地のよさを感じられるような取り組みを行っている。こうした、外国人生徒の居場所づくりにとって特徴的な取り組みを行っている2校について、本章では焦点を当てる。

Part1❖成美高校

1. 成美高校の概要

　成美高校の生徒数は680名ほどで、毎年10名から14名ほどの外国人生徒を受け入れている。同校は美木多高校と上神谷高校が2003年に統合し、普通科総合選択制としてスタートした高校（現在は総合学科）であり、府内で四番目の枠校である。

合併前より周辺地域には中国にルーツを持つ住民が多く、上神谷高校に通っていた親世代がその子どもを成美高校へと通わせていることもある。

　本節のメインテーマは外国人生徒の居場所であるが、その舞台となるのが「国際文化部One World」と「中国文化春暁倶楽部」である。入学した生徒はいずれかに所属することになっている。上神谷高校のあった1988年から中国ルーツの生徒を受け入れていたが、近年ではフィリピンやタイルーツの生徒が多い。調査当時、そのエスニシティは9か国にもわたっていた。2018年度にはスーダンやベトナムルーツの生徒、2019年度にはシリアとインドネシアルーツの生徒を受け入れている。「One World」に所属する生徒のエスニシティの多様さには拍車がかかっているが、外国人生徒を支援する教員たちは、「ここまできたら幾ら増えようが同じ」と述べていた。

2.　入学前の経験と新たな「居場所」

　筆者は2019年4月から2020年1月まで、「One World」に着目し、参与観察を行った。「One World」とは、地域や学内で国際交流を中心に行う部活動である。校内では文化祭での模擬店の出店とダンス発表、多文化公演会などを行い、国際理解の促進を担っている。外部での活動としては、外国人高校生同士のための交流会、こども園でのボランティアや近隣の小中学校との交流なども行っている。筆者の参加したものの中では、大阪府立学校在日外国人教育研究会主催の発表会が印象的である。枠校だけでなく外国人生徒の在籍する高校からも多くの生徒が集まり、生徒が母語で日本での学校生活を送る中で感じること、母国での経験、将来の夢、高校に入ってから自身がどのように変わったかなどを語る場として機能していた。

　インタビューでは多くの生徒が小・中学校と成美高校の違いについて強調し、学校の取り組みや部活動について肯定的な意見を持っていたことが印象的だった。具体的には、小・中学校ではネガティブな経験をした生徒が多かったこと、高校入学を契機として、学校そのもののイメージが変容した生徒が多かったことが挙げられる。外国人生徒の語りに注目しつつ、小・中学校での経験と、高校入学後の様子についてみていきたい。

　あるネパールルーツの生徒は、小・中学校での経験についてはネガティブな印象を持っている一方で、「つらいことならいくらでも喋れる」と言い、当時のことを振り返る。彼女は過去の経験を、「小学校中学校はつらい時、しんどかった時が多

くて、遅いなと思いましたけど、今は楽しくて、早く感じますね」と述べると同時に、「私は小学校中学校の時、だれも見ない。こうやってた、歩くとき（顔を下に向ける仕草）」とも表現していることから、学校で過ごしていた時間がいかに辛かったかがわかる。この生徒は、フィリピンルーツの生徒と互いを親友と呼び合うほどである。「辛さも同じ。辛さとか話してるから」と述べる彼女は、ネパールルーツの生徒と来日した学年が同じであることや、似た経験をしていることから過去の悩みについて共有している。「今は廊下でキャーキャー言える。前は自分を隠してた感じがつらいかな。今は全部笑顔。（中略）教室に入るのもすごい勇気いるから、その、一番早い、学校に着くの」と語っており、彼女の抱えていた不安はかなりのものであったと予想される。

　しかし高校入学後に関するインタビューで生徒たちが述べたのは正反対ともいえる語りだった。フィリピンルーツの卒業生も、「中学の時に私1人だったので、問題を言う人がいなかったんですよ。言っても多分相手もわかんないし、理解できないと思います。ここに入って、私と同じルーツを持つ生徒がいるので、なんかちょっと、なんていうかな、安心？　しました。」と、似た背景を持つ仲間と巡り会えたことで成美高校を居場所として捉えている。

　自身を受け入れてくれる友人や教員がおり、安心できるたしかな居場所があるという実感は、排除されてきた経験を持つ外国人生徒にとって安心感につながるに違いない。日々の授業や活動を通し、学校生活を肯定的に捉えられ経験を得ることで、「そこに自分が存在し、認められていること」を感じることのできる空間で生活できている。

3．支え合い、そして支えようとすること

> ここに来てる子もすごく優秀な子もいるし、困ってても学校には来る、学校は楽しいって来る子もいるので。（中略）クラブで学校にステイさせるっていうのを、最低限の居場所にしてあげないと、なかなか学校の授業だけにくるっていうのは、高校生になりたての子には厳しいかなっていう印象。
>
> 　　　　　　　　　　　　　　　　　　　　　　　　　　　　（日本語担当教員）

　この語りからは外国人生徒が学校へ通うことの難しさが伝わってくる。言語や文

化、母国との授業スタイルの違いから、外国人生徒を高校の授業につなぎとめることは一筋縄にはいかない。たしかに、日本の小・中学校での文化や生活、学習習慣が身に付いていない傾向にある生徒たちが、内容の難しい高校の授業のみを糧として学校へ通うことは困難だろう。そこで、部活動に生徒たちを「ステイさせる」ことを居場所づくりにおける戦略としている。

> 親の都合で来た子にとっては本当にいろんな感情があるので、勉強面は厳しく、生活面はなるべく否定的にならずに、その子の気持ちに寄り添ってあげてから、こっちの方がいいんちゃう、これは今しかできないよって感じで（進路指導を）進める。　　　　　　　　　　　　　　　　　　（日本語担当教員）

　外国人生徒の中には自身の意思に反して来日を経験することになった場合もあれば、母国での紛争などが原因の者もいる場合もある。来日して間もない子どもからすると、このように寄り添う教員の存在は大きな支えとなりうる。成美高校の教員は目の前の外国人生徒の抱える不安や悩みなどを理解しようとし、寄り添おうとするが、教員だけが外国人生徒を支えているわけではない。
　外国人生徒は「One World」や「春暁」、より広く言うならば「成美高校」という居場所の中で、生徒同士でつながることができており、その中では先輩後輩、同級生を思いやる気持ちが頻繁に聞かれた。過去に卒業生などの先輩から受けた支援や、自身のつらい経験をもとに、「誰もなってほしくない、ひとりぼっちに」「家族みたい、いつもサポートする。日本語でわからない言葉ある時にいつも教えてくれた。これはめっちゃいい気持ち」という意識を持って他者と向き合おうとする生徒もいる。

> 中学校、小学校の時は、自分がわからなくて、日本人がとか、先生とかが教えてくれた、わからないことを。でも今は、逆になって自分が人、知らない人に助けれるようになってるから、すごいなって思う。自分がわかってること、相手がわからないことを教えなあかん。　　　　（ネパールルーツ生徒）

　使命感を露わにするのはネパールにルーツを持つ生徒である。彼女は物静かなスーダンルーツの生徒へも、「あの子もっと喋ったらいいと思う」と心配する様子

を見せている。同時に、自身が他者を助けられていることに驚き、入学後における変化も感じ取っていた。ほかの生徒も成美高校に入学することで何かしらの変容を経験しており、その多くは「他者を助ける」という形で自らの変化を表現していた。入学前には想像もしなかった行動が、部員や教員と触れ合うなかで創られたのである。小・中学時代と比較すると成美高校での生活は生徒たちにとってのびのびと学ぶことのできる環境となっている。

　「私みたいな人がとなりにいるから。同じ外国人、同じ気持ちを持っている人と過ごしているから、なんか段々、自分が頑張ったことがポジティブになって、その、横にいるネガティブな人に大丈夫だよって伝えるようになる。辛さを感じてるから」と堂々と言える生徒がいれば、「みんな今めっちゃ友達おるで。あとめっちゃワーワーやって、この、あれなんていうん、廊下も歩けるし」と語る生徒もいる。廊下を歩くというごく当たり前にも思える行為が、いかに彼女を悩ませていたかがわかる。

　「高校に来るときは楽しくないと思ってました。全然違う、入ってよかったなって思いました。（中略）でも今は、せんせーって言えるようになったし、意見もちゃんと言えるようになったし、友達にもちゃんと聞けるようになった」と語るのはフィリピンにルーツのある1年生である。このように、語りの中では成美高校には外国人生徒が多く、そのエスニシティも多様であることが強調されるが、中には過去に持てなかった日本人との関係を構築し、居場所を見つけた者もいる。

　　　めっちゃ心配してた。多分日本人と仲良くならないと思ってた。通訳…通訳
　　　じゃなくてコミュニケーションすることは出来ないと思ってたけど、入った
　　　ばかり、クラスメートとしゃべって、みんな優しくて、コミュニケーション
　　　すること、めっちゃできた。　　　　　　　　　　　　　　（シリアルーツ生徒）

　日本人との交流を不安に思っていた背景には日本語能力に自信がなかったことがあるが、成美高校の日本人生徒は好意的に接してくれたという。このほかにも、フィリピンルーツの生徒は記憶に残った出来事があったという。文化祭では7か国ほどの民族舞踊が代わる代わる披露されるが、そこでOne Worldに所属する日本人生徒が母国のダンスを一緒に踊ってくれたのである。

　このように、生徒は学校のサポート体制、外国人生徒の学力・日本語の理解度に

配慮のある教員や周囲の生徒などの存在を理由にあげ、支援体制を評価していた。教員は生徒を理解し、支え、外国人生徒は日本人生徒からも支えられている。

4. 日本社会という「居場所」

　来日した外国人生徒は、高校卒業後も日本で生活する場合がある。そのような事情を考慮し、成美高校の教員は将来における選択の機会をできるだけ拡げようとしている。

　　私個人の意見なんですけど、クラブはすごい大事で、ずっと仲間になる、一生の友達になるかもしれないので来てほしいんですけど、ここ（成美高校）を出たあとは、自分で色んなことを選択して、自力で生きていかないといけないので、そのために日本で必要な日本語と日本の社会のことについて伝えていけたらいいなって思ってます。　　　　　　　　　　　　（日本語担当教員）

　　やっぱりそういう（多様なエスニシティの中で暮らし、多文化に関するクラブの活動に没頭する）経験をしてきてるんで、それを誰かに伝えれる立場になってほしいなって思いますね。それが日本に対する社会還元じゃないかなって思うんで。進学した方がそういう機会が増えるんじゃないかな。（中略）もっともっとやっぱり、いろんなこと伝えていける力…経験してるんで、そういうチャンスをあげたいなって思いますね。強みを知るきっかけがより多いところに送り出してあげたいって多分みんな思ってはるんじゃないかなって思いますね。　　　　　　　　　　　　　　　　　　　　　　　（日本語担当教員）

　ある卒業生は2年生の段階では就職を志していたが、One Worldの先輩や教員から進学により得られるメリットを聞いて進路を変更している。教員のまなざしが、生徒に伝わるだけでなく、先輩から後輩へ伝わり、波及しているといえる。同時に、「しっかり関わらへんと、だってボロボロ落ちていきますもん。絶対続いてないって」「遠ざからないようにしてますよ」と、外国人生徒担当は語る。外国人生徒を学校という場所に「ステイ」させておくことがいかに困難なのかを考えさせられる。学校へつなぎとめた上で、生徒の語る夢が実現可能な選択なのかどうかも、教員は常に気にかけている。

　　その夢と現実とが乖離してる時に、その子その子に応じて、問題点っていう
　　のが、私たちは見つけることができます。例えば、経済的な問題も考えとい
　　てあげなあかんし、その、夢がとても、その夢に向かってかなり努力せない
　　かんけれども、でもできるかな、とか。　　　　　　　　　　（外国人担当教員）

　外国人生徒に対する知識の積み重ねやアドバイスがあるからこそ、子どもたちは
より広い視野で物事を見ることができ、自身の行く末を決めていくことができる。
成美高校の環境はそれまでの「閉ざされた空間」とは異なっており、部活動の仲間
や理解ある教員に囲まれた、より可能性に開かれた場所であるに違いない。「One
World」では多様なエスニシティ、文化、言語が複雑に混ざり合っているが、それ
こそが「One World」の良さである。多様な背景を持つ子どもが集まる中でも、教
員と生徒が同じ方向を向いて進んでいるからこそ、成美高校の教育活動はうまく機
能している。
　筆者は文化祭に参加したのだが、そこで記憶に残った光景がある。フィナーレで
は、さまざまな国の民族衣装に身を包んだ生徒たちが登場する。色とりどりの国旗
が体育館のステージいっぱいに広がる様子は、成美高校の多彩さを表しているかの
ようだった。楽しそうに踊る様子を見て、多彩であることを強みにして歩んできた
One Worldらしいと感じた。形は違えど、外国人生徒のための「居場所」は、成
美高校以外にも存在する。福井高校では、厳しい状況にある生徒が入学する傾向に
あるという。Part2では成美高校とは異なった視点から、居場所づくりに奮闘する
学校や教員の取り組みについてみていきたい。

Part2❖福井高校

5．福井高校の概要

　大阪府立福井高等学校（総合学科）は1984年に開校し、2015年に「日本語指導
が必要な帰国生徒・外国人生徒入学者選抜」の実施校となった。福井高校では、
「日本語指導、母語保障とアイデンティティの確立、日本にルーツを持つ生徒との
共生」、の3点が外国人生徒支援の柱として掲げられている。大阪府北部において、

福井高校が枠校として選ばれた背景には、かねてから人権教育にも力を入れてきたことが大きく関わっている。校内には外国人生徒の居場所や支援の拠点となる教室である、コスモスルームが設置されており、特別枠の入試を経て在籍する外国人生徒はコスモス生とよばれている。多文化共生プロジェクトチームが福井高校には設置されており、コスモス生へのカリキュラム編成や実際の支援方針などについては、実質的にこのプロジェクトチームが担っている。

　高校には、毎年度12名程度のコスモス生が入学する。在籍するコスモス生の多くは中国にルーツをもつ生徒であり、その他に、フィリピン、ペルー、ブラジル、パキスタン、エジプトなど多様なルーツをもつ生徒が在籍する状況が続いている。

6.　外国人生徒の居心地のよさを生み出す下地づくり

　　今年痛感してるのは、一般枠でコミュニケーション力の低い日本人の子たちがきているということです。特性のある、環境の適応がしにくい子たちがきてるので、トラブルがあったりしますね。文化のトラブルが。

　　　　　　　　　　　　　　　　　　　　　　　　　　　　　　（地域連携担当教員）

　福井高校には、特別枠入試だけでなく、一般入試でも多様な生徒が入学するようになっている。具体的には、「障がいもってる子とかもわりと、多文化の中でもさらに障がいもってる子もいて」（ネイティブ教員）という語りにもあるように、福井高校には外国人生徒だけでなく、特別な支援が必要な生徒も一定数入学しているということである。福井高校に在籍するコスモス生の特徴について質問したところ、ネイティブ教員の先生から以下のようなことが語られた。

　　半分ぐらいしんどいですね。勉強もそうやし、経済状況もそうなんですね。在留資格。多くのお家は自分の意志で来日したわけではないですから。

　　　　　　　　　　　　　　　　　　　　　　　　　　　　　　（ネイティブ教員）

　コスモス生の傾向として、ひとり親家庭など経済的に厳しい状況にある生徒や、日本語能力に由来して学力状況の厳しい生徒も数多く在籍している状況にある。また、多くのコスモス生が大阪市内から通っており、時間をかけて登校している状況

にもある。このように、一般生徒・外国人生徒に関わらずいわゆる「しんどい生徒」を多く受け入れている状況が福井高校では続いており、生徒同士のトラブルに教員が奔走することも多いという。

　多様な背景を有する生徒の在籍する福井高校では、人権教育を基盤とした教育実践が行われる。下記は2018年当時の福井高校校長から語られた内容である。

> 人権ホームルームをかなり丁寧にやってるので、特に１年生の最初のほうはクラス開きですね、ここはとにかくかなり時間をかけながら、自分のことを語るっていうのを（中略）クラス開きだけで３週ぐらい連続ホームルームやってる。
> （校長）

　福井高校では、自分自身のことを語り、お互いの理解を深めていくクラス開きの実践が丁寧に行われている。それぞれの中学校時代の苦い経験や生い立ちなどを話し、クラスメイトがそれについて意見を交流する機会が年度当初にもたれており、外国人生徒を含め生徒同士が理解しあえることが目指されている。外国人生徒の在籍は、日本人生徒、外国人生徒にとって実践的に多文化共生に関して学ぶことができるものとして、肯定的に捉えている教員の語りも聞かれた。このように、人権教育を基盤とする高校では、入学当初から丁寧な関係づくりが行われ、外国人生徒が他の生徒との関わりにおいて受け入れられやすくなっている。

　高校では生徒同士の関わりを促進するような取り組みをすすめるだけではなく、教員に対しても多様な生徒を受け入れる素地を形成することに力が入れられている。「うちの学校の人権というのは理論的なことがすごく多い」（ネイティブ教員）と語られるように、LGBTや部落問題に関する研修がもたれるなど、教員が人権的な課題に関して学ぶ機会が多くとられている。このように、多様な生徒を受け入れる福井高校では、教員への研修を充実させることにより、外国人生徒をはじめとした、社会的にマイノリティとなるような生徒が充実した学校生活を送れるように受け入れの体制が整えられている。

7.　多様な場での居場所づくり

　現在、社会経済的に厳しい状況にある生徒が増加しているが、外国人生徒も例外ではない。そのため、コスモス生への支援は様々な場面においてみられ、時には学

校内だけにとどまらないこともある。それは、下記の外国人生徒支援を担当する教員の語りが参考になる。

> 経済状況は、しんどい家庭がどうしても多くなるという現状です。なので私たちは家庭訪問を行って、細かに聞いています。どういうことを聞くっていうのも様式があって、在留資格もそうなんですけど、おうちの人のお仕事どうしてるかとか、電話でやりとりする時に、日本語ができるかとか（中略）そういう子たちには、家庭に出向いて家の状況もわかるので、そういう風なサポート体制というのはとらせてもらってます。　　　　　（支援担当教員）

　具体的には、年度初めに生徒の家庭を訪ね、家庭の状況などを把握している。ここでは、「母語の先生頼りで、一緒にいって、母語の先生はどうせお世話になる方なので、そういう方と一緒に家庭の状況をつかんでいく」（支援担当教員）ことが重要視されており、多文化共生プロジェクトチームの教員だけでなく、母語保障を行う担当の講師も家庭訪問に同行している。母語の講師は、コスモス生が選択授業を選ぶ際や、進路に悩んでいる際の相談役となることもある。支援担当の教員だけではなく、母語の講師も授業以外の場で外国人生徒を支援することができているのである。このように、福井高校では多様な教員が外国人生徒支援に携わる体制を整えている。

> ネパール語の母語の授業。教科の抽出の授業時には私語や立ち歩きなどが目立つ生徒も、母語の授業では落ち着いて先生の指示をきいて課題に取り組んでいる姿がある。1限目と2限目の間に、日本語担当の教員が教室に入り、生徒らの様子を見に来ている。ネパールの子たちががんばっているという様子を、日本語担当の教員は口頭で他の先生にも発信しているそうだが、それだけではなく、映像でも共有できれば、という思いを母語の担当講師に話していた。　　　　　　　　　　　（母語の授業のフィールドノーツより）

　上記は毎週2時間とられている母語の授業の一場面である。引用にもあるように、他の授業時には学習に対して集中することが難しい生徒でも、母語の授業では異なる姿を確認することができた。母語の講師は生徒の家庭の状況や来日背景について

把握しており、生徒の学習状況や生活状況について理解していこうとしている。そして、日本語担当の教員も母語の授業の担当でもあるため、様子を見に来ることがあり、積極的にその様子が教員間で共有されていた。このように、母語の授業の場は外国人生徒にとって安心できる居場所となっているだけではなく、母語の授業を通して教員による外国人生徒の理解が促進されることもあり、外国人生徒が学校生活を過ごしやすくなる重要な場となっているといえるだろう。

　生活背景の厳しい状況にある生徒が多いからこそ、学習態度について複数の教員の見立てとあわせて捉えていくことが、適切な支援につながる重要な取り組みとなっている。

8.　卒業後を見据えた支援としての進路指導

　コスモス生は、1年生の時から、オープンキャンパスなどへの積極的な参加を促されている。また、通訳ボランティアなどへの参加も促し、在学時のアピールポイントをつくろうとするなど、進路形成の支援を積極的に行っている。

　以下は、支援担当教員から語られた外国人生徒の進路形成に関わる内容である。

　　英語を勉強する大学やのに、英語ができても日本語ができひんかったら、ここでは勉強できひんのやなと思って、なんか矛盾やなっていうのはもやもやっとするけど、そこが私立大学で掲げてる理念なのであればそれを覆すのに戦うより、いいみちをさがすほうが彼らにとってもいいかなと思ったりもしました。（中略）AO入試にしても条件でいうとはまるかとか、があります。例えば日本国籍または永住権を有する者みたいな、それに準ずるとかいったら、定住者どうすんねんとか、家族滞在どないしてみちつけたらいいねんとか、家族滞在って奨学金もあかんねんで、どないしたらええねんみたいなのはかなり多いです。

（支援担当教員）

　　調査者：先生のなかでのみちというのは、言葉ができて武器にして学校に戻ってくるというのもあるでしょうし、多文化に関わるような仕事とか。
　　支援担当教員：そういうわけではない（中略）その子ら抱いてるものがあるので、それは大事にしてほしい。（中略）4年生大学にすすむのもよし、専門学校というみちもあるよ、ほんならこういう授業をとったほうがいいね、と

か（中略）そういう風にみちを、本人のやりたいことをやるっていうのが一番大事だと思うんです。他の国にするにせよ。海外いって働くにせよ日本で働くにせよ。
　　　　　　　　　　　　　　　　　　　　　　　　（支援担当教員）

　前半の語りにもあるように、外国人生徒は在留資格によって受験できる入試方法や奨学金の受給に制約が生じることが多々ある。制度上、進路形成にかかるハードルが日本人生徒以上に高いことがあるために、担当教員は高校卒業後の進路だけでなく、その後のライフコース形成にまで目をむけ、最適な進路を形成していこうとする思いが強まる。そのため、高1時点からボランティア活動への参加を促したり、オープンキャンパスへの引率を行ったりして、生徒の視野を広げようとしているのだろう。

　また、学習状況が厳しく、学校に登校しない日もあるような外国人生徒もおり、日本で進路形成していくのか、母国に帰国して進路を形成していくのか、なかなか決まらないというようなしんどい状況にある生徒もいた。そのため、外国人生徒への進路指導に関しては、キャリア教育の取り組みの場だけではなく、外国人生徒への日本語の時間といった、抽出の授業においても取り組まれることが可能となっていた。

　　　3限目は3年生の日本語の授業。キャリア教育に関わる発表を前日に控えているため、それぞれの生徒の最終確認を先生たちで行っているようであった。外国人生徒支援担当の先生は、京都にある外国語の専門学校にネパールにルーツをもつ生徒ともう1人の中国にルーツをもつ生徒と冬休みに見学にいくらしく、その算段をしていた。　　　（日本語の授業のフィールドノーツより）

　上記はある日本語の抽出の時間の一場面である。自分の興味関心のある内容について1年間調べて、最終発表を行うというキャリア教育の一環としての授業内容について取り組まれていた。各々の生徒は、自分の将来就きたい仕事内容に合わせたテーマ設定し、取りまとめをおこなっていた。2人の生徒は自分の課題をすすめるなかで、支援担当教員に悩み相談や進路相談をしていた。ネパールにルーツをもつ生徒に関しては具体的な進路が決定しておらず、冬休みを利用して専門学校に見学にいく計画を立てていた。

　このように、キャリア教育の取り組みの場だけではなく、少人数で生徒に接することができる抽出の授業の場は、生徒の進路指導にも大きく役立っていた。またここでは、キャリア教育について扱っている題材であるからこそ、生徒と進路について話をしやすい環境をつくることができていたと考えることもできる。

　以上のように、進路形成の面において課題に直面しやすい外国人生徒に対して、抽出授業という場を通して相談にのるなどして、外国人生徒の不安を払拭し、自己肯定感を高めていこうとする働きかけがなされているといえる。このように、抽出授業の時間を進路指導と連動させていくことにより、生徒を肯定していこうとすることは、外国人生徒に居心地のよい学校生活を提供していくうえで重要である。

　下記の引用は、学習状況が厳しい生徒について印象的だった場面である。

　　2年生の地理の授業はテスト返しである。ペルーにルーツをもつ生徒は、テストの点数が低かったのか、ノート提出をしたら評価点をあげてくれないか、という交渉を担当の先生にしている。この生徒は、1年生の時には学校を休むことが多く、学習に対してもやる気をみせる場面をほとんどみることはなかった。
　　調査者：勉強がんばってるね。
　　ペルーにルーツをもつ生徒：学校には来るようにはなったけど、勉強は全然だめ。　　　　　　　　　　　　　　（地理の抽出の授業のフィールドノーツより）

　この生徒が在籍する学年の外国人生徒は、生徒指導面でもその対象となる生徒も多く、担当教員も対応に追われることが多かった。そのようななかでも、外国人生徒支援担当の教員は粘り強く、生徒に対して学習やボランティア活動などについて働きかけを行っていた。そのためか、2年生の2学期の時点で少しずつ学習に向き合っていこうとする姿勢を生徒たちはみせていた。教員による密な関わりにより、外国人生徒が学校のなかで居心地のよさを感じられるようになり、学校生活や学習に対して前向きになっていたことは間違いないだろう。

◉校内に居場所をつくる意義

　本章では、枠校でも外国人生徒の居場所づくりに力をいれている成美高校と福井高校の取り組みについてまとめた。両校で共通していたのは、単に外国人生徒が集

える教室を設置するだけではなく、多様な関わりを外国人生徒に持たせられるように工夫していたことであった。例えば、成美高校では、外国人生徒が横のつながりだけではなく、卒業生の先輩にも気軽に進路相談などができるようになっており、生徒の安心感の創出につながっていた。また、福井高校では、教員や母語の講師など、多様な大人が多様な場面において密接に外国人生徒に対して関わり、外国人生徒が居心地のよさを感じられるようにしていた。

　上記とあわせて、枠校における外国人生徒の支援体制づくりについても、生徒の居場所の創出において重要であったといえる。例えば福井高校では、支援担当の教員だけでなく、母語の講師も家庭訪問を行える体制を整えたり、日本語を担当する教員も母語の授業に関われるような体制を整えたりしていた。こうした体制を整えることにより、教員個人の努力に頼るのではなく、学校の組織として生徒にとって居心地の良い学校環境をつくっていけるのだと考えられる。

　成美高校や福井高校の取り組みにより、外国人生徒は自己を肯定的に捉えることができるようになり、自分たちの居場所を大切にしようと思うのである。外国人生徒が多いというだけでは彼らの生き辛さの解消には至らない。「居場所」を作るという意志、アイデンティティや母語などの重要性が理解され、保障されてこそ、外国人生徒の生きづらさを和らげる助けとなる。そこには自治体、教員、学校、地域、NPOや生徒の理解や関心の高さが不可欠である。

［植田泰史・伊藤莉央］

教育の
現場から
13

「多文化クラブ」によるエンパワーメント

大原一浩

本成美高校が開校し、外国人生徒を特別枠入試で受け入れて20年が過ぎようとしている。開校当時は特別枠入学の生徒の大半が中国にルーツをもち、支援組織である「中国文化 春 暁 倶楽部」で活動していた。民族衣装を着ての民族舞踊、中国獅子舞や龍の舞をレパートリーに加え、校内外各地のイベントで披露していた。生徒たちはそうした舞台で観客の拍手を浴びる経験を通して、自分のルーツに自信を持ち、前向きに学校生活を送れるように変わっていく。春暁倶楽部は、本格的な獅子舞や龍の舞を武器に、活動の場を韓国やマレーシアなどにも拡大してきた。予想もしない出演依頼に驚いたことも数知れず、特に、2019年のTV歌番組への生出演では、生徒たちはテレビの向こうにいた有名人たちとともに舞台に上がり、夢のような空間での貴重な経験を持ち帰ることができた。これらの活動が、どれだけ生徒たちの前向きな力になったことか。

　一方、中国以外の国にルーツをもつ生徒たちも急速に増えていき、国際文化部（通称One World）が立ち上げられた。多国籍化・多文化化はどんどん進み、大所帯となったOne Worldも多彩な活動を繰り広げていく。大阪府立学校外国人教育研究会が主催する外国人生徒の交流会や、母語による弁論大会には毎年参加している。大きく異なる文化は時にぶつかることもあるが、生徒たちはそれを乗り越え、文化を超えた絆を育み、自分に自信を持つように成長してきている。

　中国という共通のルーツを軸に求心力を保つ春暁倶楽部と、多様なルーツの生徒が集まる中で学びあうOne World。2つの異なる方向性のバランスで生徒を育てているのが成美方式だ。日本語指導や抽出授業に比べて軽視されがちだが、多文化クラブを通した生徒のエンパワーメントは、外国人生徒支援には必要不可欠なものである。運営における課題は山のようにあるが、今後もこの2つのクラブによって生徒たちを育てていきたい。

「出会い」と「つながり」を大切に

福井高校では、「日本語指導が必要な帰国生徒・外国人生徒入学者選抜」で入学した生徒を「コスモス」と呼んでいる。由来は、花のコスモス、宇宙のCOSMOS、生徒たちの無限の可能性を表している。昼休みや放課後にはコスモスルームに同生徒たちが自由に集まり、和気あいあいと多言語を飛び交わしている。放課後は日本語の勉強や課題に取り組んだり、様々な活動の準備を行ったりしている。

文化祭では、各国の文化発表の場として、中国の獅子舞や龍、ネパール、フィリピンのダンスなどを披露している。コロナ禍で開催できていないが、母語教員協力の下、コスモスランチ会という各国の料理を日本人生徒や教員と共に食す会を開いており、校内の「多文化共生の場」となっている。

本校は開校以来人権や、地域との繋がりを大事にしてきた。地元の「豊川きょういくコミュニティーネット」にも属しており、コスモス生もその繋がりを活かして地元の保幼小中校園や地域の学習会などで出前授業を行い、喜ばれている。日本に来た経緯や日本での経験を話す国際理解に繋がる活動、自国の文化や言葉などを紹介し、実際に外国の遊びを体験してもらう国際交流など、年々活動の場が広がっている。これらの活動に参加すると日本語に自信が持てずにいた生徒も、自分の話す日本語を理解してもらえたことが嬉しく、口々に「また参加したい」と目を輝かせる。自己肯定感が自然と高まり、生徒自身のアイデンティティ形成にも非常に有用となっている。活動を通して本校の生徒同士の繋がりもより深まり、家庭内では親子間の会話も増え、親子関係にもいい影響を与えている。

その他にも府立外教の活動はもちろんのこと、高大連携を活かしラップの講座やオンライン学習会、外国語絵本の読み聞かせなどの活動にも積極的に取り組んでいる。今後もコスモスの生徒が持っている力を存分に発揮し、自信を持ってより輝けるよう活動の場を広げていきたい。

岸本裕美

第**6**章 枠校におけるキャリア教育

Part1❖長吉高校／ Part2❖布施北高校

◉枠校におけるキャリア教育

　進路指導には、外国人生徒特有の課題がある。それは、言語や文化の問題、日常生活に残存する外国人差別、在留資格による奨学金の制約・就労の可否など、ミクロレベルからマクロレベルにまで至る。そこで、枠校では生徒が外国にルーツをもつゆえに抱える進路形成上の困難を乗り越えられるよう、入学時から卒業後を見据えて進路指導を行っている。

　たとえば、言語学習はもちろん、母語・母文化の保障による自らのルーツ、ひいては生徒自身に対する肯定観の醸成、日本社会の相対化、在留資格の確認、オープンキャンパスへの同行、制度的にキャリア教育を構築するなどである。在留資格の制約によって生徒が卒業後、日本で生活することができないと判明した際には、企業や行政機関に働きかけて在留資格変更を支援することもある。それでは、いかに外国人生徒に特有の進路指導やキャリア教育が実践されているのか。

　本章では、「ソフトな側面」と「ハードな側面」の2つに分けてみていく。ソフトな側面とは、外国人生徒が置かれた一人ひとり異なる状況を理解し、個々に寄り添いケアをしていく個別的支援を指す。一方、ハードな側面とは、日本社会で実際に生きていく力を形成するために構築された体系的制度を指す。

　これらの2側面は分離しているわけではなく、多層的なものである。だが、枠校における進路指導をわかりやすく記述するために、ソフトな側面を長吉高校の実践から、ハードな側面を布施北高校の実践から抽出し、概観する。

Part1❖卒業後を見据えて生徒をエンパワメントする長吉高校………

1．長吉高校の概要

　長吉高校は、全生徒が約600名、その内約60名が外国人生徒である。もともと

中国ルーツの生徒が多かったが、現在はフィリピンルーツの生徒がもっとも多い。ほかにも、ベトナムやネパールなどのアジア地域、南米地域、パキスタンなど多様で、現在では10を超える国と地域にルーツをもつ生徒が通学している。エスニシティの多様化が進む高校である。

　他校と同様に、外国人生徒は多文化研究会、朝鮮文化研究会に所属し、外国人生徒どうし、または日本人生徒との交流や学習が行われている。1年時の日本語指導は、エンパワメントスクールの長所を生かしたモジュール授業を活用している。モジュール授業とは、2限分の授業時間を3つに分割することで、基礎科目を毎日行うことを可能にする時間割を活用した授業のことである。

　母語学習を保障するため、枠で入学した生徒の母語を話す生徒が1人であっても、その母語を話せる教員を必ず探し出し、授業を開講する。言い換えれば、枠で入学していなければ母語学習の機会を保障することができないということだ。制度的障壁により、母語保障ができる範囲が限定されているのである。しかし、一般入試で入学した生徒の母語の授業が運よく開講されている場合には、教員は積極的に受講を勧めている。

　では次節より、長吉高校に見られるキャリア教育のソフトな側面を3つの視点から分析する。

2.　日本社会で生きることを捉え直す

　日本社会にはいまだ、外国人に対する差別や偏見が残存している。見た目も言葉も違う外国人生徒は、小学校時代にいじめにあったり、日常生活で心無い言葉や視線を投げられたりした経験を有することが多い。こうした経験の積み重ねによって、自分のルーツや日本社会に対する否定感を抱いて入学する生徒がいる。

　しかし、枠校に入学して初めて、自分と似た状況にある仲間や相談できる先生と出会い、自分の母語や文化を学ぶ機会を得ることで、「自分のルーツ」ひいては「自分自身」への自信が形成され、日本社会で生きていくことに向き合えるようになる。生徒・卒業生の語りから、どのように変化していくのかをみていきたい。

　　長吉高校に来て初めて認められた感じがあった。外国人ということで差別されてきたが、自分の文化が大切にされ、中国で（中国にルーツがあっても）悪くないと初めて感じ、ルーツに自信をもつようになった。それは、日本語教

写真6-1　国際交流室での学習の様子(学校撮影)(1)

育だけではなく、中国のネイティブの先生による母語教育があったことが大きかった。大きな舞台での発表などで、中国文化が大事にされていることを実感した。

（中国ルーツの卒業生インタビューより）

　外国にルーツがあることで差別され、自分の文化や言語を隠さなければならなかった生徒たちは、枠校に入学し自身のルーツに誇りをもつようになる。第4章でも指摘されているような安心感を得られる母語学習の時間や、外国人生徒同士、教員などとの関係構築、日本人生徒も含めた全校生徒の前での発表などによって、初めて承認される経験を得るためである。

　ただ、これだけを見ると、外国人生徒が承認されるのは校内にとどまるように感じられる。しかし実際は、学校を超えた社会でも活躍する場が創出されている。

　具体例の1つが通訳ボランティアである。大阪メトロ地下鉄通訳ボランティアはその名の通り、地下鉄で切符購入などで困っている外国人に声をかけ通訳をする活動である。これに参加したあるフィリピンルーツの生徒は、日本社会で人の役に立つ経験を得て、将来展望が強固になったと語った。

　　去年の夏休み、今年の春休み、地下鉄通訳ボランティアに行った。面白いなと思って、もっと旅行の職に就きたいなと思うようになった。通訳とツアーの仕事。（略）最初は緊張したが、「ありがとう、めっちゃ助かった」と言われて、めっちゃ楽しかった。　　（フィリピンルーツの生徒インタビューより）

　現実の社会で自分の言語が他者の力になることで、キャリア観を形成しているのである。

　このほかにも、長吉高校ではさまざまな取り組みを通して進路指導を行っている。具体的な内容として、長年外国人生徒の指導に携わってきたある教員は、「授業やクラス、放課後指導や行事などを通して、彼らの性格、特技や苦手なこと、さらに

は家庭状況や将来についてなど一人一人の背景や個性を知る。日本語指導と母語指導を土台に彼らの自尊感情や自信を育成し、日本語能力試験や英検など外部資格の取得、校内外の行事での活躍、給付型奨学金取得の挑戦など」の指導を挙げた。入学時から個人の状況に即して、手厚い支援を行っている。

　とはいえ、高校に入学してすぐに自身のアイデンティティを確立し、民族性と日本性の両方をバランスよく取り入れられるようになるわけではない。過度に日本人生徒への同化を試みたり、民族性を強調し排他的になったりしたこともあったと語る生徒もいる。しかし、そうした民族性と日本性のバランスのとり方は、高校卒業後にもわたる長期的な試行錯誤の過程で各自が形成していた。

　　高校のときは、見た目も、腰パンしたり日本人がやっているようなことをして
　　いた。真似というか、混ざるために。それが大学に入って変わった。
　　　　　　　　　　　　　　　　　　　（フィリピンルーツの卒業生インタビューより）

　「日本語の壁と文化の違いによる怖さや不安さから、同じルーツ（国の生徒）の輪の中にしかいられない、外にでられなかった。ルーツの輪から出たくなくなっていた」と語ったある中国ルーツの卒業生は、卒業後に、日本社会での生き方を学んだと話す。

　　大学では、専門的知識、日本社会で生きるために必要なコミュニケーション
　　能力、日本人と一緒に活動する経験、日本社会に参加する経験、文化、常識、
　　マナーを学んだ。高校は日本語と学力、自信、文化を比較する経験を得た。
　　高校で基礎ができたから、大学でそういう経験をできた。
　　　　　　　　　　　　　　　　　　　　（中国ルーツの卒業生インタビューより）

　10年前にも「日本人生徒の中に入っていく機会がもてない（棚田・友草・森山2008）」と提起されていた。だが、ルーツが校内外で他者に承認され、日本社会で生きていくことを捉え直す機会があるからこそ、高校卒業後、社会で生きていけるようになるのである。

　　安心できるところでしか心を開けない。自信を失っている子にとって、安心

できる場所じゃないとだめ。自信さえつけたらマナーなんて簡単に身に着けられる。優先順位の問題で、学校が緊急ですべきことは社会にでてからのマナーをしつけるのではなく、安心できる場所になって、失った自信を回復して、顔を上げて生きていけるようにすること。意に沿わないことがあっても、なんとかそこに合わせて日本の会社で働くこともできるやろうし。

（教員インタビューより）

　「なぜ日本の学校で、外国人生徒が外国の言葉や文化を学ぶのか。もっと日本語や日本社会について学び、日本社会へ同化できるようにすべきだ」という母語教育に対する批判も散見される。しかし、ここまでで見てきたように、高校入学前まで差別をされ自信を喪失している外国人生徒は、言われるまでもなく、自分の生き方を暗中模索している。そうした中、自分のルーツや生徒自身が高校で大切にされることを実感し自信を取り戻すことによって、卒業以降、日本社会や世界で生きる力を獲得するのである。

3.　卒業後を見据えた支援

　それでは、枠校における進路に対する指導や支援は、高校卒業から次の進路への橋渡しの段階に限られるのか。答えはノーだ。ただ進路が決定すればいいというわけではなく、卒業後、どのように生きていくのかを見据えて指導している。たとえば、卒業後にも高校で相談にのることだ。ある卒業生は、困難を抱えたときは相談しに高校へ行くという。

　　（周囲の人たちが）わかってくれないなと思うときは長吉高校に帰ってきて、話す。友達にも話す。高校のときの友達にも。相談できる人はたくさんいる。高校のときも相談相手には困らなかった。

（フィリピンルーツの卒業生インタビューより）

　それでは、卒業後にも維持される教師との関係性は在学中のどのような働きかけによって実現されているのだろうか。
　意外にも、在学中には日本社会の厳しさを伝えるという。

1年生から先生に、社会は甘くないっていうイメージをずっと与えてくれてる
から、社会に出て、ほんまに甘くないなって。他の人みたいに、社会に出て
きてすぐダウンするんじゃない、そういうイメージは一応入っているので、
社会人はほんまに甘くないなで終わっているんですよ。じゃ、これからどう
頑張っていくかっていう次の考えになる。

（中国ルーツの卒業生インタビューより）

　この生徒は社会の厳しさを前もって伝えられ十分に認識していたからこそ、高校
を卒業する前に先生に相談へ行き、いざというときに頼れる学校外の機関を紹介し
てもらいに行った。

卒業生：長吉高校から離れてまったく一人になるのがしんどいなって卒業前
　　　後で思って。ほんまに一瞬に切るのがこわくて、何らかのつながりが欲し
　　　くて。気軽に長吉高校帰れるけど。
教員：いつでも、おいで。　　　　　（中国ルーツの卒業生インタビューより）

　このように、在学時に社会の厳しさを伝えられることで卒業後までを見渡し、教
員の手を借りて新たなネットワークを形成している。長吉高校自体が卒業後にいつ
でも相談しに行ける場所として機能すると同時に、外部の機関などへと橋渡しして
いるのである。
　しかし、卒業後のためのセイフティーネットの構築は、外国人生徒の支援を始め
た当初から行われてきたわけではなく、担当教員らの経験によって変化してきた。

前は卒業してね、最後、みんなで集まってクラブで話をするときに、甘えた
らあかんって、すぐ戻ってきたらあかんって、外に出たんなら自分の力で頑
張りなさいって言ってたんですけど、でも、途中から、しんどいことがあっ
たらすぐに戻ってきてねって。自分ひとりで決断しないで、いい知恵がわく
かもしれへんし、解決方法があるかもしれへんから、自分で勝手に判断して、
取り返しがつかなかったり、助けてあげれるのに助けてあげれなかったりす
るから、困ったときはすぐおいでねって、みんなの声かけは変わりました。

（教員インタビューより）

　数多くの卒業生を見送ってきた長吉高校だからこそ、卒業後を見据えた長期的な声掛けや働きかけの実践が形成されてきたのである。なお、SOSを出す先は長吉高校だけでなく、それぞれが置かれた場所でも助けを求めるようにも伝えている。

> 教員：日本人の子でもそうですけど、SOSを出す力は大事。（略）日本人の子にも言う。（略）在学中には言わない。卒業する前になったら言う。卒業する前になったらみんな不安になるんです。長吉出てやっていけるんかなって。（略）不安があるから、いつでも戻ってきていいよって。でも全部を学校がまかなえるわけじゃないから、絶対信頼できる人いるから、その人に助けてもらいなさいとか、授業は絶対一番前で受けて、日本語私はわかりませんってちゃんと言って。
>
> 卒業生：その言葉があるから、いつも一番前で受けていました（笑）。
>
> （教員と中国ルーツの卒業生への同時インタビューより）

　社会の変化や実践の蓄積などによって、卒業後に向けた支援の必要性が一層認識されるようになり、現在では、長吉高校は卒業後のセイフティーネットも構築する場となっている。もちろん、人間関係の構築や外部機関への橋渡しなどのソフトな支援にとどまらず、進学後に予想される学費や生活費支払いなどの経済的困難や、日本語をめぐる学力的困難、進学先・就職先の配慮不足によって生じる困難を軽減できるよう、奨学金のサポートや、外国人生徒への理解が深い大学・就職先に関する情報提供などハードな支援も行われている。

4.　卒業後の生き方

　では、日本社会で生きることを捉え直し、卒業後までを見通し指導や支援を受けた生徒たちは、どのような生き方を選び、実際に活躍しているのか。卒業生インタビューを基にみていく。

　まずは、高校時代に日本と母国を往還することに決めたAさんである。Aさんは、現在日本でパート職に就き日本に基盤を置きながら、母国にも頻繁に帰っている。このような生き方を高校時代に決意し現在まで継続しているのだが、当時は教員も「そんな生き方があるんだ」と驚いたという。というのも、一般に教員は生徒の安

定した生活保障のため、正社員の身分を得て卒業できるよう働きかけるためである。しかし、外国人生徒が自らのアイデンティティを認識し生き方を決めた際には、その実現のために力強く応援するようになった。

> 教員：すごく覚えている言葉は、「じゃあ大学に行かないんやったら正社員になったら？」と話したときに、「先生、でも正社員になったら1か月休めない。1か月ぐらいフィリピンに帰りたい」と。（略）で、どんどんフィリピン人になっていって。（略）もうフィリピン人として生きるんやと思って。（略）
> 卒業生：やっぱり日本で生活する以上、そんな簡単には1か月とか帰れないですね。　　　　　　　　　　　　（フィリピンルーツの卒業生インタビューより）

　日本社会のみで生きていくだけではなく、生徒がどの国でどのようなアイデンティティをもって生きていくのかを担当教員は生徒に寄り添い見守り、生徒自身は納得する生き方を主体的に選び取っていく。
　次に、日本で生きることを決め進学し、電子系分野で正社員となり活躍しているBさんである。Bさんは卒業後に、差別的な発言や処遇に遭遇したという。例えば、就職活動中の面接で、ルーツにまつわる質問をされた。

> 一番腹が立ったのが、「○○（インタビューイーの名前）さんって中国人ですよね」って聞かれて、なんで言われるんやろって。（略）「最後に、何か質問ありますか」って聞かれて、「先ほど中国人っていうキーワードが出てきましたけど、この面接と何が関係ありますか」って聞いて、「いや、特にないですけど」って。ないんやったら聞かなくていいじゃないですか。（略）学校に戻って、進路のガイダンスの先生にも、「そういうのがあったから、私は納得いかないです」って。　　　　　　　　　　　（中国ルーツの卒業生インタビューより）

　出自が関係ないはずの面接での出来事を不当に感じ、学校で抗議した。しかし、差別的処遇は、就職が決まり働き始めた後にも生じた。Bさんは、外国にルーツをもつ職場の先輩が上司に「通称名に変えて」と言われたと聞き、「何それ、恐ろしい、おかしい」と感じた。Bさんも通称名への変更を求められたが、それには応じ

なかった。差別的で不当な言動に対し「おかしい」と感じ、日本に根付く合理的ではない慣習を変革するための行動をとったのである。

　最後に、自分と同じ境遇の生徒を支援したいという思いで、枠校で働く卒業生は、教員になった理由として、共通して「高校で人生が変わった」ことを挙げた。

　たとえば、中国ルーツのある卒業生は、「自分の人生は高校で変わったから、自分も高校生の力になりたいと思う」（インタビュー）と話す。同じく枠校で勤務しているフィリピンルーツの卒業生も「長吉高校で人生が変わった。あの先生のおかげで、といつも思っているし言っている。自分も生徒にそのように思ってもらえるようになったら嬉しい」と語る。

　「長吉高校に来て人生が変わった」「自分も外国人生徒の力になりたい」という熱い思いによって、長吉高校では後継者となる教員が誕生している。10年前には支援を受ける側だった元生徒が、自身の経験を生かしながら、現在は外国人生徒を支援する立場にたっている。

　以上、長吉高校における進路指導や卒業をめぐる支援、卒業生の自立の様相をみてきた。枠校の卒業生は日本と母国を往還する、日本社会での差別に立ち向かう、日本社会で自分と同じ境遇にある生徒を支援するなど、それぞれが日本社会とのかかわり方を見出していた。その背景には、前半で見たような高校生活での日本社会との出会い直しや、卒業後も見据えた支援などの教育実践があった。これらは、教育カリキュラムとしては明示されない「ソフト」な支援である。一人ひとりに寄り添った取り組みが、外国人生徒の自立を支えているのである。

Part2❖前へ踏み出す力を育むデュアルシステム………………………………

5．布施北高校の概要

　布施北高校は、地域のための全日制普通科高校として1978年に開校した。全校生徒は約550名で、外国人生徒が40名在籍している。

　布施北高校の特色は、カリキュラム内に「デュアルシステム」を取り入れている点である。「デュアルシステム」とは、ドイツで制度化された教育と職業訓練とを同時に実施する教育システムを意味する。ただし布施北高校のデュアルシステムはドイツのシステムと大きく異なる「日本版デュアルシステム」を実施している。

　「日本版デュアルシステム」の発端は、2003年に文部科学省、厚生労働省、経済産業省、経済財政政策担当大臣がメンバーとなって策定した「若者自立・挑戦プラン」である。このプランにおいて広く認知されている事業の1つにジョブカフェの設置がある。当時は、若年者の失業率・非正規雇用率の上昇、いわゆるフリーターやニートといった言葉が大きく報道され、社会的課題とされていた。そこで学校と民間が連携し「職業観・労働観の育成」と、「学校での講義や実習を、企業で実践的な技術や技能の向上」を目指すべく、「日本版デュアルシステム」の推進が位置づけられたのである。

　「日本版デュアルシステム」導入にあたっては、全国で実施高校が募集された。立候補した多くの高校が、専門的な技術習得を志向し、実地訓練の性格をもつ商業・工業高校であった。普通科であった布施北高校では職業訓練的な意味合いは薄く、勤労観を養い社会人として必要とされる力やコミュニケーション能力、生きていく力をつけることを目的に導入された。

　その結果、2006年に「デュアルシステム専門コース」が設置され、2013年には「デュアル総合学科」となった。布施北高校版デュアルシステムについては次節で紹介する。デュアルシステムを導入し実践を蓄積してきた布施北高校は、2017年に「エンパワメントスクール」として改編された。エンパワメントスクールとデュアルシステムの2つの柱を同時に実施するための精緻なカリキュラムが布施北高校で構成されている。

　外国人生徒についての指導方針は、日本人生徒が「文化と言葉の異なる人がそばにいる社会」を身近に感じ、外国人生徒がこれからの多文化共生を担う人間になることである。では、精緻に構成されたカリキュラムというハードな側面では、どのような実践が行われているのか。次節よりみていく。

6.　布施北高校版デュアルシステム

　布施北高校の特徴であるデュアルシステムは、1年生から3年生にかけて経験や学習を積み上げていくことができる仕組みとなっている。

　1年生は全員が2日間のインターンシップを行い、2、3年生は選択授業としてデュアルシステムを希望した生徒が、週に1回、丸一日の職業体験実習を行っている。インターンシップ・デュアル実習の受け入れ先は、「製造分野」「販売・サービス分野」「保育・教育分野」「介護・福祉分野」の4分野が設定されている。

学年	科目名	科目の柱と、育成を目指す能力	内容
1年生	キャリア基礎	**自分自身を知る／仕事観・職業観を身につける／コミュニケーション能力・プレゼンテーション能力**	ハローワーク、学生服製造会社などの職員の話を聞く。インターンシップ実習の事前学習と実習、事後学習。
2年生	デュアル基礎	デュアル実習の振り返り／コミュニケーション能力・プレゼンテーション能力の育成／社会人としてのマナー・基礎力の育成	デュアル実習報告書「実習ノート」の作成と、次回の実習課題・目標の設定。グループワーク・グループディスカッション、クラス内発表を通した、生徒同士の伝達力・助言力、作文力の育成。デュアル発表会に向けた立ち方・発声法などの指導。面接指導。
3年生	デュアル演習		

表6-1　布施北高校におけるデュアルシステムの校内学習の内容

（校内資料に基づき筆者作成）

　教員と事業所側の都合ではなく、生徒が取り組みたい実習は何か、実習を行いたい企業・事業所先、生徒たちの得意なこと、苦手なことは何かが重視される。

　校外での経験学習とは別に、校内では1年生は「キャリア基礎」、2年生は「デュアル基礎」、3年生は「デュアル演習」という授業が行われている。3年間をかけて勤労観を養い、「社会人力」「コミュニケーション能力」が身につくようにじっくりと丁寧に取り組まれる。具体的な内容はここでは割愛するが、表6-1のように進められる。

7. なぜデュアルシステムを勧めるのか？

　　布施北高校で受けてよかったのは、デュアル学科。デュアルコースは先生に
　　勧められ職業体験ができるから入った。デュアルコースで週一で職業体験で
　　いろんな仕事をさせてもらった。いろんな人とコミュニケーションをとって
　　いたので、日本でどこにでも行きたいという選択が広がった。

　　　　　　　　　　　　　　　　　　（フィリピンルーツ卒業生インタビューより）

　既述したように、布施北高校はデュアルシステムというキャリア教育を特色に持つ全日制普通科である。ただ、デュアルシステムは必修科目ではない。では、教員

はなぜ、外国人生徒にデュアルシステムを勧めているのだろうか。それは、デュアルシステムで学ぶ内容や培われる能力は、どのような進路を選ぶにしても、外国人生徒が日本社会で生きていく上で、重要だからである。

　まず、進路先をみてみる。デュアル総合学科に改編された頃から進学者が増えているものの、現在も進学者は4割で、6割が就職する。また、進路未定者もいる。

　外国人生徒は、語学系の専門学校に行き日本語能力を身につけ大学の3年生に編入する卒業生や、ホテルやデパートに就職する生徒もいる。就職に関して、保護者や知人の働いている職場での手伝いや縁故就職がほとんどである。以前よりも外国人生徒の進学希望者が増加しており、その背景に、保護者の経済的な事情の変化がある。とはいえ、大学でどのような授業があるのか、日本語での授業についていけるのかなどが把握されているわけではなく、漠然と大学に行きたいという生徒が多い。そのため、進学後に外国人学生への日本語サポートが不足しているなどの理由で、課題を出されても何をどのようにレポートに書けばいいのかわからず、対応に苦慮するなどの事態が発生していた。就職活動の場合でも、企業への問い合わせメールの書き方や電話連絡の手順などの対処に困り、卒業後に高校へ質問に訪れる卒業生が後を絶たなかったという。

　以上のように、外国人生徒は文化的・言語的背景の差異によって卒業後に困難を抱えることが多い。特に、ダイレクト生は日本社会との関わりは必ずしも長くない。そのため、高校生のあいだに実社会で幅広い経験を得ることで、大学進学だけでなく就職においても適切な対応ができるようにしていかなくてはならない。こうした外国人生徒の実情を踏まえて、外国人生徒にはデュアルシステムを勧めているのである。

　それではデュアルシステムは、外国人生徒にとってどのような経験となっているのだろうか。卒業生インタビューから一例を紹介したい。

8.　外国人生徒の前に踏み出す力を育むデュアル実習

　大学生の王さん（仮名）は、2019年度に卒業した「デュアルエンパワメントスクール」の一期生である。

　祖母が中国残留孤児で、12歳の時に渡日した。卒業した中学校の国際教室の中国人教員から、布施北高校のデュアルシステムのことを教えてもらった。自宅からも近く、布施北高校への進学を決めた。

　王さんは１年生の時、インターンシップで美容室に行った。２日間と短く、何をどうしたらいいのか分からず、学んだというよりもいい経験をしたという感じだったという。

　２年生では、ペットショップでデュアル実習を行った。ペットショップでは、日本語能力の自信の無さから、お昼休みも一人携帯電話を触って過ごし、職場の人と会話をすることはなかった。その状況を見た教員が、「お昼休みは、職場の方々と会話があったほうがいいのではないか」とアドバイスをしたという。

　３年生では、一年間幼稚園でデュアル実習を行った。幼稚園では、子どもの発する日本語が理解しづらく、コミュニケーションの取り方に戸惑い、自分がどう積極的に活動すべきかを悩み考えた。幼稚園の先生と教員からのコメントを受け、最初は受け入れ難かった助言にも向き合い、実習活動を見直し取り組むことで成長できたと振り返る。

　王さんが、デュアルシステムの授業で苦手にしていたのは、デュアル実習の発表とその準備段階で行うグループディスカッションである。日本語が上手く話せず、特に日本人のクラスメイトの前で発言や発表するときは緊張したという。しかし、回数を重ねることで、３年生では日本人のクラスメイトの前でも緊張することなく発言や発表ができるようになったという。

　デュアル実習後の「実習ノート」は、実習先の担当者に目を通してもらうため、意識して字をきれいに書くことや文章も考えて丁寧に書く習慣が身についた。

　王さんも何度も書き直し、書く練習を重ねた。その経験が今の大学生活に活きているという。３年間のデュアル実習の活動を振り返り次のように語る。

　　　日本の職場に実際に行って、日本人のマナーや日本人とどうやってコミュニケーションをとればいいのか、実際に大学を卒業してから職場に行って体験するのか、その前に体験できたことが良かったと思う。社会に出る前に社会人と話ができた経験がよかった。社会に出る自信ができた。

　　　　　　　　　　　　　　　　　　　　　　　　　（王さんインタビューより）

　王さんは、大学の国際学部に所属し、中国語、日本語、英語を活かし、日本で観光関係の仕事につきたいと笑顔で語ってくれた。王さんは、デュアルシステムの取り組みやデュアル実習を通して、リアルな地域社会の人間関係の中で、言語や文

化・習慣の違いによる意思疎通の不安という壁にぶつかりながら、それらを一つ一つ乗り越えてきた。積み重ねてきた体験が王さんの自信となり、日本社会での将来を考え前に踏み出す力を生み出している。

◉枠校におけるキャリア教育

　以上、枠校におけるキャリア教育のソフトな側面とハードな側面の2つから概観してきた。長吉高校のソフトな側面の実践として、日本社会との出会い直しの機会や、高校卒業後を見据えたネットワークの創出があった。これらは、高校の入口から出口までの一貫した支援となり外国人生徒を支えていた。実際に、外国人生徒は卒業後、差別への抵抗、ボーダーレスな生き方、後輩の指導など、日本への同化か異化かの2択を超えた生き方を実現するために、主体的に動いていた。ハードな側面には、たとえば布施北高校のデュアルシステムのような入念に構築されたシステムがあった。大人数の前で発表することが苦手だった外国人生徒でも、実際に企業や事業所で働くなかで、言語やコミュニケーション力に関する自信を高めていた。こうしたキャリア教育のシステムは「労働の仕方」の学習にとどまらず、日本社会で「生きていく」ことの基礎力を形成しているといえよう。

　本章では、ソフトな側面を長吉高校に、ハードな側面を布施北高校に着目しまとめた。こうした描き方は、あたかも2つの側面が分離しているように感じられるが、実際は絡まり合って外国人生徒を支えている。各校がそれぞれの歴史のなかで、ソフトな支援、ハードな制度を構築し、それぞれの相乗効果を生じさせている。各校の文脈に沿った支援と制度が、枠校の卒業生を支えている。

［櫻木晴日・河藤一美］

▼注
　（1）　外国人生徒の進路指導にあたり、夏休みは毎日国際交流室で指導することもあるという。ある教員は「キャリア教育は学校全体でも行っているが、それだけでは理解が難しく自分ごとと捉えにくい。（中略）個別の進路計画を本人とともに作成し、夏休みは、ほとんどのルーツ生徒が毎日登校し、進路と向き合う。教員が2〜3名、毎日国際交流室で彼らと共に過ごす」と語る。

138

一人ひとりに寄り添う──進路指導の取り組み

長吉高校では"言葉や文化の違いを認め尊重し、一人ひとりに寄り添うこと"を根幹とし、ルーツ生の進路指導に取り組んでいる。1年生から進路に向けてスモールステップを踏み、成果を残していけるように3年間を見通して進路指導を行っている。日本語の壁は高く、就職や進学は日本人生徒以上に努力が必要だ。授業や勉強会、通訳付きの懇談など色々な場面で、進路について丁寧に説明したり、オープンキャンパスに引率したりと、将来への意識づけを行っている。生徒の背景や個性を理解し、進路を考えていく。ルーツ生は2つの国を往来し経験や語れることが多くエネルギーに溢れている。一方で日本語の部分はまだまだで、大学の募集要項や就職の求人票1つ読むのも難しい。3年生になり、将来への希望や課題、日本語の困り感は生徒それぞれで、その進路を考えることは大変難しく悩む。個別の進路計画を作成し、夏休みに生徒らは毎日学校に来て進路と向き合う。なかなか自分事として捉えられない生徒もいるが、なんとか進路実現に繋げられるよう時間をかけて寄り添い共に取り組んできた。

そんな生徒たちが卒業後、進学先や社会で頑張っていることを話しに来てくれる。彼らの進路実現や成長に関われてよかった、と感じられる嬉しい瞬間である。

かつて本校を卒業したルーツ生が次の支援の担い手として学校現場で活躍されている。来日後の葛藤や辛さは経験したからこそ、私たち以上に生徒に寄り添える。その熱い思いで生徒と向き合う姿に私自身も刺激を受ける。このような先生方は今後外国ルーツの生徒が増加し多様化する上で、必要不可欠な存在である。そのためにも本校で20年以上積み重ねてきたノウハウを今後も引き継ぎ、生徒の可能性を最大限引き出せるよう進路指導に取り組んでいきたい。

森田千博

教育の
現場から
16

彼女のまなざし

布

施北に赴任して14年。多くの外国にルーツのある生徒と出会ってきた。1年の学級担任をした際、タイ、ベトナム、ペルー、アフガニスタンから渡日した生徒5名を受け持った。その中でアフガニスタン出身の女子生徒は今でも強く印象に残っている。

イランでは、アフガニスタンの子どもたちは学校に行く権利が剥奪される中、心ある大人が当局に見つからないよう設けてくれた「隠れ学校」で苦学していることを私は知った。お父さんに在留特別許可が下りた後、国の情勢が不安定になったので、彼女は渡日して本校に入学し、熱心に勉学に打ち込んだ。その真摯な姿は渡日生徒のみならず日本人生徒にとっても模範そのものであった。イスラム教ゆえ、家族以外の男性に肌を見せられないので、制服はズボン、顔と頭にはヒジャブを常に巻いている。体育の授業でもスカーフは巻いたままである。水泳は、女性教員が夏休みの早朝にプールサイドを全面ブルーシートで覆い行った。

私は彼女に質問した。「日本での生活や、学校で困っていることは何ですか」。彼女は答えた。「日本で生活をし日本の高校に入学した以上、文化の違いがあっても合わせるための努力はします。それは大変な時もあるけどそれほど嫌なことではない。たまに自分の思いを母語で思いっきり話して、それをわかってくれる母国の友人がとても恋しくなることもあるけどそれは仕方ない。ただ何より辛いことは話を聞いてもらえないことです。うまく話せないけどとにかく聞いてほしい」。

彼女がこれまでどれほどの辛抱を強いられてきたのか、彼女が抱えてきた悩みや苦しみ、それを克服しようとする意志の強さを初めて知り、担任として気持ちを新たにした出来事であった。

「みんなもっと優しくなって、勉強も頑張って、もっと人々のためになることをしたら、きっと戦争がなくなります」。卒業式での彼女からのメッセージである。

山崎格

第7章　新しく「枠校」をつくる

Part1❖東淀川高校／Part2❖大阪わかば高校

◉様々な学校に枠を作る

　本章では外国人生徒の受け入れ枠が新たに設置された東淀川高校と大阪わかば高校の事例を通して、新設校に外国人生徒の受け入れ体制が整備されてきた過程と、枠が設置されることで学校にもたらされた変化を明らかにする。

　本章で取り上げる2校はこれまでの枠校とは異なる特徴を有している。第4章から第6章で取り上げた6つの枠校の場合、いずれも総合学科の高校に枠が設置されてきたが、東淀川高校（2017年に枠設置）は全日制普通科、大阪わかば高校（2022年度に枠設置）は多部制単位制Ⅰ・Ⅱ部普通科である。それぞれ異なる制度のもとで、先発の枠校における外国人生徒支援のためのシステムや実践が取り入れられ、さらに、受け入れていた生徒の状況に合わせた各校の特色が作り上げられていることがわかる。本章では枠が新設されたこの2校の事例から、背景やシステムの異なる学校に枠が作られることの意義を考えていきたい。

Part1❖東淀川高校──普通科に枠を作る………………………………………

1．東淀川高校の特徴

　1955年に設立された東淀川高校は、新大阪駅に近い、オフィス街に位置している。2009年度から2016年度までは普通科総合選択制であったが、現在は文系と理系に加えて、幼児教育コースと看護医療コースを併せ持つ普通科専門コース設置校に改編された。

　高校は外国人生徒の受け入れを行うにあたっての地域的要請があったわけでも、外国人生徒教育に取り組んできた土壌があったわけでもない。しかし、長年、大阪市内に特別枠校設置の強い要望があったことから、学校の改編に合わせて特別枠が設置された。概ね80％の生徒が大学や専門学校等へ進学しており、授業構成や教

員組織も外国人生徒を念頭に構成されてきたわけではない。外国人生徒の受け入れ体制はどのように整備されてきたのだろうか。

まずは、高校の概要を記す。枠設置当初、入学定員（1学年に7クラス280名）のうち、特別枠の定員は14名以内であったが、設置3年目の2019年度には16名以内に増えた（2021年度以降の入学定員は6クラス240名となり枠生の比率が高まった）。これまで受け入れてきた生徒のルーツは、中国、香港、フィリピン、ネパール、ウクライナ、タイ、ガーナ、ベトナム、イラン、バングラデシュと多様であり、このうち最も多いのは中国ルーツの生徒であった。

特別枠で入学した生徒以外にも、外国にルーツをもつ生徒を把握し、積極的な関わりや声かけを行っており、保護者への通訳を行うこともある。枠外の生徒も希望に応じて、大阪府立学校在日外国人教育研究会（府立外教）主催の高校生交流会に参加したり、第一言語（母語）の授業を受講したりすることもある。

立地の良さもあり、志望する外国人生徒は多く、入学者の多くが進学を希望している。しかし、入学すれば必ず大学に進学できるというわけではない。高校では、卒業後も大学等で日本人学生と共に学んでいける力を身につけることができるように指導が行われており、勉強することを苦に思わず、コツコツと頑張った生徒が大学への進学を果たしている。2021年度には3期生が卒業した。ほとんどの卒業生はAO入試や推薦入試、一般入試などを用いて、4年制大学や短期大学、専門学校に進学している。

2. 枠の立ち上げと学校組織

特別枠入試を実施するにあたって、2015年度から外国人生徒の指導経験がある教員を中心に多文化共生推進プロジェクトチームが立ち上げられ、受け入れの準備が行われた。

特別枠入試を経て入学した外国人生徒は「くろーばぁ生」と呼ばれている。くろーばぁ生に対しては、1年次を中心に抽出授業があり、他の枠校と同様、第一言語（母語）の授業が設定されている。放課後には多文化研究部（通称、くろーばぁ）の活動に参加する。くろーばぁの担当教員の多くは、長吉高校、門真なみはや高校、福井高校、八尾北高校といった特別枠が設置された学校での勤務経験があり、他の枠校とも共通するシステムや実践を整えていった。

他の枠校と異なり、常勤のネイティブ教員（中国語）が配置されていない。中国

出身の生徒や保護者の対応の際は、中国ルーツの多文化主担や、外国語大学の中国語科出身の日本語主担等が対応しており、第一言語（母語）の授業を担当するのは、すべて特別非常勤講師である。ただし、2019年度からはネイティブの中国語教員（NCT）が週2日、中国語の授業を中心にサポートに入っており、NCTが来た時には、生徒の指導に関する通訳や文化的なギャップがより大きい保護者への連絡・対応をお願いすることもある。生徒に対して精神面でのサポートを行う時には、微妙なニュアンスも伝えてくれるネイティブの教員の方がストレスなく指導できるからである。

　分掌の中では、多文化主担は総務部に属している。くろーばぁ生の教育を主に担っている多文化主担、日本語主担、多文化研究部の顧問等による「多文化共生4者会議」が週に1回実施されている。それに加え、外国人生徒を受け入れる体制を学校全体で作り上げるために、他の分掌の教員も参加する「多文化共生推進会議」や、教科を越えた「多文化抽出担当者会議」も年3回程度実施されている。

　多文化共生推進委員会には、教頭、首席（1人）、担任、教務部、進路指導部、生徒指導部、保健部、総務部（多文化主担）、立候補者数名が参加している。外国人生徒の指導に関する事項を多文化共生4者会議のメンバーだけではなく、学校全体で決定し、取り組めるようにしている。また、多文化抽出担当者会議では、日本語指導が必要な生徒のための抽出授業を担当している教員が情報共有を行っている。抽出授業を行う上でのノウハウは各教科の教員間で伝えられている。

3.　東淀川高校における実践の特徴と課題

　普通科高校である同校の特徴が顕著となるのは抽出授業である（表7-1）。各学年、1組と2組の2クラスにくろーばぁ生が在籍しており、2022年度入学生の1年次では新学習指導要領に基づいた科目である、現代の国語、言語文化、地理総合、数学Ⅰ、数学A、化学基礎、保健、英語コミュニケーションⅠ、論理・表現Ⅰ、情報Ⅰといった科目で、一般生徒とは別の教室で抽出授業が行われている（表7-2）。東淀川高校よりも前に枠が設置された高校は、総合学科（かつては、普通科単位制、普通科総合選択制の学校もあった）であり、時間割を比較的自由に組むことができる。一方、東淀川高校は普通科高校であり、時間割に制限があるため、日本語・教科科目の抽出授業や第一言語（母語）の授業の設定に制約がある。

　まず、日本語に困難が伴うと考えられるすべての科目で抽出授業を設定できるわ

けではなく、また、他の枠校のような柔軟な対応もできないという点が挙げられる。他の枠校では、原学級と抽出授業で同一科目を同じ時間に設定することができるため、学期の途中でも日本語に問題がなくなれば、その生徒は原学級に戻ることができる。一方、普通科高校で教員数が限られていることなどから、原学級の科目と同じ科目の抽出授業を、同じ時間に組めるとは限らない。そのため、1年生の間に生徒の日本語が上達し、授業についていけるようになったとしても、学期の途中に原学級に戻ることができず、1年間は抽出授業を受け続ける必要がある。

　2年次以降、文系を選択した場合は抽出授業が充実しているが、理系を選択した場合は、日本人生徒と共に受ける授業が多くなるため、理系を選択できるのはある程度、日本語能力が高い生徒に限られている。また、2年次の地理歴史・公民科の選択科目（2022年度まで）には日本史Aと地理Aがあるが、抽出授業時間数を抑制するため、抽出授業にできるのは片方のみであった。生徒の希望にもとづいて、当初は地理を抽出授業にしていた。その後、担当者の意見をもとに日本史を抽出授業にするようになった。日本史を抽出授業にし、日本人向けの授業では常識となっている基礎知識から教えることで、日本語の授業でも理解が深まるという効果が出ている。

　このように、時間割に制約があり、抽出授業にできる科目が限られているため、先述の「多文化抽出担当者会議」では、次年度に抽出授業が必要な科目はどれかといった教務的な側面も議論されている。

　第一言語（母語）の授業は、1年次のすべてのくろーばぁ生が受講する。2、3年生に対しては選択科目として開講され、文系の生徒が履修している。他の枠校と同様、第一言語（母語）の授業は、生徒が一人であっても枠で入学したすべての生徒の言語が開講され、また、いずれも卒業に必要な単位数に数えられるという方針が貫かれている。

　ただし、必修科目の授業が多いため、枠設置当初、1年生は通常の時間割の中に第一言語（母語）の授業を入れることが困難で、放課後にあたる7、8限目に開講していた。第一言語（母語）の授業がその他の科目と同じ正規の授業であると意識されることは、生徒や教員にとっての母語の価値づけに影響を与えるため、その後、他の科目を7限目に移動し、第一言語（母語）の授業は6限目までの時間に収まるように変更した（表7-3）。しかし、今後、時間割の都合で再び放課後の時間に開講される可能性もある。

表7-1　東淀川高校における2022年度の抽出授業一覧（抽出92コマ）

（校内資料に基づき筆者一部修正）

学年	教科	単位	抽出科目	抽出数	持ちコマ数	予想人数	備考
1	日本語・国語科	2	現代の国語	3	6	16	全員　抽出
1		2	言語文化	3	6	16	
1	社会科	2	地理総合	2	4	16	
1	理科	2	化学基礎	2	4	16	
1	保健・体育科	1	保健（1年）	2	2	16	
1	情報科	2	情報 I	2	4	16	1講座 TT
1	英語科	3	英語コミュニケーション I	2	6	16	
1	英語科	2	論理・表現 I	2	4	16	
1	数学科	3	数学 I	2	6	16	
1	数学科	2	数学 A	2	4	16	
1	家庭科	2	家庭基礎	2	4	クラス	各クラス TT
						1年抽出数　50 コマ	
2	日本語・国語科	3	現代文 B	2	6	12	抜く（○、○、○、○）
2	数学科	2	数学 II α	1	3	11	理（○、○、○） 抜く（○、○）
2	社会科	2	日本史 A	1	2	13	抜く（○、○、○）
2	社会科	2	世界史 A	1	2	13	抜く（○、○、○）
2	理科	2	生物基礎	1	2	13	抜く（○、○、○）
2	理科	2	物理基礎	1	2	13	抜く（○、○、○）
2	保健・体育科	1	保健（2年）	1	1	13	体育の組み方による
2	英語科	2	英語表現 II	1	＊2	4	残す（○、○、○、○、○）
2	英語科	3	コミュニケーション英語 II	1	＊3	4	残す（○、○、○、○、○）
2	日本語・国語科	2	時事日本語 I（クラスは古典）＊くろーばぁ生用講座	2	4	13	理（○、○、○）
						2年抽出数　27 コマ	
3	国語科	3	現代文 B	1	＊3	6	
3	国語科	2	国語表現	2	4	9	
3	社会科	2	政治経済	1	2	9	
3	英語科	2	時事英語＊くろーばぁ生用講座	1	＊2	9	
3	日本語・国語科	2	時事日本語＊くろーばぁ生用講座	2	4	9	
						3年抽出数　15 コマ	

（注）「抽出数」は、1つの授業での展開クラス数。「持ちコマ数」は、単位数×クラス数。
　　　備考の○には生徒名が入る。「抜く」は「抽出しない」、「残す」は「抽出する」を意味する。
　　　抽出しない生徒が少ない場合は「抜く」、抽出する生徒が少ない場合は「残す」で記している。

表7-2　2022年度1年生（くろーばぁ生）の時間割

（校内掲示物に基づき筆者作成）

	月曜日（Mon）	火曜日（Tue）	水曜日（Wed）	木曜日（Thu）	金曜日（Fri）
1限目	数学Ⅰ すういち （多文化・211）	地理総合 ちり （多文化・221）	化学基礎 かがく （多文化・311）	体育／家庭基礎 （グランド・体育館／1-2）	数学Ⅰ すういち （多文化・211）
2限目	論理・表現Ⅰ ろんぴょう （多文化・243）	第一言語 ぼご	英語コミュニケーション えいこみ （多文化・311）	家庭基礎／体育 かていか／たいいく （1-1／グランド・体育館）	数学A すうえー （多文化・211）
3限目	1-1／1-2 家庭基礎／体育 かていか／たいいく （1-1／グランド・体育館）	英語コミュニケーション えいこみ （多文化・311）	言語文化 ぶんか （多文化・大講義・241）	英語コミュニケーション えいこみ （多文化・311）	情報Ⅰ じょうほう （LAN教室）
4限目	1-1／1-2 体育／家庭基礎 （グランド・体育館／1-2）	保健／体育 ほけん／たいいく （多文化／グランド・体育館）	現代の国語 げんこく （多文化・大講義・社会）	数学Ⅰ すういち （多文化・211）	体育／保健 たいいく／ほけん （グランド・体育館／1-2）
5限目	数学A すうえー （多文化・211）	言語文化 ぶんか （多文化・大講義・241）	芸術	総合	地理総合 ちり （多文化・211）
6限目	情報Ⅰ じょうほう （LAN教室）	現代の国語 げんこく （多文化・大講義・社会）	芸術	LHR	論理・表現Ⅰ ろんぴょう （多文化・243）
7限目		化学基礎 かがく （多文化・311）			

表7-3　多文化教室に提示された2022年度の第一言語（母語）担当教員

（校内掲示物に基づき筆者一部修正）

呼び方 （お名前）	言語 出身	学年教室		
		2限目 10:00～10:50	3限目 11:00～11:50 4限目 12:00～12:50	5限目 13:35～14:25 6限目 14:35～15:25
○先生 （○○）	中国語 中国			3年 221教室
○先生 （○○○）	中国語 中国	1年 221教室	2年 131教室	
○○○先生 （○○○○○○○○）	ネパール語 ネパール	1年 セミナー室	2年 セミナー室	3年 セミナー室
○○○○○先生 （○○○○○○○）	タガログ語 フィリピン	1年 社会科室	2年 社会科室	3年 245室
○○○○○先生 （○○○○○○○○）	タイ語 タイ		2年 大講義室	
○○○○先生 （○○○○○○○）	ペルシャ語 イラン	1年 多文化教室		
○○○先生 （○○○○○○○○○○）	ベトナム語 ベトナム	1年 243室		
○○○先生 （○○○○○○）	ベンガル語 バングラデシュ	1年 244室		

　母語を学ぶことの意義については、複数の側面が語られていた。1つは、日本で生活する中で母語を忘れかけている外国人生徒が、日本語も母語も身に着けて日本で生きていく力をつけるための「母語保障」である。門真なみはや高校を定年退職後、専任講師として東淀川高校に着任し、現在は非常勤講師として勤務する教員は、2001年に大阪府で枠校が設置された頃はこの側面が特に強調されていたと述べる。現在、東淀川高校に通う生徒の中でも、小学生の頃に来日した生徒にとっては第一言語（母語）の授業を通して母語の能力を向上させることは大きな意味を持つ。

　一方、第一言語（母語）の授業は母語の能力向上だけを目的にしているわけではない。中学校2・3年生で来日した生徒や、ダイレクトの生徒の中には問題なく母語を使用できる生徒も多いが、担当教員（多文化主担）は、十分に母語の能力を有していると思っている生徒にも授業を履修するように勧めているという。

　その理由の1つは、現在の母国の状況を高校生として理解し、他の人に発信でき

るようになるためである。例えば、筆者（林）が見学したネパール語の授業では、最近のネパールの電力事情について書かれている文章を読んでいた。4年前のネパールでは週2日しか電気が使用できないという状況であったが、現在では毎日24時間電気を使用することができ、余った電力は売っている。このような記述を読んだ生徒はとても驚いた様子を見せていた。その生徒は母国を離れてから4年以上経っており、最近のネパールのことはわからない。また、ネパールにいた時は、ネパールのことについてあまり学ぶ機会がなかったため、母語の授業が、母国の様子を知るための唯一の機会になっているという。

　もう1つの理由は、同じ価値観・文化背景を共有している教員や生徒と、自分の母語で話せることが生徒の支えになるという点である。担当教員（多文化主担）は特に3年生には母語の授業を取るように勧めているという。進路に関する悩みについて日本人に相談するよりも共感してもらえる部分があるため、進路を考える時にネイティブの先生と話すことが重要になる。

　また、あるネパールの生徒は、学年が上がって理系選択となったため、第一言語（母語）の授業を履修できなくなったが、3年生になっても第一言語（母語）の授業の日は、休み時間にネパール語教員に会いに行き、進路のことなどを相談していたという。このことから、授業を受講していなかったとしても定期的に母語がわかるネイティブ教員が学校に来ているということの重要性も示唆される。

4.　学校全体の変化

　筆者（林）が初めて東淀川高校を訪問したのは、枠設置から2年目の2018年度であった。当時の校長は、外国人生徒に対する実践を他校でやりがいを持って行ってきた教員に来てもらうことで、他の教員にも「熱伝導」が起こり、外国人生徒を受け入れる文化や土壌があまりなかった高校に、「生徒を受けとめて包摂する」という「教育の根底」としての「人権」が「文化」として根づくことをめざしていると語っていた。

　枠設置当初から多数の教員が外国人支援の会議に参与できるように工夫し、放課後の日本語指導の時間を通して教員が関与できる時間を積極的に作り出していた。また、毎年、半数以上の教員が抽出授業を担当しており、なおかつ、抽出授業の担当者は毎年変化するため、枠設置以降6年間でほとんどの教員が外国人生徒の指導に携わっている。各教科の教員に努力を認められ、指定校推薦を得ることができた

くろーばぁ生もいた。枠設置から6年目を迎えた2022年度現在、現校長は、外国人を受け入れる体制が学校全体で着実に積み重なってきていると述べる。

　さらに、この間、外国人受け入れ制度と、教育相談の制度が同時に整っていった。校長によると、スクールカウンセラーやスクールソーシャルワーカーによる支援が強化されたことで、教員の間に配慮が必要な生徒がいることが共有されるようになったという。外国人生徒に関しても成績だけではなく、その背景を知り、学校内で共有することの重要性が認識されるようになった。

　他の枠校と同様に、同校でも外国人生徒が入学後、担当教員やクラス担任、1年主任等の教員が分担して、保護者や生徒と面談を行い、一般生徒よりも詳細なヒアリングを行う。はじめは個人的な背景を聞き取ることに抵抗を感じる教員もいたが、外国人生徒の置かれた背景を理解することは必要なことであり、また、生徒と保護者にも、外国人生徒のことをしっかり知った上で受け入れているということを伝えることが重要であるとの認識が共有されるようになってきた。

　教員だけでなく生徒にも外国人生徒と積極的に関わろうとする姿勢が見られるようになった。枠設置当初から多文化を担当する教員は、芸術の授業のように抽出授業が設定されていない科目でグループワークがある際には、外国人生徒の言語状況に配慮して英語を使用しながら積極的に関わろうとする生徒もいると述べる。また、新年度のクラス替えの際に「今年もくろーばぁ生と同じクラスがよかったのに」と伝えに来る生徒もいたという。さらに、くろーばぁ生のための多文化研究部だけでなく、一般のクラブ活動に参加する外国人生徒や生徒会役員になった外国人生徒もおり、生徒同士の交流も進んでいる。

　以上のように、担当教員や担任教員だけでなく、抽出授業を担当する教員、さらには原学級での授業を担当する教員へと外国人生徒に関心をもって接する教員を増やすことができた。さらに、一般生徒も外国人生徒に関心を抱き、共に学校を作っている。東淀川高校では、外国人生徒を受け入れることのできる学校文化が着実に形成されていると言えるだろう。

Part2❖大阪わかば高校
──セーフティネットとしての枠校と「自己実現のための日本語」……………

5．大阪わかば高校の特徴── 2020年新設、22年より枠校

　大阪市生野区、コリアタウンからもほどちかい場所に大阪わかば高校（わかばとする）は位置している。生野区は大阪市内でも外国籍住民が最も多い区で、在日コリアンの人びとに加え、ニューカマーの人びとも激増している。生野区は2018年より多文化共生のまちを謳い、防災や基本生活情報を多言語表記したり「やさしい日本語」が推奨されるなど、外国籍住民を意識した政策がとられている。

　高校の校舎は旧勝山高校（設立99年目にあたる2022年3月に閉校）であり、2020年大阪府の再編整備計画によって、近隣の桃谷高校の多部制単位制ⅠⅡ部が統合整備され府内唯一の多部制単位制Ⅰ・Ⅱ部のシステムを持つ定時制高校として新設された。桃谷高校には通信制・定時制とともに、2005年高校改革時に、学び直しと高校のセーフティネットという観点から、クリエイティブスクールとして多部制・単位制の中間定時制がつくられていた。わかばは、勝山高校と桃谷高校のクリエイティブスクールの精神を受け継ぎ、2022年度より府内で8番目の「日本語指導が必要な帰国生徒・外国人生徒入学者選抜」の対象校（枠校）としてスタートをきったのである。

　現校長は、桃谷高校の校長時代にわかばの準校長を兼任し、2022年度より校長となった。「ここの生徒たちは、制服もない、髪の色も好きなようにしていい。だからピンク色や黄色に染めている子もいれば、驚くようなファッションの服の子もいる。でもそれは、外側のことであって、適度な距離感を持って人と接することができる子たち」なのだという。また、「わかばの教員たちは、なぜ中学校の時に学校にいかなくなったのか等、学びなおしの生徒たちの背景を必ず見ようとしている」という。

　創立3年目を迎えた学校では、午前の1限〜4限を定時制課程のⅠ部、午後の5限〜8限を定時制課程のⅡ部として2限一コマの100分授業がおこなわれている。前期、後期にそれぞれ単位認定がされ、入学は4月と10月、卒業は3月と9月に設定されている。単位制ということで、少人数で取り組まれている教室も多くみられ、学校内全体は落ち着いた雰囲気である。ひときわ元気な声が聞こえてくるのは、外

国にルーツをもつ生徒たちのいる教室である。この4月に枠校になるにあたり、昨年度、日本語指導が必要な生徒の受け入れの準備をすすめる中、秋入試でダイレクトの生徒が3人入り、授業の試行がされていた。枠校としての募集人数は12人、全校の募集人数は185人である。最初の枠入試で入学した生徒は8人である。

　全校生徒は267人で、Ⅰ部の生徒が204人、Ⅱ部の生徒が63人で1学年89人である（2022年7月の時点）。外国籍生徒数は3年次が3人、2年次が7人、1年次22人と枠校になってから大きな変化がみられた。日本語指導が必要な生徒は1年次19人、2年次6人、3年次1人で合わせて26人である。昨年度までは日本語の講座が開講されていなかったので、現在全校生徒26人中25人が何らかの日本語講座を履修しており、1年次は全員が履修している。

　外国ルーツの生徒は36人で、中国12人、韓国・朝鮮6人、ネパール5人、フィリピン4人、ベトナム3人、スリランカ1人、ブラジル1人、インド1人、タイ1人、ウクライナ1人、ペルー1人、と多岐にわたっており、多文化多言語環境に育つ生徒（CLD生徒：Culturally and Linguistically Diverse Children）として把握されている。

　外国にルーツをもつ生徒はWING（Wakaba Intercultural & Global Club）という部活動をすることになっている。WINGは2021年に外国ルーツをもつ生徒たちが校外で活動する中、同好会として発足し、翌年、正式に部活動として認可された。WINGは他の枠校で積み上げられてきた「居場所」の機能を持ち、学校生活の基盤となる場所として形成されつつある。具体的には放課後週2回の日本語勉強会や、府立外教主催の高校生交流会やWai Wai！トーク（母語スピーチ大会）への参加、文化祭での企画や中学校でのゲストティーチャー、地域での多言語絵本の読み聞かせなどが計画されている。放課後の勉強会では、日本語能力試験や英検を受けるための試験勉強や、スピーチ大会へ向けての練習などが行われているが、生徒たちが放課後残って主体的に参加している様子が伺える。

6.　「チームわかば」と「わかばモデル」

　多部制・単位制の高校としてスタートし枠校になったことには、今後府立高校全体でも増えるであろうCLD生徒をどう支えていくのかを射程にいれた取り組みが求められていると、管理職も意識している。「枠校だからできる」ではないことへの挑戦について、言語、社会、メンタル面も含めた発達の側面からの包括的アプローチと、大阪で積み上げてきた取り組みを応用可能なもの、見える化することが

求められているという（校長談、2022年5月31日）。2022年度大阪府教育庁「学校運営推進事業」に選定され、3年間の「『日本語教育推進校』としてのミッションを果たすための環境整備計画」を実施し、多様な生徒が互いに尊重しあう「多文化共生の学校」を目指すこととなった。

　そのミッションを背負って1年前から準備に取り組んできたのが長吉高校で長年努めてきた教員と布施北高校で日本語教育に取り組んできた教員である。この後紹介する「自己実現のための日本語」の構想は2人によるところが大きい。枠校になった2022年4月からは長吉高校のネイティブ教員であった中国人教員とドイツで日本語教師をしていた教員が加わり、進路部に多文化共生・日本語チームの担当となる5人の教員を中心に、枠校で積み上げられてきたものから得たエッセンスと日本語教育の専門知識を活かした取り組みを推進していくことになった。

　また今年度は文部科学省委託事業「高等学校における日本語能力評価に関する予備的調査研究事業」を受けることで、CLD生徒の二言語能力に関する研究者等がわかばの日本語の取り組みに加わることとなった。

　そして、チームわかばの一番の強みは、生野の地の利を活かし、地域に根ざし、地域資源を最大に使い、応援団をつくってきたというところにある。2021年8月に大阪わかば教育フォーラム「キャリア支援のための日本語教育と多文化共生」を開催している。そこでは「令和4年度より日本語指導が必要な生徒選抜が始まる大阪わかば高校が、府立高校の日本語教育の実践と成果を踏まえ、これからの高校における日本語教育を発信、共存のまち、生野区で感性豊かなグローバル人材を育成する教育について発信、地域ネットワークと連携し、多様な生徒たちを包括的に支える新しい学校像を発信します」として、校長、生野区長、日本語担当教員が登壇している。この主催となった大阪わかば教育フォーラム実行委員会は、学識者のほか、地域の多文化共生に関係するNPO、大阪市外国人教育研究協議会によって構成され、継続してわかばと地域連携の方法を模索している。

　また、「自己実現のための日本語」も、枠校としての新たな挑戦である。これは、学校設定の必履修科目として設定されたもので、「子ども自身の夢を叶えるため」に他の主要教科と同じく重要なものとして位置付けられ、総称「わかばモデル」とされる。

　1年目は日本語リテラシー、日本語コミュニケーション、2年目は時事日本語、日本語実践、日本文化事情、3年目には日本語キャリア演習、日本語コミュニケー

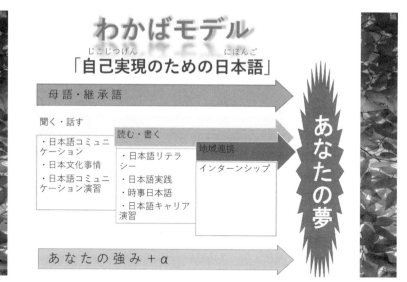

図7-4　わかばモデル　　　　　　　　　　　　　　（学校説明会資料より抜粋）

ション演習となっており、最終年次の2科目はそれぞれの進路に合わせた進路指導
を兼ねた日本語指導が予定されている。また、必修科目については、体育と芸術以
外すべて「やさしい日本語」で行う講座を開講しており「N数学Ⅰa」「N情報Ⅰ」
「N保健」など、Nの付く教科がそれを示している。そこでは担当する教員たちが、
例えばコンピュータを用いた授業では翻訳ページを併用させるなど、CLD生徒た
ちの受講を意識しながら授業の工夫を重ねている。

　「母語・継承語」は第二言語である日本語を伸長するためにも必須という認識か
ら3年間で6単位が設定されている。現在、中国語、ネパール語、フィリピノ語、
タイ語、ベトナム語、スペイン語、ロシア語の8クラスが開講され、それぞれネイ
ティブの教員が指導にあたっている。地域連携としてのインターンシップは、地域
で子どもたちの言語資源を使った通訳などを行い、自己肯定感を高めることを期待
した科目となっている。

　4月から実際取り組まれているのは、日本語リテラシーと日本語コミュニケーシ
ョンである。授業では生徒は自身の複言語能力を活かして二言語作文を書いたり、
多読をしたりする。授業では市民性教育を意識した素材が扱われている。言語能力
に関しては、ダイレクトで入学し、母語がほぼ定着している生徒から、日本生まれ

や幼少の時に来日して、母語でも日本語でも作文を書くことが困難な生徒まで、多様な生徒を対象に日々奮闘が続いている。

7. 「自己実現のための日本語」の実践

　筆者（榎井）は2022年4月より、週1回のペースで、「日本語リテラシー」と「母語・継承語」のクラスに入っている。前期が修了するまでのわずか4か月のあいだに、生徒たちの変化に驚かされ続けた。

　一つは入学時点で日本語でも母語でもほとんど何も書くことができなかった生徒のいくつかの変化である。「日本語リテラシー」のクラスは2つに分かれており、そのうちの1つには「文字を読む」のも「文字を書く」のも大変な生徒が複数いる。テキストには小学校の1年生、2年生程度の簡単な物語が使用されていた。はじめは一緒に音読することもできなかったが、声に出して読むこと、わからない言葉を単語帳（先生が特別に自腹で買ってきた動物の模様の可愛いノートで、パンダが一番人気だった）に書き出し、読み方を書いた上で、母語での意味を書くということが繰り返された。かれらの学習の進み具合やこのノートは、時間割で次のコマに設定されている母語継承語の教員たちにも伝えられる。そうした中で日本生まれの生徒が突然熱心に母語を書き始めるということが起こった。

　本を読んであらすじを書くという作業にも様々な工夫が仕掛けられている。短い物語から始まって、次々とみんなで本を読み続けていくことが一種のゲームのような楽しさとともに積み上げられていった。非漢字圏出身の生徒が苦手意識が強かった漢字が読めるようになること、音読がうまくできるようになること、あらすじをかっこよく書けるようになることは、他の活動にもつながって効果をあらわした。小中学校時代、読み書きができないことで自分にダメという負のレッテルを貼り続けていただろう生徒たち。「ことば」が「文字」になることでエンパワーされていく様子、それまで硬く閉じていたものが、やわらかな土壌の中で解かれていく様子がみられた。

　母語で作文を書き発表する府立外教のWaiWai！トークにはわかばから3人の生徒が参加した。校内でも日本語と母語の授業が連携して、日本語履修生徒全員が日本語訳もつけた母語作文を発表する「第1回わかばWaiWai！トーク」が7月末に行われた。また、もう一つの授業である「日本語コミュニケーション」においては、8月に「わたしを変えた出来事」という日本語スピーチを全員が行ったが、その中

で母語でしか表現できないものを取り入れるという指導がされた。これらを通して、両言語を使いながら自己開示していく生徒たちのリアルな姿が、教員たちにも生徒たち同士にも伝わり、自己理解・他者理解が深まっていることが実感された。

　こうした日本語・母語を中心とした学びや発表等の活動により、一人ひとりがエンパワーされ、生徒の成長する姿として可視化される機会が多くつくられている。

　また、生徒の成長を支える、やわらかな土壌と表現した、教員たちの眼差しにも大きな特徴がある。

> 　わかば高校は3つのことを大事にしています。3Respectです。自分のこと、周りの人のこと、そして学校をRespectしてください。明日からクラスに行って、みんなわかりませんから教えてあげてください。ガイジンと呼ばないでください。○○人と呼ばないでください。「名前」を呼んでください。そしてゆっくり話してください。といいましょう。
>
> 　　　　　　　　　（明日のHRに備えての説明場面。フィールドノートより）

　校長が「ここの先生は生徒の背景を必ず知ろうとする」と述べていたが、WING生に関わる先生たちは、すべての生徒の背景について驚くほどよく把握している。もちろん、出身中学校などへあらかじめ聞き取りに行き、不登校などの状況も知った上で、現在の経済状況、家族関係、在留資格、アルバイト等のことから、生徒同士の関係性についてもよく知っている。それらは、授業内やそれ以外においての生徒とのちょっとしたやりとり、声掛けなどからも子どもの置かれた状況を把握しようとしている。例えば、ベトナム人の生徒に、「おじいちゃんの時代には戦争に行きましたか？　戦跡はベトナムの家のある所でみることはできますか？」とか、（別の生徒の足の深い傷に気付いて）「小学校の時に友だちと喧嘩したんですか？　その時はおじいちゃんの家に泊まっていたんですね」とか、何気ない声掛けが、生徒の背景を尊重していることが伝わってきた。

　もちろん、「してはならない」ことについては間髪入れず指導もする。ボディタッチや、手を出したり、悪口をいったり、という場合は強く叱責もする。問題行動を起こして懲戒処分になる生徒もいる。

　ただ生徒たちは「人として、権利の主体として、尊重されている」ということが多文化の先生たちによって徹底されている。これらは大阪の枠校が長らく人権ベー

スにその実践を積み上げてきたことによるといえるだろう。

　学校生活の中で傷ついてきた生徒や、長いこと親と離れて1人で生活してこなくてはならなかった生徒たちの、「不信」に近い硬さはこうした教員たちがつくるやわらかな土壌によって解けはじめ、「自己実現のための学び」に向かい始めている。しかし、3年という時間はこの生徒たちにとっては短すぎ、ようやく歩き始めた次の年には高校を出たあと「どうするのか」を考えなければならない。これまでの経験も含め、教員たちはすでに、生徒たちの最善の道への模索をはじめている。

8.　わかばの挑戦

　わかばは枠校としてスタートしてからまだ間もなく、十分な分析ができているわけではない。しかし、これまで20数年積み上げられてきた大阪府の外国人生徒の枠校のエッセンスを最大限取り入れながら、より普遍化していくためのミッションを背負っている。その挑戦が、学校内外を巻き込む「チームわかば」という新たな体制づくりと、「わかばモデル」と総称される独自のカリキュラムである「自己実現のための日本語教育」に象徴されている。

　大阪府立高校においては歴史的経緯もあり[1]、母語・継承語の教育が大切にされてきた。一方、日本語教育はそれぞれの枠校で取り組みはされてきたが、大阪で十分な共通認識が発信されてこなかった。新たな枠校においては、母語・継承語と日本語の二言語を視野にいれた「自己実現のための日本語」が取り組まれており、今後どのような形で、どう大阪全体に定着していくのかが期待される。

◉枠校を通して受け継がれるもの

　東淀川高校は進学をめざす生徒が多いのに対して、大阪わかば高校はセーフティネットとして学び直しを求める生徒の支援を行っていた。2つの枠校は異なる特徴を有するが、いずれの高校も日本語教育や母語教育、抽出授業など、授業を設定するだけでなく、外国人生徒を対象とした部活動を通した支援を実施するなど、枠校の基本形を継承した実践が行われていた。このような実践は、単に言語や知識を習得させるだけでなく、生徒の生活の根本に迫る支援を行うものであった。

　先発の枠校においては、外国人生徒の支援の根底には同和教育や在日朝鮮人教育によって蓄積された実践があり、その取り組みがニューカマー生徒の支援に応用されていた（新保2008、中島2008）。第4章で指摘があったように、現在、このよう

な実践の継承が問題となってきている。東淀川高校では、これまでの実践を継承するだけではなく、枠の設置と並行してスクールカウンセラーやスクールソーシャルワーカーによる支援が強化されたことで、外国人生徒の支援を下支えする新たなコンテクストが形成されていた。

　配慮が必要な生徒の存在が共有されるようになったことで、外国人生徒に関しても生徒の背景を知り、一人ひとりの生徒に寄り添った支援を行うことの重要性が認識されていった。東淀川高校では、抽出授業の担当を通して、外国人生徒と直接関わる教員の数は年々、増加していることもあり、担当教員だけでなく、学校全体で外国人生徒を育む土壌が形成され、一般生徒にとっても外国人生徒が当たり前の存在となっている。このように普通科高校において外国人生徒支援が根づいてきていることは、今後、他の高校においても外国人生徒の受け入れ体制が整備されていく可能性を示唆している。

　大阪わかば高校の特徴は、これまで大阪府立高校での外国人支援の経験がある教員たちが感覚的に大事だと考えてきた実践が、「自己実現のための日本語」として明確に提示され、物事を理解し、発信するプロセスにおいて日本語と母語・継承語が意図的に用いられている点である。日本語教育と母語教育を個別に実施するだけではなく、滞日歴が長い生徒も、母語の能力が高いダイレクトの生徒も、共に母語と日本語を用いた発信ができるように工夫することで、個別言語の単なる「スキル」を超えた、土台としての言語が育成されていると考えられる[2]。

　先発の枠校で母語教育を担ってきた教員は、言語教育や通訳を担うだけではなく、生徒の生活面や人間関係など、生徒指導にも参与しており、外国人生徒を全人的に支えてきた。大阪わかば高校でも、日本語の文法や語彙を学ぶ「日本語」の教育を行うのではなく、多読や作文を通じて、文字を自分のものとすることで、生徒が自分を理解し、社会を理解し、さらには、社会に置かれている自分を理解できることをめざす指導が行われていると言える。

　いずれの高校でも外国人生徒の状況に応じた支援のあり方が模索されている。多様な学校において枠が設置されていることは、大阪府で蓄積されてきた外国人生徒に対する教育実践を、「応用可能なもの」として全国に発信できる可能性を示していると言えよう。

［林貴哉・榎井縁］

▼注

(1)　大阪の枠校は、中国帰国者の集住地域につくられてきたという経緯がある。その中で当初から中国人のネイティブ教員が配置されていた。当然中国人生徒が多く、言語も含めた生活指導や保護者とのやりとりなどネイティブ教員がカバーしてきたことが多かった。

(2)　生徒の持つ複数言語の能力をトータルに捉え、生徒が自身の母語を資源として活用できるように促す実践については、本書第13章を参照。

くろーばぁに込めた4つの思い

楊知美

2015年4月に東淀川高校に赴任するまで、私は府下の公立中学校に勤務し、中学校から生徒たちを高校へ送る立場にいた。1997年に中国残留孤児家族が集住する地域で日本語指導担当として初めて教壇に立ち、帰国生徒たちにかかわった。当時3年生に4名の帰国生徒がいたが、今日のような特別枠入試もなく高校へ進学できたのは2人だけ。あとの2人は渡日1年ほどで徐々に先が見えなくなり、2学期後半には不登校になってしまった。私自身生徒たちにうまく寄り添うこともできず、卒業式も2人の姿を見ることはなかった。

　特別枠入試にかかわるたびにこの生徒たちを思い出し、当時の自分の無力さを痛感する。それが今の「よし、がんばろう」という原動力になっている。当時のように言葉が壁になり進学をあきらめてしまう、そんな生徒たちを1人でもなくしたかった。高校進学は外国人生徒たちにとって、自分の夢をかなえるための力、家族と共に安心して暮らせる力を育める機会を得ることにつながる。たくさんの先生や友達と過ごす3年間は、日本でしっかりと根を張っていくために必要な力を育める貴重な時間となる。東淀川高校で特別枠入試の立ち上げにかかわることができると知った時は心が躍った。

　東淀川高校では特別枠入試で入学した外国人生徒たちを"くろーばぁ生"と呼んでいる。くろーばぁの4つの葉っぱに、「知」（日本語学習、教科学習をがんばる）、「絆」（まわりの生徒との交流、共同作業をすすんで行い、つながりを大切にする）、「技」（母語の力を自信につなげ、母国の文化を積極的に発信する）、「夢」（夢に向かって羽ばたくための3年間にする）という思いを込めた。中学生向けの学校説明会では生徒や保護者に必ずこの思いを語る。また入学後の生徒たちにも4つの思いを大切に3年間を過ごしてほしいと話す。海を越えやって来た生徒たちが東淀川高校で言葉も文化もちがう仲間と、ともに過ごし学ぶ中で互いのちがいを尊重し合い、共感しあえる心を育み、夢に向かって羽ばたいていくことを願っている。

教育の現場から 18

わかば日本語モデルへの思い

甲田菜津美

2021年4月、1年後に始まる新たな枠校としての準備が始まった。大阪わかば高校のセーフティーネットの役割を日本語枠にも取り入れ、卒業後の子どもたちの夢が実現（自己実現）できるようなカリキュラム編成をおこなっていく壮大な計画である。

新たに設ける日本語指導に関する学校設定教科を「自己実現のための日本語」と名づけ、自己実現のための日本語を含む、生徒たちを複数言語で多角的・包括的に評価するプログラムを「わかば日本語モデル」とした。

わかば日本語モデルは、子どもの持っている力を複数言語でとらえ、内容重視のアプローチをおこなっていくものである。

日本語の授業においては段階的読書プログラム、市民性教育を踏まえたプロジェクト型授業を中心にトランスランゲージングを戦略的に取り入れておこなう。また、教科学習に関しては、必履修科目の体育と芸術科目以外はすべて「やさしい日本語」での授業とし、授業の中で取り残されることのない学びの機会を提供することとした。

生徒支援として、生徒たちの入学が決まれば保護者と通訳を交え、校内の教員全員で、家庭状況など生徒たちが置かれている状況を1時間以上かけてヒアリングを行う。また、各分掌と連携を行い、生徒たちが学校生活を安全で安心して送れるよう多方面からサポートを行う体制を作っているところである。

2022年4月、19名の日本語指導が必要な生徒たちが不安と緊張、期待を胸に大阪わかばの門をくぐった。

自らの意思で日本に来て日本語を学ぶ選択をした生徒はほとんどいない。しかし生徒たちは日本で生きていかなければならない。そのような子どもたちが日本で生きていくために、社会的・経済的に自立できるように、高校でできることは限られている。しかし社会に出る最後の砦である高校でできる最善を尽くし、子どもたちの学びたい気持ち、伝えたい気持ちを受け止め、彼らの新たな学びや成長につなげていきたいと考えている。

第 3 部
枠校を卒業した生徒のいま

第8章　枠校卒業生の生活史

1. 「高校を生きるニューカマー」のその後

　私たちは、2005年度から2007年度にかけて、外国人生徒が在籍する大阪府立高校を対象にして調査を実施した。学校における参与観察、生徒や教職員、教育委員会や関連団体の関係者に対するインタビューなどをとおして、外国人生徒の高校入学までの経緯や、在籍している高校における経験を描き出した。あわせて、大阪府立高校における外国人生徒に対する支援の内実を明らかにした。それらをまとめたのが『高校を生きるニューカマー――大阪府立高校にみる教育支援』（志水編2008）である。

　それから10年以上が経ち、当時高校に在籍していた外国人生徒は社会に出て、さまざまな経験を紡いでいる。外国人生徒たちは、高校を卒業した後、あるいは高校を中途に退学した場合も含めて、「その後」にどのような進路をたどっていったのか。家庭や仕事など、現在の生活状況はどうなっているのか。そして、かれらの「今」に、大阪府立高校で過ごした経験はどのように影響しているのか。

　私たちは、「高校を生きるニューカマー」のその後――高校卒業後の進路、就労状況、生活状況、人間関係、将来展望など――を追い、かれらが社会でどのように生きているのかを明らかにすることをめざした。すなわち、「社会で生きるニューカマー」の姿をとおして、大阪府立高校における外国人生徒支援の可能性と課題を提示する試みである。そのような問題意識のもと、2018年度から2021年度にかけて、前回同様に参与観察やインタビューなどをまじえた網羅的な調査を実施した。その調査の一環として、2019年6月〜8月にかけて、40名の卒業生を対象にしたインタビューをおこなった。

　本節では、40名の卒業生インタビューをとおして、①来日の理由や小・中学校の経験など高校に入るまでの経緯、②枠校における経験、③高校卒業後の進路の傾向をみていきたい。

（1）卒業生インタビューの概要

卒業生インタビューにあたっては、外国人生徒に対する支援がシステムとして実践されてきた「日本語指導が必要な帰国生徒・外国人生徒入学者選抜」実施校（以下、枠校）のうち、既に卒業生を輩出している6校を対象にした。枠校の応募資格は、「中国等から帰国した者または外国籍を有する者で、小学校4年以上の学年に編入した者」である。

枠校に入学する生徒には、日本の小・中学校を経て進学する生徒の他にも、出身国・地域で中学校までの課程を修了し、来日後に高校へ直接に入学する「ダイレクト」と呼ばれる生徒もいる。高校卒業後の進路としては、就職したり、専門学校などへ進学したりする生徒もいるが、多くの生徒は大学に進学する。

今回のインタビューの対象とした卒業生のルーツは、中国が最も多く23名で、その次にフィリピンが10名、韓国が2名、そしてネパール、パキスタン、ベトナム、ブラジル、エクアドル、内モンゴルがそれぞれ1名であった。

インタビューの対象については、各枠校の先生方の協力のもとに候補者となる卒業生を紹介してもらった。中には、その卒業生の口づてでつながった者もいる。インタビューについては、基本的に調査者1～2名と卒業生1名が、卒業生の指定する場所で1～2時間程度おこなった。なお、遠方に居住している等の理由により、オンラインで実施したインタビューもある。

インタビューの内容としては、（1）出身国・地域における経験や来日の経緯、（2）来日後の人間関係、家庭生活、学校生活、使用言語、アイデンティティ、（3）枠校に入るまでの経緯、（4）枠校での高校生活と進路形成の過程、（5）現在の大学生活もしくは仕事の状況などについてたずねた。本節では、そのうち（1）～（4）に焦点を当てる。

（2）誰が枠校に入るのか？──来日の経緯と小・中学校経験

今回、インタビューした卒業生の来日経緯はさまざまである。中国帰国者関係の者もいれば、親の仕事の都合や国際結婚によって来日した者もいる。来日時期は、対象者のうち小学校編入が14名、中学校編入が17名、夜間中学校編入が1名、ダイレクトが7名、高校編入が1名である。

小・中学校に編入した外国人生徒の中には、自身以外にまわりに外国人がおらず、日本語もままならないため、「孤立していた」「いじめられていた」「勉強がわから

ないまま過ごしていた」という者が一定数いる。他方で、入り込みの日本語支援が
あったり、「センター校」に通級していたり、あるいは「日本人の友だちが日本語
などを教えてくれた」「先生がつきっきりでみてくれた」という者もいる。

　中学校卒業後の進路については、多くの場合、担任や日本語支援者など教員の推
薦で「枠校」を選択している。このことは、中学校の進路指導の現場において、枠
校が「外国人生徒にとってはよい進路選択」であるということが、ひろく認識され
ていることを示している。それは、これまでの枠校の外国人生徒に対する支援の実
践の積み重ねによるといえる。

　一方で、出身国・地域で中学校までの課程を修了した、いわゆる「ダイレクト」
の者は、原則として日本の中学校に編入することができず、地域の日本語教室など
が学校の代わりの役割を果たしている。

（3）枠校の実践はどのように経験されているか？

　小・中学校時代は「外国人は自分だけ」という環境にいた生徒にとって、外国人
が普通に存在している枠校は新鮮に映り、安心感につながっている。これまでの自
身の小・中学校時代の経験と比べて、「外国人が普通に受け入れられている」学校
の雰囲気に驚く生徒もいる。また、「出身国・地域にいた頃は、他の外国人に偏見
を持っていたが、枠校でさまざまな外国人生徒と出会うことをとおして多様性と寛
容性について身をもって学んだ」という声もあった。

　日本語を習得するための支援として実施される抽出授業については、とりわけ日
本語がままならない生徒にとっては、有意義なシステムであるととらえられている。
さらに、枠校では母語保障という観点から、各校のシステムを活かした母語の授業
が展開されているが、アイデンティティの確立や再考を促されたという声もあり、
生徒たちにとっても母語保障の重要性が実感されている。他方で、高校が初めての
「日本の学校」経験になるダイレクトの生徒の中には、高校で孤立感を感じる者も
いる。また、ダイレクトの生徒は、日本語能力の獲得が優先されるため、母語の授
業に対して消極的である者も多い。

　学校生活における人間関係については、まわりの日本人生徒や、他の外国人生徒
と仲良くなった生徒もいるが、同じ出身の国・地域の者どうしで固まってしまい、
「高校時代は日本人の友だちはいなかった」「日本語はあまり話さなかった」という
生徒も少なからずいた。

（4）枠校を経てどこに向かうのか？──卒業後の進路

　枠校で学んだ生徒は、卒業後にどのような進路をたどっているのか。今回のインタビュー対象者40名の中では、高校卒業時に大学等の高等教育機関へ進学した者が一番多く、35名であった。その内訳は31名が大学、3名が専門学校、1名が短大であった。また、高校卒業後すぐはアルバイトをしていたが、その後に大学に進学した者も1名いる。

　大学・短大に進学した32名のうち、AO入試（14名）や推薦入試（10名）、特別入試（2名）といった入試制度を利用した者が多い。一般入試は5名である。残り1名は不明であった。

　ある中国ルーツの卒業生は、入学して早々の5月の時点で、ネイティブ教員から大学に行くための準備について話があったという。日本語を習得すること、部活動など入試の際にアピールできる経験を積むこと、高校2年生までに日本語能力試験のN1という「資格」を取得することなどが説明された。そのおかげもあって大学進学を果たしたその卒業生は、ネイティブ教員には「ゼロから育ててもらった」と語っている。

　この事例のように、枠校では、AO入試や推薦入試などを利用することを想定した進路指導が入学早々にスタートする。その中で、部活動やボランティア等の課外活動の経験やその表彰、日本語能力試験をはじめとした資格取得などが推奨される。

　進学した学部・学科の分野別では、国際系が14名、外国語系が7名で多数を占める。これは前回調査（志水編2008）と同じ傾向にある。国際系・外国語系以外の文系分野では、経済系が3名、福祉系、人類学系、法学系、教育系がそれぞれ1名ずつである。理系分野は5名と少なく、理工学系が2名、建築系、生命科学系がそれぞれ1名ずつである。

　国際系・外国語系の学部・学科への進学者が多いのは、外国人生徒の母語・母文化を尊重し、保障する枠校の教育実践によるところが大きい。そのような実践をとおして、自身のルーツを活かすという選択肢が生まれるのである。実際に、国際系の学部・学科に進学したある卒業生は「自分が外国人であり、国際的な文化に接することができる。グローバルな人間になるためにいろんなことを知っておいた方がいい」と、その進路選択の理由を語っている。また、ある中国ルーツの卒業生は、枠校以外の高校に進学した小学校時代の同じルーツの同級生たちが「中国語をしゃべっている自分を恥ずかしいと思うようになる」と指摘する。自身も枠校に入って

いなければ「中国語は完全に捨てていた」だろうという。自身のルーツを否定することなく、当たり前のもの、さらには積極的なものとしてとらえることが、枠校の教育実践をとおして実現されている。

　ただし、高校卒業後に大学や専門学校に進学した者のうち、経済的事情や学業不振、まわりとの人間関係などを理由に、中途退学する者も3名いた。中退後の進路は多様であるが、共通していることは、親族やパートナーといった身近な人びととのつながりが、進路を切り拓いていく際の支えになっていることである。

　一方で、高校卒業後に進学しなかった5名については、学校（高校）紹介を通じて就職する者もいれば、高校時代のアルバイト先で正職員になる者、身内の紹介で就職（アルバイト）する者など、さまざまである。共通しているのは、①エスニックなつながりによって進路形成をしていること、②自身のライフスタイルや将来展望に合わせて職を転々としていることである。中には、「帰国したり、家族との時間を確保することができない」ことを理由に、正社員を辞めてアルバイトで働くことをあえて選択した者もいる。また、専門学校や大学などへの進学をめざして「ひとまず働いている」者もおり、実際に1名は高卒就職を経て大学に進学している。

　なお、外国籍者の場合、卒業後の進路にかかわっては、在留資格の影響も大きい。「家族滞在」の場合、高校を卒業しても就労時間が限定される。ただし、一定の要件を満たせば、「定住者」または「特定活動」への在留資格の変更が認められる場合もある。在留資格によっては、利用できる奨学金制度が限定されてしまう。実際に、進学にあたっては「何をしたいかより、ビザの問題が大きかった」というある卒業生は、大学卒業後の在留資格を想定してITや建築などの分野に進んでいる。こうした背景のもと、枠校では、生徒の在留資格をふまえた情報提供や進路指導もおこなわれている。

　本節では、40名のインタビューをとおして、①来日の理由や小・中学校の経験など高校に入るまでの経緯、②枠校における経験、③高校卒業後の進路について横断的に概観し、枠校の外国人生徒のキャリアの傾向を示した。

　しかし、インタビュー対象とした枠校の卒業生40名のキャリアはそれぞれに多様であり、本節で示した傾向を一人ひとりの経験と重ねることが必要である。

　そのため、次節以降では、40名のうち7名の生活史を詳述する。2節では、高校卒業後にさまざまな進路をあゆんでいる5名の卒業生を、さらに、3節では、枠校

における経験などをもとに教員になった2名の卒業生を、それぞれ対象としている。かれら7名の生活史を描く際には、前回調査の「その後」である高校卒業後のキャリアにとりわけ焦点を当て、「社会で生きるニューカマー」の実像を提示したい。

2. 「社会で生きるニューカマー」――卒業生5名の生活史

　続いて本節では、卒業生個別のキャリア形成についてより理解が深められるように、40名のうち5名のライフストーリーをこの後に収録している。2021年に発刊された『ニューカマー外国人の教育における編入様式の研究成果報告書』（大阪大学大学院人間科学研究科未来共生プログラム榎井研究室）にも同様に卒業生の生活史が掲載されているが、できるだけエスニシティの偏りやキャリア形成の多様性に配慮して5名を選定し、再構成のうえ掲載することにした。今回の5名の生活史では、枠校における経験をどのように意味づけながら日本での生活をしてきたのか、そして、枠校や地域での経験が卒業後の進路選択にどのようにつながっているのかについてまとめ直した。

　今回の掲載にあたり、かれらの来日から卒業後までの経験について紹介する形で記述することを試みた。かれらがどのように高校まで辿り着いたか、枠校入学後の高校生活をどのように過ごしたかについてエピソードなどを踏まえて記述している。また、これまで描かれることが少なかった外国人生徒の高校卒業後のキャリア形成（進学や就職）についても生活史としてまとめている。

　5名について簡単に紹介したい。なお、文中に出てくる名前は高校名を含め全て仮名である。A高校の卒業生が1名（明石ミカコさん）、B高校の卒業生が2名（上村千春さん、劉秀明さん）、そしてC高校の卒業生が2名（斉藤アレックスさん、藤井みゆきさん）となっている。

　掲載順に、5名のキャリア形成について概要を示しておきたい。まず中国出身の千春さんと秀明さんは、枠校在学中に言語と向き合い、枠校での経験をふまえたキャリア形成をおこなっている。しかしながら、二人のキャリア形成のあり方はそれぞれに特徴的である（「母語をめぐるキャリア形成」「語学力を活かす働き方をめぐるキャリア形成」）。次にブラジル出身のアレックスさんは、高校でのアイデンティティが大切にされる環境を経て、身につけた技術を活かしてトランスナショナルな生き方を模索している（「一つのことを極めるキャリア形成」）。つづくミカコさんとみゆ

きさんはフィリピン出身である。ミカコさんは高校時代から日本での生活や仕事をする際の葛藤を抱えてきた。その中で「フィリピン人であること」を大切にしながら、家族を大事にする生き方を選んできた（「家族とアイデンティティを羅針盤とするキャリア形成」）。みゆきさんは、枠校で教員や仲間の支えを得て大学進学を果たして以降、多言語環境に身を置き、多言語力を活かした進路を描こうとしている（「広がる世界とマルチリンガルなキャリア形成」）。

　このように枠校を卒業した5名のキャリアのあり方はそれぞれに特徴的であった。しかし、今回掲載した5名の生活史は、外国人生徒や枠校卒業生を代表するストーリーでは決してない。40名一人ひとりの来日経緯や背景、キャリア形成のあり方は非常に多様で、一人として同じ経験やキャリア選択をしていることはなかった。しかしながら、枠校での経験をとおして培われた言語やエスニックアイデンティティについての気づき、学校が自分の居場所であると認識できたこと、それらのことが自らのキャリア形成とどう関係しているかについて語られている箇所が重複して見受けられた。キャリア形成における枠校の意義や特徴をそれぞれのストーリーの中に読み取ってもらえることと思う。

　これらの内容を読みやすいように来日時から現在に至るまで時系列で構成した。生活史をまとめるにあたって、インタビュー当時の語りをそのまま使用しているが、一部2022年7月に追加インタビューした語りも含んでいる。

（1）上村千春（C8）さん「忘れかけていた母語を取り戻す」
　　──中国／女性／24歳／大学進学（難関私立／外国語系・AO入試）→ベンチャー企業

　千春さんは中国出身の24歳。残留孤児の祖母が30年前に来日した。千春さんの母が叔母に会いに来日した際に今の父と出会い、10歳の時に再婚して、母と妹と来日し、小学5年生に編入した。実の父は中国人だが、再婚した父は日本人。高校入学前に日本国籍を取得した。かつては家族で大阪に住んでいたが、大学卒業後、関東で就職し、現在は一人暮らしをしている。姉と母も関東に引っ越した。今、親戚を含めて家族は全員日本に住んでいる。現在は、日本名を使っている。大学を卒業してベンチャー企業に入社し2年目である。

　千春さんは10歳で来日して以降、日本語を早くに習得し、高い学力をもってして、高校進学と大学進学を果たしている。現在は、仕事で中国語を使い活躍してい

るが、高校時代に「中国語を忘れかけた」経験をしている。千春さんの母語である中国語への思いとキャリア形成はいかなる関係にあるだろうか。

集住地域にある小中学校で感じた「ようこそ」

　来日してから初めて住んだ地域は中国人の集住地域だった。そこで千春さんが感じたのは外国人として差別されない雰囲気だったという。たとえば、「日本語が下手でも通じていた」し、「中国人だからどうのこうのという変な目で見られる感じではなく……まわりが『新しい人だ』『ようこそ』じゃないんですけど『うれしい』みたいな感じで囲んで」とその時の様子を語っている。千春さんにとって初めて住んだ土地が集住地域であったことから「恵まれた環境だった」と話している。これは地域の人たちが醸し出す雰囲気だけではなく、外国人をサポートする制度的な支援体制にも反映されている。たとえば、市役所では中国語ができる中国人の通訳が手配されたり、小学校では「中国人の先生がいて、1対1の日本語教育」がおこなわれたりしていた。中学校でも中国語の話せる日本人の先生がいたり、取り出し授業で通常のクラスとは違うスピードでゆっくり教えてくれる先生が用意されたり、千春さんのための特別な先生が用意されていたという。ここで千春さんは手厚い日本語の指導を受けた。

「母語作文のところを私は日本語で書きました」

　中学校では、ソフトテニス部に入った。おかげで、日本語も上手になったと考えている。中学3年生の頃には、日本語は話せるようになっていた。卒業後の進路について枠校を選んだ理由は二つある。一つは、「B高校は結構、外国人生徒もたくさんいるし、多分心細くないよ」と日本語の先生が勧めてくれたことと、もう一つは、家から10分の距離で近かったからだ。他の高校を日本人と同じように受けても問題ないと千春さんは感じていたが、枠校であれば確実に入学できると思いB高校の受験を決めたという。

　枠校の入学試験では、日本語以外での作文も可とされている。しかし、入学試験の作文課題をあえて日本語で書くことにした。このことについて千春さんは「母語はもちろん中国語なんです。まあ別に日本語もできるようになったし、日本語でチャレンジしてみたいなと思って。私は日本語のほうで書いただけ」と語る。この日本語能力の高さは、千春さん自身の頑張りと、集住地域の小学校・中学校に通い手

厚い日本語支援を受けられたことが背景にあると考えられる。

忘れかけた中国語

　高校入学当初、国語などの取り出し授業を受けていたが、千春さんの日本語能力を認めたネイティブ教員の勧めで、2、3か月後には国語の授業も一般生徒と一緒に受けるようになった。

　B高校ではネイティブ教員の働きかけもあり、早い段階から高校卒業後の進路について考える機会が設けられている。千春さんは「私自身が、あまり何をやりたいんかわからない…。最初は大学受験とかいう話も、2年生のときからみんなほぼ動き始めているんですけど、全然どこに行きたいかがわからなくて。ずっと迷っていて。だから、もうB高校のネイティブ教員にもいろいろ相談をして」いたという。そこで考え出したのは「いい大学に行くと進路のほうもうまくいくのかなというふうな考え」であった。大学へ進学する方向性は定まったものの、高校生活の中でくすぶっていた思いが出てきたのもこの頃である。

　B高校には部活として多文化部が存在している。お昼休みや放課後に外国人生徒と教室で毎日会うため、かれらとの付き合いが多かった。多文化部では文化祭に向けて準備したり、ダンスを踊ったり、獅子舞をしたりもした。当時の多文化部には全員合わせて50人ほどいた。その中で「普段多文化部のみんなとすごく交流はするけれど、やっぱり中国語を忘れかけたなというのをすごく自覚し」たという。

中国語は私の財産

　「中国語って自分の財産でもあるなと思っていて。中国はすごく発展しているので。この財産をこのまま捨てていいのかなというのもすごくあったから。普通にもう1回中国語を始めたいというよりは、ちょっと中国語を思い出したいというのもあったので。全然わからない分野のものをやるよりは中国語をもう1回したいというのはあったので」。このように、「忘れかけた」母語である中国語を自分の財産であると考えるに至った背景についてみてみよう。

　千春さんは、一般論として小さい頃に来日すると「日本で中国語をしゃべっている自分が恥ずかしいと思うようになって」しまうことや「まわりに中国語を話す人がいないと、自然に、親が話してくれても、外で中国語を話している自分が恥ずかしく」感じさせられる状況があることについてインタビューにおいても言及してい

る。また、「お母さんとかが中国語で話しかけても日本語で返すように」なり、やがて「ある程度日本語と中国語で話せるようになってもやっぱり恥ずかしいから、口に出さなさ過ぎて、徐々に話し方を忘れて」しまう傾向があると認識している。このことから、千春さんは「もし私がB高校に入らなければ、たぶん中国語は完全に捨てた」状態になっていただろうと振り返る。そして、B高校に入った意味を次のように話す。「B高校に入ったから、自分が中国語を話していることに対して恥ずかしくないし、むしろ自分のプラスとしかならないものという（ことに）、もう気付いて。（中国語を）活かそうと思って、中国語を捨てずにずっと話している」。

取り戻した母語で仕事をする

　高校を卒業した後、千春さんは難関私立大学の外国語系学部に進んだ。入学後には北京の言語系大学への留学を経験した。2年生から3年生の途中まで中国に留学し、ダブルディグリー制度の枠組みがあったことから日本の大学と中国の大学の両方を卒業したことになっている。また、留学中はさまざまな国の友だちができ、それがよかったと感じている。さまざまな国からの留学生との交流をとおして異なる考え方を知ることができたという。中国語は「大学で忘れていないというか、もう拾い出した」感覚を覚えたという。

　今は、ベンチャー企業で中国語を使いながら働いている。お客さんは日本の方で、売り込む先は中国だ。本土に住んでいる中国人または訪日中国人に日本の商品や日本の文化をプロモーションする仕事をしている。千春さんがキャリア形成で重視する「中国と関わりのあるというか、外国語と関わりがある仕事」ができているという実感がある。「今も毎日中国語を使って仕事をしています」。「今の会社が私をつくってくれました。私が今あるのは間違いなく今の会社が信頼してくれて、何でもやらせてくれて。本当に毎日挑戦」しているという。

　大学で外国語系の学部に入り、中国への留学をとおして中国語を「拾い出した」千春さんは、このように充実した毎日を送っている。また。今の職場は大手企業ではないが、千春さんにとっては学びの多い職場であるためベンチャーに入ってよかったと思っている。その分残業が多く、「結構1週間通すと、もう終わった日が、はあ、となっちゃうので。すごくしんどい」こともあるが、あと1、2年はこの会社で頑張ろうと思っている。

「母語をめぐるキャリア形成」の物語

　千春さんの来日後から現在の仕事までのライフストーリーを簡単にまとめると次のとおりである。千春さんは小学校で来日したのち、中国人の集住地区に住んだことをきっかけに手厚い日本語指導がおこなわれていたことで、早くに日本語習得ができた。一方で同時に、母語である中国語能力を徐々に失っていく経験をしている。千春さんが枠校であるB高校で外国人生徒と交流したり、母語授業を受けたりする中で、母語を忘れかけていることと向き合い、そして母語が自らの財産であることに気づいた。ネイティブ教員の勧めもあり大学で中国語を学び、中国への留学を経験することで母語を「取り戻し」、その後中国語を使った仕事へとキャリアをつなげている。千春さんのこれまでのライフストーリーが示しているのは「母語をめぐるキャリア形成」の物語といえよう。

（2）劉秀明（C10）さん「自分の背景を最大限に利用したい」
　　──中国／男性／24歳／大学進学（中堅私立／国際系・推薦入試）→商社（3か月）→輸入代行会社

　秀明さんは中国出身の24歳。中学生のとき、両親の仕事の関係で家族とともに14歳で来日した。現在は両親と妹、そして、結婚したばかりの妻との5人で一緒に暮らしている。在留資格は、高校時代は特定活動だったが、今は定住者に変更した。大学を卒業し、現在は輸入代行の会社で働いている。

　秀明さんは枠校に入った後、日本に移住してきた自らの背景や経験がキャリア形成をしていく際にアピールできるものであることに気づく。そしてその強みを「最大限に利用すること」を念頭に自らのキャリアを切り拓いていこうと考えた。秀明さんが枠校でそのように考えるようになった経緯を来日後から振り返ってみたい。

中学校で経験した言葉の壁「どんっていうか、落ちてしまって」

　来日後、中学3年生に編入した。当初通っていた中学校にはセンター校が併設されていた。週2回はセンター校で学び、放課後は日本語担当の先生が英語と日本語を、また別の先生が理科や数学などの勉強を教えてくれた。このような手厚い指導がある一方、秀明さんが強く感じていたのは日本語の壁であった。

　「当時、まあ親に（日本に）連れてきてもらって、（親は）言葉の問題を全然考えてなくて。一応、（日本に）来たら、また新しい世界で、いろいろ楽しみにしてい

たんですけど。その代わりに、言葉が通じなくて。どんっていうか、落ちてしまって」。中学生のときは、話しかけてくれる人もいたが、日本語が通じなかったため友だちはできなかった。その時の気持ちについて次のように話している。「中学で、毎日（学校に）行くことが、ちょっと心配なんですよ。言葉が通じなくて。まあ、毎日どうすればいいかっていう話になりますね。それで、一応とりあえず、先生はすごく優しかったんですけど、やっぱりみんなの優しい（気持ち）に対して、何とか応えてあげたいと思ってて。（でも）結局応えられなかったっていう感じです」。

　教員や友だちから優しくされることに対して、日本語ができなかったことで、かれらの優しさに応えたくても応えられなかった歯がゆさが伝わってくる。その当時、秀明さんは今の自分に必要なのは日本語の勉強だと思い、「とりあえず早く、できるだけ早く日本語を、言葉を覚えて友だちをつくろうと思っていて。ずっと本というか、『みんなの日本語』ってわかりますか？　一応ずっと読んで、覚えて、書いて、とりあえず勉強ですね。勉強に集中し」たという。しかし日本語の勉強に集中して取り組んだことで、かえって友だちができないという悪循環に陥ってしまった。このように日本語の壁に阻まれ、秀明さんは楽しみにしていた来日後の学校生活を思い通りに過ごすことができなかった。

ネイティブ教員の存在の大きさ

　高校受験については、地理的な理由から、近くの特別枠校のA高校、B高校、C高校、私立の男子高校という選択肢があった。センター校の先生の勧めで、特別枠校の説明会に行き、中国人のネイティブ教員がいるということで枠校への進学を決めた。「B高校を決めたのは、やっぱりネイティブ教員の先生ですね。ネイティブ教員の先生がいらっしゃることで、私はそこに行くことを決めました」。受験勉強はセンター校の先生に加え、月1回の母語教室の先生には母語作文の勉強を教えてもらった。

　前述の通り、来日してみると言葉が通じなくて落ち込んだ秀明さんだが、高校に入ってからは楽しく過ごすことができた。その中でもとりわけ多文化部での活動は楽しいものだったという。「B高校では、まあ結構中国人が多いんですね。日本にしては外国人が多くて。多文化部では、基本的には教室で休み時間に勉強したり、話したり、っていう感じで。部活動も一緒にいろいろやったりで、結構楽しかったですね」と話し、B高校での思い出を振り返っている。

戦略的な大学進学

　B高校はネイティブ教員の指導のもと、早期から高校卒業後のキャリアについて考えさせる機会を持つことが特徴である。「高校1年の時、確かね、ゴールデンウィークのあとに、ネイティブ教員が話してきたり。もちろん大学に行くために、どのような準備が必要なのかっていうことについて、話をしていただいたんですね」。ネイティブ教員からは、「アピールできるものをつくらないと、いくら自分が頑張っても、アピールにつなげることができない」という話を聞いた。つまり、高校生活を通して日本語を身につけること（できれば高校2年生までに日本語能力試験の1級を取得する）、多文化部での活動に参加することなど、大学入試でアピールするために必要な事柄について説明を受けた。秀明さんはこれを受けて、「要は、（外国人生徒の）スピーチ大会も出たりする感じで、まあ優勝できたら、もちろん（入試の際に）いろいろ話すことが多いので、イメージ的に好印象になるっていう感じですね」と戦略的に大学のAO入試を見据えて多文化部の活動に取り組んでいたことを語っている。また、高校生活を支えてくれたネイティブ教員に対して、「ネイティブ教員にはゼロから育ててもらったと感じている」と話している。

　高校時代を振り返り、多文化部という「自分も外国人だし、ほかの人も外国人」という環境に身を置き、「日本に来て、基本的に国際的な問題」や「文化とか言葉」の問題に接することが多かったという。そこで秀明さんは「やっぱり自分自身が、身に付けるというか、もう経験している感じで、それを最大限に利用することがいいかな」と思い、私立大学の国際文化学部を受験することに決めた。国際文化学部を選んだのは、「自分が外国人であり、国際的な文化に接することができる。グローバルな人間になるためにいろんなことを知っておいた方がいい」と考えたからである。大学には、曽祖母が残留邦人であったため、中国引揚者特別入学試験を利用し、小論文と面接で受験した。

中国語を最大限に発揮して働きたい

　秀明さんは大学に行ったことを「すごくよかった」と感じている。その理由として、大学で日本人の友だちができたし、関西でも有名な私立の大学を卒業したことで就職でも有利になったことを挙げている。秀明さんは一般学生と同じように、企業説明会に参加し、就職活動をした。就職活動の際にも、出身大学についてアピールできたことをよかったと思っている。

卒業後一度商社に就職したが、先輩と人間関係のトラブルがあり辞めた。仕事を辞めてからはしばらくアルバイトをして気分転換をした後、インターネットで検索して今の会社をみつけた。秀明さんには仕事を探す際のこだわりがあった。それは、「自分の言葉を最大限に利用」できること。その背景には、「前の仕事は、本当に日本語の鍛錬ですよ。日本語の機会というか、まあ日本語しか使えない」という経験をしていたことも関係している。秀明さんは中国語が使える仕事につきたいと思いインターネットで検索をした。そこでみつけたのが、現在の仕事である。

今の会社は小規模ながらも、日本人の顧客の注文に応じて中国の工場に電気製品、服、カバンなどの商品をつくってもらう仕事をしている。日本人の顧客と一緒に中国の工場に行き、案内することもある。仕事では、「基本的に中国語も結構使ってて。まあ、いわゆる日本のお客さんに報告するときに日本語で、中国の工場と商品の詳細を話し合うときには中国語ですね」というように、日本語と中国語を用いて仕事をしている。

前述の通り、中国語を最大限に利用できると思って入社したが、中国と日本の狭間で「架け橋」のような仕事をする関係上、言語には常に悩まされてきた。たとえば、「コミュニケーションとかで、工場とのやりとりとか、お客さんに対する日本語の言葉遣いとか、あるいは進み具合とか、全部いろいろ考えると、まあ結構なプレッシャーを感じますね」。日本人の顧客は言葉に関して細かく追及するため、あいまいな言葉は使わないようにし、表現に気をつかっているという。「私がこの会社の代表として、窓口として、お客さんと話しているから、全ての言葉が会社の代表になりますので」と狭間で仕事をするプレッシャーを感じながらも仕事を頑張っている。このような重いプレッシャーから、現在は転職も視野に入れている。

「語学力を活かす働き方をめぐるキャリア形成」の物語

秀明さんのキャリア形成を貫くキーワードは「アピール」であろう。来日前に有していた中国語や中学・高校・大学で培った日本語能力の両者とも、キャリア移行の各段階で積極的に示すことで、戦略的にキャリアにつなげていこうとする姿が印象的である。と同時に、母語や日本語を仕事で使用する際の葛藤を感じていることも見受けられた。

秀明さんは、14歳で来日後、中学校ではセンター校で手厚い日本語指導を受けた。その後、中国語の母語作文で枠校への合格を果たしている。「ゼロから育ててもら

った」と思えるほどネイティブ教員にキャリア形成の方向性を提示してもらった。枠校での学びをとおして気づいた「自らの背景を最大限に利用」しようと模索する秀明さんのキャリア形成のあり方が、ライフストーリーからおわかりいただけたのではないだろうか。

（3）斉藤アレックス（B1）さん「いつか車を一から組み立てたい」
──ブラジル／男性／ 24歳／専門学校進学（整備士系）→整備工場に就職（2022年7月／同じ会社に勤める／ 27歳）

　アレックスさんはブラジル出身の24歳。日系ブラジル人2世の父とブラジル人の母のもとブラジルで生まれ、2歳のとき、先に来日していた父を頼って母と4歳上の兄と一緒に来日した。2年間、静岡県で過ごした後、祖父の死をきっかけに家族でブラジルにいったん帰国。しばらくして父と母が今度は大阪に出稼ぎに行き、それを追って15歳のとき、再び日本にやってきた。

　日本とブラジルを往還する生活のなかで、枠校を経由して、専門学校時代に出会った自動車整備工場で働いている。今の仕事を天職だと思えるほどに打ち込んでいるが、そのような仕事に巡り合えるとは思ってもいなかったという。ましてや2度目の来日時には、数年日本で勉強したらブラジルに戻ると思っていた。そして、近い将来にブラジルに戻ることも考えているという。こうしたトランスナショナルな生き方を志向するアレックスさんの学校経験や今に至るまでを紹介したい。

15歳の再来日、「すぐにブラジルに戻ると思っていた」

　アレックスさんは初来日の記憶はほとんどないが、うっすら覚えているのは、ブラジル人の多く住むアパートの1階に無料のポルトガル語教室が開かれていて、そこにブラジル人の子どもが多く集まっていた光景である。6歳でブラジルに戻ってからはすぐに日本語を忘れ、ポルトガル語を話すようになった。ブラジルでは学校から帰宅すると祖母の家に行き、寝るか遊んでばかりでほとんど勉強をしなかったという。住んでいる地域には日系人が多く、父の5人きょうだいの一番下が日本から戻ってブラジルで和風のレストランを経営している。

　ブラジルで中学校を卒業し、日本では中学2年生に編入した。アレックスさんは中学3年生の1年間をこれまでで一番勉強した時期だと思っている。体育と英語以外の授業は、日本語の先生に1対1で手厚く教えてもらった。日本に来た当初は、

すぐにブラジルに戻ると思っていたが、そこから8年も日本にいることになった。

「僕がブラジル人やのに龍の頭やっているという（笑）」

C高校への進学を決めた理由は、中学校3年生のときの担任から手厚いサポートがあるからと勧められたことと、外国人生徒が多いので友だちをつくりやすそうと思ったからだという。実際に入ってみると少人数授業が多く、勉強に集中することができた。得意だった英語と数学の授業はしばらく抽出授業で受けた後、一般生徒と同じになった。ポルトガル語の母語の授業はレベルが高く難しく感じたが、文法をしっかり教えてもらえたのがよかったという。

同級生には中国人の生徒が多く、ブラジル人はアレックスさん1人でほかにはフィリピン人、エクアドルで生活をしてきた日本の生徒、アメリカと日本のダブルの生徒などがいた。アレックスさんはどのルーツかに限らず、日本人生徒とも仲がよかったという。垣根なく人と接することのできる性格もあるのだろうか、多文化部では部長をつとめ、中国の伝統芸能である龍舞の頭を担当し、学校の催しで披露してきた。そのときのことを、「僕がブラジル人やのに龍の頭やっているという（笑）」と笑いながら話す。このようにして、アレックスさんの高校生活は期待通りにたくさんの友人に恵まれた。

ブラジルに戻っても、使えることを勉強したい

日本である程度勉強したらブラジルに戻ると思っていたアレックスさんにとって、進路を決めるポイントは「ブラジルに戻っても使える技術を身につける」というものである。最初はIT技術を学ぼうと、家から近い私立の電気通信系の大学を考えていたが、車好きな父親の影響で小さい頃から旧車に興味があり、学校に届いた自動車専門学校の案内を見て父親と一緒にオープンキャンパスに行ったところ、はまってしまった。「パソコンを触るか、車を触るかなら、車の方がかっこいい」。同級生は大学進学希望者が多かったが、アレックスさんは整備士学校をめざすようになる。整備士1級の取得をめざす4年コースの受験科目は数学と面接で、受験して見事合格した。

整備工場での修行を経て、仕事へ

専門学校に入学してすぐ、同じクラスにいた今の仕事のパートナーとなるブラジ

ル人と出会い親友となる。2人の共通点は旧車やレストア（旧車を修理して乗れる状態まで戻すこと）が好きということだ。その友人と、専門学校の向かいにあるレストアで有名な社長の経営する自動車整備工場に顔を出したことをきっかけに、車の世界に入っていくことになったのである。

　社長から「旧車が好きなら、修行に来るか」と聞かれ、アレックスさんも友人も、専門学校で学んだことを現場ですぐに実践して鍛えたいと思っていたので、喜んで通うことになった。学校が終わった16時から夜まで客の車の整備を「ガチ」にやらせてもらう経験は非常に貴重だった。一方、社長は昔気質の人で口が悪く、指導されながらも腹が立ち何度も辞めたいと思った。それでも辞めずに今まで続けてこられたのは、辞めたら社長から技術を盗めないと思う車への熱い気持ちと、社長に対して自分の考えを正面から伝えてきたからであろう。たとえば、友人と一緒に「そういう言葉は嫌やし、ちゃんとしゃべってください。普通に言ってくれる方がこっちもできます」と話すと、少しずつ社長も耳を傾けてくれるようになった。また、自分たちの経済状況を説明し、可能ならただ働きではなくアルバイト扱いにしてほしいと申し出ると、アルバイト代が出るようになった。こうして社長に交渉し続けた結果、社長が「どんどん角が丸くなって」いったのだという。

　就職はこうした延長にあった。高齢になっていた社長が、店をたたむなら若いブラジル人2人に可能なだけ続けてほしいと、アレックスさんたちに声をかけたのである。アレックスさんはこの話を引き受けた。給与面や待遇面が心配だったので、友人と相談し、両方の親を呼び、親の前で社長に懸念事項を確認した。社長からは「こんな風に給与を相談されるのは初めてや」と笑われたという。アレックスさんの父が、工場で働くアレックスさんを見て感動し、「こんないい仕事をしている」と涙ぐんだというエピソードもある。

日本とブラジル、仕事と家族のバランス

　アレックスさん一家では、家族が離れ離れになって長いので、一度みんなでブラジルに暮らそうという話が出ている。だが、2020年に発生した新型コロナウイルスの感染拡大の影響で、家族全員での帰国という夢はまだ実現できていない。2021年、両親だけ先に帰国することになった。アレックスさんは、帰国してすぐに車の仕事につけるかはわからないので、その際には、親戚の日本料理店を手伝いながら、日本に行きたいと言っている日系4世の友だちに日本語を教えようと思っ

ている。他方、友人がいずれ整備工場を立ち上げる予定で、その立ち上げに協力してほしいとも言われている。

「旧車をさわれるところなら、どこにでも行きたい」というほどに車好きなアレックスさんだが、仕事優先的で、家族が疎かになる日本の働き方に対しては疑問に思っている。仕事も大事だが、「家族より大事にしたくない」という。社長に相談し、繁忙期を外した夏休みの間にまとめて1週間の休みをとれるようにするなど、仕事と家族のバランスを調整してきた。

「一つのことを極めるキャリア形成」の物語

アレックスさんはいつかブラジルに帰国するだろうと思って日本にやってきたが、その後の中学、高校、そして専門学校を経て、旧車をはじめとした車をさわることに没頭していき、それが仕事になっていった。アレックスさんはそうした自分のことを、「一つのことを極める」タイプだという。しかしこんな人生になるとは思っていなかった。社長と出会い修行をするなかで、「これだ」と思い、決まったという。まさに人との出会いによって導かれた、一つのことを極めるキャリア形成といえよう。

ブラジルと日本、それぞれにつながりのあるアレックスさんのトランスナショナルな生き方を肯定し、可能にするものの一つに、どちらでも使える仕事の技術がある。そしてもう一つは、アレックスさんも言うように、ポルトガル語と日本語の両方ができることであろう。アレックスさんと友人がおこなう社長への相談や交渉といった戦術が示唆するのは、一人ではなく仲間と一緒にアイデンティティやルーツを大事にすることがいかに心強いかということであり、それが可能となる環境の重要性ではないだろうか。

（4）明石ミカコ（F1）さん「フィリピン人として生きていたかった」
──フィリピン／女性／25歳／就職（自己開拓）→ホテル清掃会社社員
→アルバイト（同じ会社にて）（2022年7月／28歳）

ミカコさんはフィリピン出身で25歳。フィリピン人の母が日本人男性と結婚したことで、幼い頃はフィリピンの叔母・叔父に育てられ、13歳で呼び寄せられ来日した。5歳下の妹は日本で生まれ日本で育っている。現在は、高校時代からのアルバイト先である清掃会社で働いている。数年前に、高校の同級生であるフィリピ

ン人の夫と結婚し娘が生まれ、3人で実家の近くに住む。

　ミカコさんは、フィリピンと日本を行き来するフィリピン人としての生き方にあこがれていた。今はそうしたトランスナショナルな生き方を日本社会の中で実現していくことがいかに難しいかを思うようになった。そして、「ずっと仕事だったので、今はちょっと楽しく人生を送りたい」と語る。枠校を経由して現在に至るまでのこれまでのストーリーと、アイデンティティや生き方をめぐってミカコさんが感じ考えてきたことをみていこう。

「高校は本当は行く予定はなかったんですよ。お父さんが反対して」

　ミカコさんはフィリピンで中学1年生まで通った後、呼び寄せられて来日し、日本の中学1年生に編入した。最初はわくわくした気持ちだったが、それもすぐになくなった。言葉がわからない上に、同級生の男子5人くらいに顔を見られて笑われたことが、「今も忘れていない、忘れられない」ものとして残っている。フィリピンに帰りたいと思ったというが、父も母も仕事で忙しいので、ミカコさんは心配させないため誰にも相談しなかった。センター校で週2日、日本語を勉強し、中学2年生の半ばから日本語が話せるようになり友だちもできて、学校生活もそれなりに楽しくなっていった。

　「高校は本当は行く予定はなかったんですよ。お父さんが反対して」。こう話すように、ミカコさんは父から高校に進学せずに働いてほしいと言われ、自身も中学校を卒業してアルバイトをしようと思っていたという。高等学校等就学支援金制度、いわゆる高校無償化が国の制度として始まったのは2010年度で、ミカコさんがちょうど高校に入学するときである。中学の先生が親を説得してくれたことと高校無償化のタイミングが重なったことで、ミカコさんは高校進学をめざすことができた。センター校で知り合ったフィリピン人たちから枠校の話を聞き、中学の担任からも特別枠入試があるから枠校は入りやすいと勧められた。センター校の母語教室でフィリピン語の作文の練習をしたり、知り合いの元教員の家で1対1で勉強を教えてもらい、A高校に合格した。

自分に対する反抗

　高校には、フィリピンだけでなく中国、タイなど多様なルーツの生徒がいて、みんなが集まって料理を作ったり話したりする多文化部の時間は楽しかったという。

タガログ語の母語授業は週1回あり、フィリピン人生徒6人が受けていた。この時の一人が今の夫である。夫は来日1年でA高校に入学したため日本語が十分でなく、周りのフィリピン人生徒がサポートをしていたという。

　高校生活は、楽しいこともあった半面、ミカコさんは「揺れていた」時期でもあり「反抗期」でもあったと話している。中学から高校1年生まで真面目に勉強して成績をキープしていたが、2年生になって授業をさぼり、学校を休むようになったのである。「やっぱり高校に通って、楽しく過ごしたいじゃないですか。アルバイトのからみで、やっぱり（アルバイトに）行かな。放課後とかみんなわいわいするのに自分だけが帰らなあかんみたいになって。それやったらもうアルバイト一本で頑張ったらいいやんみたいになって」。アルバイトはスーパーのレジ打ちをほぼ毎日17時から20時半までして、給料は半分家に渡していた。みんなが放課後楽しんでいるのに、ミカコさんは父に言われた通りアルバイトばかりの生活で、勉強とアルバイトの両立がしんどくなっていったのである。

　当時のことを、ミカコさんは「反抗期」と呼び、それは「自分に対する反抗」だったと語っている。卒業が近づいてきたとき、ミカコさんはみんなが卒業しようとしているのに自分だけが卒業できないことが悔しく、もう一度頑張ろうと思い、学校に通い始め、卒業に至る。懇談で退学を相談したこともあるが、「もったいないから、もうちょっと頑張って」と先生たちには励まされていた。

先生の期待に応えるのではなく

　ミカコさんはどのようにして高校卒業後の進路を決めたのであろうか。先生たちは、真面目で頑張り屋なミカコさんが経済的な問題で進学の道が閉ざされることのないよう、給付型の奨学金や授業料免除制度のある大学などの情報をミカコさんに提供し続けたという。ミカコさんは奨学金返済や経済的な心配という側面だけでなく、もしこのまま進学すれば自分の意思ではなく先生の期待に応えるために進学することになり、それは違うだろうと思い断った。そして、「接客とかがあまり苦手なので。自分で黙々とする仕事が好きなんですよ」「私は、高校を卒業して、いま働いているホテルに、社員になったんです。時給も決まっていて、ボーナスとかも出ていたんですけど。だから、ほかの仕事に行こうとは思わなかったですね」と話すように、当時アルバイトをしていたホテル清掃会社に準社員として就職する。

　インバウンド（訪日外国人観光客）や国内観光客で賑わう関西の観光地近くのホ

テルでは、多くの外国人が清掃業で働いていた。ミカコさんの務める清掃会社にも多くの外国人が短時間のアルバイトで雇われていて、日本語もタガログ語も英語も話せるミカコさんは、会社からも働く仲間からも頼りにされていた。しばらくして、毎朝6時前の出勤で体力的・精神的な疲労がたまり、また年齢が若いミカコさんに年配者は意見を言いやすいなど人間関係のしんどさも重なり、社員をやめてアルバイトに戻った。この時も上司に相談して、退職ではなくアルバイトに戻してはどうかとアドバイスをもらったというが、ここからも職場内でミカコさんが丁寧なコミュニケーションをとってきたことがうかがわれる。

　現在も、ミカコさんは娘を母に預けて週4日、8時半から16時半まで働いている。高校卒業後も給料の半分以上を家族にお金を渡してきたが、父が亡くなり母も病気を患っているので、今も実家を支援しているという。

家族との時間を大切にしたい

　ミカコさんは、社員からアルバイトに戻ったときの理由を別の言い方でも表現している。「やっぱり家族の時間を大事にしたいから、そういうので辞めたんですね」「卒業したら、ずっと仕事、仕事となっていたので、今はちょっと楽しく人生を送りたいなと思って」。

　ホテル清掃の仕事は、休日に忙しく、友人や家族の休みと合わない。また、フィリピンに1か月ほど帰国したいと思っても帰ることは難しい。「やっぱり社員に向いていない」と思ったという。「たぶん、外国人の人も、その理由が1つで、社員になりたくないと思うんですよ」と、外国人が正規社員になりたくないと思う背景に、家族との時間を大切にできない日本企業の働き方の問題があるのではないかと考えている。

　中学生の時は日本で勉強したらフィリピンに戻れると思い、日本とフィリピンを行き来できる生活にあこがれ、そのためのお金をためようと思っていた。しかし経済的な問題や家族のケアを優先することで、それらが難しくなった。今は結婚し子どもが生まれ、日本人のような生活をすることも多くなった。当面子育てで忙しく他のことは考えられないが、取得できていなかった日本語能力試験1級に挑戦することから始めたいという。

「家族とアイデンティティを羅針盤とするキャリア形成」の物語

　ミカコさんは、いつか日本とフィリピンを行き来する生活をしたいと思いながら、中学、そして高校と過ごしてきた。退学の危機もありながら、仕事と勉強の両立を乗り越え卒業している。清掃会社の仕事は、プレッシャーや人間関係のしんどさもあるが頼りにされることも多く、そのことを「うれしい」と思っている。その一方で、日本での生活が長くなり家庭基盤が日本でつくられるにつれ、「フィリピン人として生きていたかった」という思いも募っている。ミカコさんは「フィリピン人として生きたい。いつかはフィリピンに帰りたいですね。フィリピンでお金をためて家を買って。そこで生活、生きたいなと思っています」と話してくれた。

　「フィリピン人として生きる」ことのあこがれと「日本人として生きる」ことの日常的な規範の間で葛藤してきたミカコさんのストーリーからは、家族と自身のアイデンティティを羅針盤としながら、日々選択しながらキャリア形成をしてきたことがわかる。こうした葛藤や選択が学校で否定されず見守られることもまた、アイデンティティ保障の大事な部分であることを伝えてくれる。

（5）藤井みゆき（F9）さん「台湾への留学で言語学に興味をもつ」
――フィリピン／女性／ 20 歳／大学進学（難関私立／国際系）→大学院在籍中（2022 年 7 月／ 23 歳／台湾の大学院進学　言語学専攻）

　みゆきさんは、フィリピン出身の 23 歳。来日して小学校 5 年生に編入し、中学を経て、枠校に入学した。その後、外国語学部のある大学へ進学。大学卒業後すぐには就職せず、言語学を学ぶため台湾の大学院に進学し、現在も在籍している。新しい環境に入るたびにさまざまな困難に遭遇するが、周りには支えてくれる人たちがいた。「高校に行かなければ、大学に行くことはなかった」そう語るみゆきさんにとって、高校時代にどのような出会いがあり、その後の人生にどのような影響を与えているであろうか。そして、どのようなキャリアを切り拓こうとしているのか。みゆきさんのストーリーを紹介しよう。

言葉の壁、文化の壁

　みゆきさんの母方の祖母が 2000 年頃に仕事で来日し、その後をおって母、そして父が来日したため、みゆきさんは幼い頃フィリピンで父方の祖母と一緒に過ごした。フィリピンには日本学校はなかったが、日本で暮らしたときに漢字を知ってお

くと役立つだろうと思った両親の考えで、小学校時代はインターナショナル系の中華学校に通った。授業はすべて英語であった。

　みゆきさんは両親のいる日本に行くのを心待ちにしていた。しかし、ビザがなかなかおりず、やっと小学校5年生のときに日本に来ることができ、「すごい楽しみ、ワクワクしていた」。が、その気持ちはすぐにしぼんでしまった。日本語が話せず、日本語を使って会話をすることが怖くなってしまい、小学校時代は友だちができずに終わったのである。中学校に入学するとバスケットボール部に入部した。フィリピンにいたときにバスケットボールが人気でよく遊んでいたからである。部活では部員とのコミュニケーションやチームワークが必要になるので、そこで初めてみゆきさんは自分から積極的に話そうとし始めた。しかし、「文化の違い」を理解してもらえない壁にぶつかった。

　「弟が2人いて、その面倒をみないといけないじゃないですか。それで休まないといけないんですね」「あと教会も行っているんです、毎週日曜日に。先生とか、部員とかに言っても、わかってくれなかったんですね。この子、さぼっているんや、みたいになって、そこですごいしんどかったです」。当時幼い2人のきょうだいの面倒をみるために、みゆきさんは放課後の部活の練習を時々休まなくてはいけなかった。同級生からは練習をさぼったとみなされ、顧問も休むことをよしとはしなかったため、なんとなくいづらくなり部活をやめようと思った。だが、顧問から「もう少し頑張って」と言われ、結局1か月部活を休んだあとに復帰し、3年生まで部活を続けた。

顧問の先生の一言、「いつでも休んでいいよ」

　高校進学については行きたい高校が別にあったが、外国人生徒が多いことと、家に近いこと、いとこが通っていたこともあり、母に枠校のC高校を勧められて受験した。受験に際しては、特に誰かに手続きを手伝ってもらわなかったが、受験科目である数学、英語、作文はものすごく勉強したという。

　高校入学時に受けた日本語のテストの結果がよかったようで、特別枠入試で入学した生徒のなかでみゆきさんだけが抽出授業ではなく一般の授業を受けることになった。それでも、授業についていくために毎日家でものすごく予習をして授業に臨んでいたという。

　みゆきさんは高校でもバスケットボールを続けたいと思い、入部に先立って、文

化や家庭の事情で練習を休むことがあると顧問に相談したところ、入部を断られた。その後、たまたま訪れた柔道部の顧問の先生に相談したところ、「いつでも休んでいいよ」と言われ、「すごい軽い気持ち」になり、そのまま柔道部に入部したのである。柔道部は、家の用事で練習を休まなくてはならないフィリピンの文化に寛容だったことがとても嬉しかったという。柔道部では部長、多文化部では副部長をつとめ、高校時代は積極的、前向きに過ごしたため日本人の友人も多かった。柔道部の顧問の先生には、部活だけでなく勉強でつらいことがあると相談に乗ってもらっていたという。そのため大学生になっても、大学の勉強でわからないことがあると、高校に戻って柔道部の先生や他の先生にも相談に乗ってもらっている。

エアライン、国際協力、そして言語学へ

　みゆきさんは、高校卒業後の進路選択としてエアラインを目指そうと外国語学部のある大学をAO入試で受験し、合格する。英語専攻だが、第二外国語は中国語専攻である。大学2年生のときには台湾に交換留学に行き、そこで興味をもった言語学をさらに学びたいと思い、大学卒業後に台湾の大学院に進学した。そのプロセスのなかで、みゆきさんは国際協力などにも関心が広がっている。「大学に行きたいと思った理由は、エアライン関係の仕事で働きたいと思って、でも、台湾へ行って、やはり言語もおもしろいなって思って、日本へ帰ってきたらやはり国際協力をやりたいとなって」。

　高校3年生のときに同級生が国際協力のボランティアを立ち上げ、みゆきさんはその活動を大学時代もそして今も手伝っている。古い野球用具を集めてフィリピンの恵まれない地域の子どもたちへ送る活動である。高校の同級生3人からスタートした活動であったが、それぞれ進学した先の大学で関心のある人に声をかけ、SNSを通じて呼びかけ、メンバーは7人にまでふくれ上がった。コロナ禍にあっても、野球道具をフィリピンの野球チームに送ったり、大学で野球部に所属するメンバーがオンラインでフィリピンの子どもに野球を教えるなど、活動は続けられている。

　また枠校がおこなっているフィリピン英語研修参加者向けのセミナーに、フィリピンの生活や様子を紹介するプレゼンターとして招かれることもある。このように高校とのつながりが同級生の横のつながりにおいても、学校や先生といった縦のつながりにおいてもある。

選択肢が増えた

　現在、みゆきさんは進学した台湾の大学院を休学している。英語で授業を受けることができると聞いていたが、プレゼンテーションやディスカッションはすべて中国語でおこなわれ、成績が悪いと奨学金がストップしてしまう。奨学金がなければ学業は継続できない。もう少し中国語を勉強しないと授業についていけないと思い、いったん休学することにしたのだという。今は日本に戻り、中国語を勉強しながら、英語や日本語を教える仕事、通訳・翻訳の仕事をフリーランスでしている。

　高校時代と変わったと思うことをたずねると、みんなに合わせるよりも自分らしくいようと、人と違っていることをポジティブにとらえることができるようになったことだと返ってきた。そう思えるようになるまでには時間がかかり、そう思えたきっかけはいろいろあるが、1つ教えてくれた。大学1年生のときに英語のプレゼンテーションがあり、日本の友だちからフィリピンのアクセントを「おかしい」と言われ、アクセントを変えようと必死に練習したことがあるという。このことを大学2年生の時に出会った台湾の留学仲間に伝えると、「フィリピンのアクセント、ビューティフル」「それ変えなくていいよ」「日本はよくないよ」と言われて、気づいたのだという。「本当にいろんなアクセントがあるから、それを人に言うのはよくない。ジャパニーズアクセントもあるから、それは外国人からしたらきれいだから、それは残念なこと」。

　みゆきさんは、あと数年は自分のやりたことに挑戦し、その後台湾の大学院に戻るか、違う大学院に進学するかを決めようと思っている。こんなふうにいろいろなことにチャレンジができるのは、大学に行って選択肢が増えたからだという。

「広がる世界とマルチリンガルなキャリア形成」の物語

　みゆきさんにとっての学校経験には、ほかの多くの生徒にもみられるように、仲間との出会いや教員との出会いにあふれている。幼い弟の面倒をみることや教会に通うこと、フィリピンに一時帰国することと、部活動を含む高校生活を満喫することは、天秤にかけられるものではなく、同時に大事なものであった。そのことを理解する先生や仲間との出会いがあって、みゆきさんは自分の興味を押さえることなく部活動の柔道を続け、エアライン、国際協力、言語学へと関心をひろげて、それがキャリア形成につながっているのではないだろうか。現在、タガログ語、英語、日本語、中国語とマルチリンガルを使いこなす。

枠校に入らなければ、「たぶん、柔道部にも入らなかったし、大学にもたぶん、行けなかったかもしれない」「先生の支えが大きかった」。みゆきさんの切り拓かれていくキャリアには、広がる希望と多くの示唆と仲間の存在がみえる。

3. 枠校出身の学校教員

本節では枠校を卒業し、枠校に勤務する教員2名へのインタビューで聞き取られたことをまとめる。ゴードン（2004）はマイノリティの子どもの成功にはマイノリティの教師が欠かせないものの、マイノリティの学生は、大学入学前の学力や教職・学校教育に対する否定的な経験により教職に興味を持たないと述べている。そこで本節では、なぜ枠校の卒業生が教職に就こうと思ったのか、教職をめぐる困難や、今後取り組んでいきたいことについて、語りをもとにまとめていく。

今回インタビューした2名の教員はそれぞれ、フィリピンルーツのロマス先生と、中国ルーツのハン先生である（いずれも仮名）。両名とも、A高校を卒業している。現在、枠校に入学する生徒のルーツとして多くの割合を示すフィリピンと中国ルーツの教員として、2名に聞き取りをおこなうこととした。ロマス先生もハン先生も高校生の頃から教員になることを志し、教員免許を取得できる大学に入学している。2名はそれぞれ日本社会や日本の学校で少なからずしんどい思いを経験している。その中で、なぜ日本の学校教育の中でキャリアを築くことを選択したのだろうか。第1項でロマス先生、第2項でハン先生の語りをみていく。

（1）ロマス先生
再来日を余儀なくされた小中学生時代

ロマス先生が生後6か月の頃から、父が日本で働き始めた。父からの仕送りで生活していたものの、2000年頃から日本経済が悪化したことを受けて、ロマス先生は母と妹、弟とともに2005年、10歳のときに来日する。来日後、日本語の勉強をして日本の学校へ行き始めるもいじめにあい、学校へ行くのが怖くなってしまい、フィリピンに帰国することにした。

その後も父は日本に残りフィリピンへ仕送りをしていたものの、2009年には一層日本の経済状況が悪化した。「どうしても日本での生活費と仕送りの二重の出費はできない。もう1回、日本で頑張ってほしい」と父に説得されたという。フィリピンの友人と離れることも、一度経験した苦しい日本の生活に戻ることもつらく、

父と大喧嘩もしたが、仕方なく再来日することにした。

　2009年に再来日した際は、夜間中学校に入り、1年半在籍した。夜間中学校の先生に高校へ行きたいと話したところ、先生が1年ほど、日本語を教えてくれたという。

教員をめざすようになった高校生時代

　A高校に入学してからは、フィリピンに帰りたいという思いを忘れてしまうほど、楽しく過ごした。その理由の一つが母語学習の時間である。ネイティブ教員はお母さんのような存在で、叱られることもあったが、いろんなことを教えてくれたそうだ。たった50分でも、日本語を話さなければならないというプレッシャーから解放され安心できる時間だったという。もう一つの理由は、多文化部の活動である。府立外教（略称）の行事で実行委員を担うほか、淡路島を一周するボランティアマラソンにも3年間参加し実行委員長を務めたこともあった。

　高校にはいろんな国・地域から来た生徒がいた。同じルーツの生徒どうしで集まりそうなものだが、ロマス先生は中国の生徒や日本人生徒とも仲良くなり、フィリピンルーツの生徒がつくる輪からは距離をとって過ごした。共通語が日本語しかない環境に身を置いたため、日本語が上達した。ただ、日本人に混ざるために、日本人生徒の間で流行っていたファッションを真似するなど、「フィリピン人」であることを隠そうともしていた。

　指導してくれた先生のおかげで、「A高校で人生が変わった、感謝しかない」と話す。自分も「ロマス先生のおかげで人生が変わった」と思ってもらえるような教員になりたいと、教員を志望するようになり、教員免許を習得できる大学に進学することにした。

外国人生徒が日本になじめるように

　教員として、生徒がどうすれば自分と同じルーツをもつ生徒の輪から離れて、日本人生徒やほかのルーツをもつ生徒と関係性を築くことができるかを模索している。現在は、枠で入学した生徒しか入れないことになっている部活動の部屋を、昼食時に閉鎖するなどしている。その結果、在籍しているクラスで同じルーツの生徒が固まっていたとしても、日本人生徒やほかのルーツをもつ生徒たちと「何食べてるん？」などの会話が始まり、コミュニケーションが発生することもあるそうだ。ロ

マス先生の妹は7年間日本で生活したものの、日本語がわからず日本になじめなかったため、結局フィリピンに帰り就職した。そのため、ロマス先生は、生徒がどうすれば日本になじめるかを考えながら日々の実践に取り組んでいる。

　中でも、言語学習は重要だと考えている。ロマス先生自身がモットーにしていた「日本に住んでいたら言語は大切だから、日本語を楽しんで勉強するように」ということを、生徒にも話している。また、母語学習も重要だと指摘する。母語学習の場で生徒のプライベートな話題や、生活上の困難などが語られることも多い。小さい頃から日本で生活しており、日本語は得意でも母語ができない生徒にとっても、母語学習は重要である。

　周囲の先生が外国人生徒に興味をもち、こうした取り組みを継続できるよう、母語による作文発表であるWai Wai！トークのようなスピーチ大会等を校内で取り組んでみた。壇上で話す外国人生徒を見て、感動して涙する先生もおり、少しずつ先生方の意識も変わってきたと思うと話す。

校内、社会の変革にむけて

　転勤があれば、必ず枠校に行きたいと考えている。フィリピンで教師になっていたとしても、枠校で教師をするほど満足感はなかっただろうと話す。実際に、日本の私立高校からも「うちで働きませんか」と誘われたが断った。ネイティブで英語が話せるという条件であれば、公立高校と比べて給料は2倍くらい高くなるにもかかわらずである。それは、外国人生徒のサポートをしたいという強い思いがあったためである。

　4年間の苦労に耐え大学へ通い教員免許をとったため、フィリピンに帰るのはもったいないという思いもあるが最近は何年間日本で働くかについても考えている。「せめて自分のような人を育ててからフィリピンに帰ろう」と、教え子に教職を勧めている。しかし、なかなか教員になりたいという生徒は現れない。英語を使える職に就きたいという者が多いが、航空業界に興味をもつことが多い。

　今、勤務校で外国人生徒に興味をもっている先生は少ない。周囲の先生に、外国人生徒の支援をお願いすると、「やるよ」とは返事してくれるものの、多文化研究部の顧問などの役割を継続して担うことはない。「仕事やから」というスタンスでは生徒に伝わり、生徒はその先生に頼れなくなるため、生徒をなんとかしたいという思いをもって、関わってほしいと願っている。こうした点でも、現在の勤務校で

できることはまだたくさんあるため、変革していきたいと熱く語る。

　今後は、自身が生徒であった当時の担当教員の「アップグレードバージョン」になりたいと話す。その先生は英語も話せたが、内面的な部分は日本人で、外国人とは違うと感じていた。ロマス先生は言語も話せ、外国人生徒の気持ちもわかるという強みを活かしていきたいと述べる。今後は、専門的に日本語を教えられるよう、資格取得を目指しているそうだ。旧式の日本語の教授法を変えていきたいと展望を語ってくれた。

　さらに、外国人生徒が何の問題もなく日本で暮らせるよう、大阪全体、日本全体を変えたいという思いも抱いている。現在の日本は、外国人を受け入れる準備が何もできていない中、「来てや」と言っているように思う。日本の実情を知らない外国人は仕事があると思って来日するも、結局、外国人ばかりが頑張らざるをえない状況に憤りを感じている。ロマス先生の力だけで、日本社会の大きな制度や情勢を変えることは難しいので、研究やボランティアなども頑張ってほしいと思っている。

（2）ハン先生
アルバイトをしながら高校入学のために奔走した17歳

　ハン先生は母親が来日した1年後の2005年、17歳のときに日本に来た。来日してすぐ高校に編入できると思っていたが、知り合いに「日本語ができないとどこにも入れない」と言われ、アルバイトをして過ごした。この時期は、日本語ができずに笑われたり、「お金を稼ぐためにきたんでしょ」と心無いことを言われたり、中国人ということでつらいめにあったという。病気の父と、介護する母の間で、生活はとてもしんどかった。その中で、どうしても学校に行きたいという思いを持ち続け、自分で区役所に足を運び枠校のことを聞き、ある先生を紹介してもらった。その先生は、現在一緒に働くネイティブ教員である。

ルーツに自信を持てるようになった高校生活

　高校生のときは、日本語が1番大変だった。3年間、日本人と関わることはあまりなく、中国ルーツの仲間とずっと一緒に過ごしていた。高校生の時代は、高校内にも、外国人に対する差別とはいわないまでも、悪いイメージ、マイナスのイメージを持たれているように感じていた。そのため、中国人の生徒は、「私たちはいっしょに遊ぼう、一緒に行動しよう、私たちは絶対団結しないといけない。でないと

いじめられる」というイメージがあったそうだ。

　一方、高校生活で楽しかったことは、初めて自分自身が認められる実感を持てたことである。外国人ということで差別を受けてきたものの、高校では大きな舞台で中国の文化を発表する機会が設けられるなど、中国の文化が大切にされていると感じた。「中国にルーツがあることは悪いことではない」と初めて感じられ、自分のルーツに自信を持てるようになった。

　高校のときは、勉強を頑張った。日本語検定や漢検、英検、TOEICなど、たくさんの資格を取得した。多文化研究部と勉強とアルバイト、どれにも全力を注いだ時期だった。

　高校2年生まで就職することを考えていたが、先生に大学進学を勧められ、学費が安く、中国文化と日本文化を学べる大学へ進学した。中学生の頃から英語の先生にあこがれていたので、教員免許も取得した。

企業就職を経て、学校教員へ

　最初は出会った先生たちのようになりたいという思いがあったものの、一度企業で働いたほうがいいとアドバイスを受け、ハン先生自身も企業で働いてみたいという思いを持っていたため、企業就職することにした。しかし、希望していた海外事業部で働けるのが何年後になるか見通しが持てないでいた頃に、母校から「講師にならないか」と打診されたことをきっかけに、転職を決意した。講師をしながら教員採用試験に向けての勉強に励み、見事合格。現在は正規の教員である。

　ただ、教員になるまでのハードルは高かった。教員採用試験の合格も容易ではなかった。講師をしながらの試験の準備は、覚えるべき事項も多く、しかも全部日本語で、母語ではない言語で勉強するのは大変だった。

　また、希望する教科担当として勤務できる学校の少なさも難しさの1つであった。外国籍教員を言語教科の担当として受け入れる自治体は多くなく、ネイティブ教員になりたくても働くところがないという点で、ハードルが高かった。講師時代の勤務校では、外国人生徒と関わる機会もチャンスもなかった。限られた学校しかない中で、理想とする働き方を実現するのは容易ではなかった。

日本人教師－外国人教師、日本人生徒－外国人生徒と分けないこと

　現在は、教員として外国人生徒の支援をしたいという思いを実現している。一方、

ネイティブ教員として外国人生徒を指導するだけでなく、むしろ日本人生徒を指導する必要があることも実感している。「中国人や外国人だけ、ルーツ生だけ面倒をみる先生という役割じゃなく普通の先生」と語るハン先生は、日本人の先生との連携も欠かさない。たとえば、授業を担当する先生と外国人生徒に関して、「今日誰がどうやった」とか、「最近はあんまり来てないから心配してる」という話をする。「どこの国から来た生徒ではなく、一人の生徒として接することが公立高校の特徴」と述べる。

　実際に、「外国人生徒」であることのみを強調するのではなく、「みんなと一緒に成長する」ことを意識して取り組んでいる。自分の言語を習得し、自分の文化やルーツを誇りに思いつつ日本社会にとけこむ、日本社会になじめるように外国人生徒が日本人生徒とコミュニケーションを図るような働きかけもしている。

　その結果、ハン先生のクラスでは、外国人生徒－日本人生徒と分かれることはあまりなく、互いに助け合っているという。日本人生徒が、日本語がわからない外国人生徒に教える様子もある。「生徒に対して『外国人生徒だからもっと多文化の活動に参加しなさい』と、あえてラベルをはることによって、『自分はちょっと特別や、ルーツ生や』と思うかもしれない。『自分にルーツがある、だからルーツ生だけと行動する』という思いがなければ、みんな一緒に小学校や中学校のように、みんな一緒に遊ぶことができる。外国人生徒に対する支援はもちろん重要だが、あまりにラベルを意識させることの帰結も考える必要がある」とハン先生は語る。

跡継ぎの誕生を目指して

　「生徒と一緒に成長できる先生、自分のことより生徒のことを優先し、熱意をもって生徒を育てられる先生になりたい。高校で人生が変わったため、自分も高校生の力になりたい」「勉強することで人生が変わる経験をしたため、勉強の重要性を生徒にも伝えていきたい」という思いを持っている。

　ただ、枠校にそれぞれ1名ずつ配置されているハン先生のような外国籍教員の大半は定年が近く、いかに後継されていくかが気になっている。現在一緒に働く元担当教員は、ハン先生に対し「跡継ぎ、弟子ができてよかった」というが、ほかの学校では同じような先生が誕生するのか、もしくはネイティブの授業は全部非常勤の先生に任せることになるのか、常勤の先生を雇えるのか。教員を志望する外国人生徒の数は減少しており、大企業で働きたい生徒が多い。先生になりたい生徒は、ハ

ン先生が教える生徒の中には今のところは一人しかいない。「なんで先生になったんですか、給料安いのに」と言われるほど、先生はたいへんで給料が安いというイメージが持たれているという。

　ハン先生自身も、外国籍教員は外国人生徒・日本人生徒への支援においてとても重要な役割を担っていると考えている。大阪府はそうしたことに理解があり、支援体制が整備されているので、今後も維持してほしいと切に願いながら日々の指導に励んでいる。

［棚田洋平・石川朝子・今井貴代子・櫻木晴日］

第9章　枠校と大学進学・就職
——枠校卒業生の母語とアイデンティティに注目して

1．枠校出身者の母語とアイデンティティ

　第8章では、枠校卒業生の生活史が示されていた。本章では、枠校における経験が、卒業後の進路選択にどのようにつながっているのかを分析していく。

　日本の学校に通う外国人生徒の大学進学に関しては、アメリカ合衆国における移民第二世代の適応過程（エスニック・アイデンティティの形成）と学業・地位達成に関する議論（ポルテス・ルンバウト2014）を援用した研究が行われてきた。例えば、在日フィリピン系ニューカマー第二世代を対象とした額賀・三浦（2017）は、対象者のエスニック・アイデンティティを「ホスト国志向型」（メリトクラシー型と反／非社会型）、「出身国志向型」「ハイブリッド型」に分け、学業達成との関係性を論じている。額賀・三浦（2017）の調査協力者の場合、「メリトクラシー型」（ホスト国志向型）と「ハイブリッド型」の学業達成が高く、「反／非社会型」（ホスト国志向型）と「出身国志向型」の学業達成が低かったと指摘されている。

　一方、本書の第2部で示されているように、枠校では母語教育が実施され、授業やクラブ活動を通して、生徒が自身のルーツに対して肯定的な感情を抱くことのできる指導が行われてきた。本調査では、多くの枠校卒業生が、自身は「○○［出身国名］人である」と断言する出身国を志向する語りをしていた。しかし、額賀・三浦（2017）の調査結果とは異なり、そのことが学業達成の低さにつながっているわけではなく、多くの卒業生が大学・専門学校等への進学を果たしている（第10章参照）。

　枠校では、生徒の母語とアイデンティティを保障する取り組み（石川・大倉2008）が実施されてきたことから、本章では、枠校卒業生の「母語」と「アイデンティティ」に関する語りを分析することを通して、インタビュー調査を実施した40名の卒業生の多様な進路選択について考察していく。

2.　母語に関する語り

　枠校卒業生の進路形成において母語はどのような役割を果たしてきたのだろうか。語りの分析に入る前に、母語の定義を確かめておきたい。Skutnabb-Kangas（1984）によると、母語の定義には①出自、②能力、③機能、④態度（a. 内的な同一化、b. 外的な同一化）という基準があり、それぞれの基準に従って①最初に学習する言語、②最もよく知っている言語、③最もよく使用する言語、④（a）自分が母語話者だと考えている言語、（b）他者から母語話者だと思われている言語、と定義される[(1)]。本節では、（1）高校卒業時の進路選択における母語と（2）枠校卒業後の大学生活や職場における母語に分けて、その活用の仕方を分析していく。

（1）高校卒業時の進路選択における母語の活用

　まず、インタビュー対象者の中で最も多かった国際系や外国語系の学部を選んだ枠校卒業生が、どのような進路指導のもとで進学・就職しているのか、その際、母語はどのような意味を持っていたのかを分析する。

　第8章で生活史を示した卒業生の中でも、C8、C10、F9、V1は国際系・外国語系の学部を選択していた。外国語系を選択した理由として、C8（中国、女性、25歳、小6編入、大学進学、AO入試、私立／外国語系）[(2)]は「中国語を思い出したい」と考えたからだと述べていた。小学6年生の時に来日したC8には中国語を忘れかけているという自覚があった。枠校における母語教育は生徒のルーツに応じて設定されることから、C8の「出自」を基準とした言語ないしは「外的な同一化」を基準とした「他者から母語話者だと思われている言語」の教育として始まっていたと言える。その後、高校2年生の時に進路についてネイティブ教員に相談に乗ってもらったことで、自分の財産である中国語をこのまま捨てていいのかと考え、AO入試で外国語学部を受験して、中国語を学ぶことにした。

　C8はインタビューの中で、他の中学校に進学した中国ルーツの友人は「中国語をしゃべっている自分を恥ずかしい」と思うようになっていたが、C8が進学した中学校や高校（枠校）には同じルーツの生徒が多く、中国語を話すことに恥ずかしさを感じることはなかったと述べていた。高校での母語の授業が中国語の上達に大きな影響を与えたという感覚はあまりないが、もし枠校に入らなければ、「中国語は完全に捨てていた」だろうと考えている。C8は大学進学後、中国への留学経験

を経て、中国との取引がある企業に就職し、日常的に中国語を使用するようになった。滞日年数が長くなり、使用頻度が低くなると、ルーツの言語は学び直す対象になる。その場合、大学進学や留学先の決定に際して、周囲からの「母語」を学んでほしいという期待と本人が学びたいことの相違からコンフリクトが生じることもある（太田2021）。高校生や大学生の時点で生徒が母語を学ぶかどうかはその生徒の自由であるが、そもそも母語を学ぶという選択肢を手にするためには、ルーツや母語を大切にしようとする姿勢が示されている環境に出会えることが重要になると言える。

　このように自身の母語の能力を向上させるために大学に進学した卒業生がいる一方で、すでに高度な母語の能力を有していた生徒の中にも、枠校の教員と相談した上で、自身のルーツを活かすという側面から進学先を選んだ例が多い。C10（中国、男性、23歳、中3編入、大学進学、推薦入試、私立／国際系）はネイティブ教員との相談を通して「自分は外国人であり、国際的な文化に接することができる。グローバルな人間になるためにいろんなことを知っておいた方がいい」と考え、受験校として国際系の学部を選んだ。C10は国際系の学部を卒業後、中国と関わる輸入代行会社で働いている。

　枠校には大学進学の際の面接等でアピールできる材料を用意するために、日本語能力試験の勉強に加えて、外国語能力を示すための英語検定や中国語検定を受験する生徒も多い。C10は高校入学直後に資格試験の受験や部活動での経験などが大学進学のために必要だということを枠校の教員から聞いていたという。

　樋口・稲葉（2018）は、受験学力が重視される一般入試では移民第二世代は大学に入ることができず、AO入試や推薦入試を利用した「間隙を縫う」進路選択をすることで、大学進学への道を切り開いていると指摘している。枠校の進路支援もその例外ではなく、私立中堅大学への進学が多い（第10章参照）。枠校では、本人の母語を資源として活用できるように長期的な支援が行われていることがうかがえる。

　ここまで大学進学をした卒業生の例を見たが、本調査で対象とした事例の限りでいえば、高校卒業時点で就職した場合には、職場や雇用身分の不安定さもあり、母語を仕事の中で活かすことは難しく、選びようのない仕事に就くという状況にある。例えば、C22（中国、男性、20歳、中2編入、就職、高校斡旋）は、高校の進路担当教員から3つほど就職先の紹介を受け、その中の従業員数13人ほどの金属塗装の会社に就職した。しかし実際に働いてみると「ブラック」であることがわかり、半年

ほどで会社を辞めた。現在は、退職後、アルバイトをしていた時期に知り合った中国人から紹介を受けた観光業の仕事を続けている。枠校の教員へのインタビューでは高校卒業時に就職する場合、「外国人生徒が勤められる仕事は必ずしも多くない。むしろ就職先探しは困難」といった語りがあった。

（2）枠校卒業後の生活における母語の活用

　大学・専門学校等に進学した枠校卒業生の語りには、同じルーツの人と関わる機会が減少し、日本語の使用が増えるという傾向が見られる。その一方、アルバイト先などの学校外の活動では母語を活用した職に就いている枠校卒業生もいた。

　薬局でアルバイトをしている大学生のC3（中国、女性、19歳、中3編入、大学進学、推薦入試、私立／外国語系）は、大学では自分と同じルーツの人がいないために、中国語は使用しないが、アルバイト先では日本語と中国語の両方を使用している。普段は日本語で接客しているが、外国人旅行者が訪問すると中国語で接客しているという。インタビューでは、折に触れて、言語や振る舞いを変化させる様子が語られていた。

　大学を卒業後に就職する場合は、一般の大学生と同様、就職活動のためのサポートが大学からあり、就職先の選択肢も広がっている。中国への留学を経験したC5（中国、男性、23歳、中3編入、大学進学、推薦入試、私立／経済系）やC8、国際系の学部で学んだC10は母語の能力を活かすことのできる企業に就職した。

　枠校の教員へのインタビューでは、枠校設置の初期においては卒業生が少なく、卒業後は母国と日本の「架け橋」になってほしいといった漠然とした人材像しか描けなかったが、現在ではさまざまな形で活躍している卒業生が現実的なモデルとして存在し、漠然としていたイメージが具体化されていると指摘されていた。自身が母国と日本を行き来するのではなく、「自分と同じように日本にいる人たちをサポートする人になりたい」と語る卒業生もいる。第8章に示した教員になった枠校卒業生の他にも、国際交流協会やボランティア教室との関わりを述べる卒業生も複数いた。C7（中国、男性、21歳、ダイレクト、大学進学、一般入試、私立／理工系）は、来日した当初通っていた外国にルーツを持つ子ども向けの教室に恩返しとしてボランティアに行っている。

　ここまで母語を活用した進路形成に注目してきたが、母語以外の能力を活かした専門職をめざす「手に職型」（今井2008）の語りもあった。B1（ブラジル、男性、24

歳、中3編入、専門学校進学、一般入試、整備士専門学校）は日本の自動車整備工場で
働いている。仕事をしたり、遊んだりする時には、ブラジル人の友人と一緒に行動
することが多いが、技術関係の仕事であるため、仕事を進める上ではポルトガル語
を活用する機会はない。

　さらに、大学・専門学校等を卒業し、専門知識を活かすことのできる職場に就職
しても、問題が生じることがある。日本と中国の「架け橋」となり得る仕事に就い
たが、会社の規模が小さいこと（C5）、ベンチャー企業であるため残業が多いこと
（C8）、プレッシャーが大きいこと（C10）を理由に転職を考えている枠校卒業生も
いる。また、C14（中国、女性、23歳、大学進学、推薦入試、私立／教育系）は、高校
で日本語能力試験1級を取得していた。大学卒業後は、学んだことを活かそうと保
育士になったが、自分の思いが伝わらないことがあるという。日本語に自信が持て
ず、職場では「言葉とか日本人と比べたら、足りていないところがあることを知っ
てほしい」と感じると述べていた。

　高校卒業後に就職した場合、大学卒業後に就職をした卒業生と比べると、専門性
を活かせる職種に就く卒業生が少ない。就職しても、就職先での業務の理不尽な厳
しさや、人間関係の問題により、転職を経験している事例や、非正規の身分から正
規の職を得るために転職を希望する例もあった。F1（フィリピン、女性、25歳、中1
編入、就職、自己開拓）は、言語能力を発揮できる職場で働いているが、仕事量の
負担や人間関係の問題、文化的価値観の違いが障壁となっていると述べる。母語・
日本語の能力や大学・専門学校等で学んだ専門知識を発揮することができたのは、
それらを活用できる環境に身を置くことができた卒業生であった。このような環境
は個人で作り出せるわけではなく、他者との関係に応じて、活用できる資源は変化
する。そこで、次節では、高校卒業以降、他者とどのような関係を築き、その過程
でどのようなアイデンティティを形成してきたのかを分析する。

3.　アイデンティティに関する語り

　本節では、本調査で実施したエスニック・アイデンティティに関する質問への回
答の傾向を示した上で、卒業後の生活におけるアイデンティティの交渉に関する語
りを示す。ここからは、上野（2005）で示されているアイデンティティの定義をも
とに議論を始めていく。

　　アイデンティティは動詞のアイデンティファイidentify（同一化する）とその
　　名詞化であるアイデンティフィケーションidentification（同一化すること、同
　　定すること）からきている。アイデンティフィケーションとは、あるものを他
　　のものと「同じ」であると同定すること（同じであることsameness）、現在ある
　　ものが、過去に知っているものと同じであること（連続していることcontinuity）
　　を指す。
　　　　　　　　　　　　　　　　　　　　　　　　　　　　　　　（上野2005）

　この定義にもとづけば、ある人のアイデンティティを分析するためには、ある人
がどのような存在と「同じ」であると考えているか、また、それは変化しているの
かに注目することになる。
　本調査でエスニック・アイデンティティに関する質問を行ったところ、40名の
うち、「母国」との繋がりを強調する枠校卒業生が半数以上を占めており、ルーツ
に対して肯定的な態度を持ち続けている卒業生が多いことがわかる。次いで、フレ
キシブルに自分の立場を「使い分ける」という語りや「日本人」であるという語り
があった。母国を志向する語りとして典型的なのは、第2節で示したC10である。
ここでは、場面によって使い分けると述べるC7、自分は「日本人」だと述べてい
たC19とF10、さらに、国籍にとらわれずに個人を見てほしいと述べるC1の語り
を紹介する。
　C7は、円滑な生活を送るために、複数の名前や、中国の方言や日本語を場によ
って使い分け、中国人あるいは日本人として状況に応じて振る舞っている。しかし、
それは好ましいものとしてだけではなく、仕方がない行動として現れる。アルバイ
ト先では、中国人としての自分を抑え、日本語の名前などを通して、自分を日本社
会に適応できる「日本人」だと証明するかのように振る舞う場合もある。
　F10（フィリピン、女性、26歳、中1編入、アルバイトを経て大学進学、一般入試、私
立／社会福祉）は日本のパスポートを持っており、日本語を話し、日本的な感覚も
強い。自分のことは「日本人」だと考えているにもかかわらず、外国人として処遇
されることが多いことは納得がいかない。現在、福祉関係の仕事をしているが、
「外国人だからできない」と見なされることがしばしばあるという。自分のスキル
の低さに関してではなく、外国人であるからという理由でそう見なされることに怒
りを感じるが、仕事のスキルを向上させることで見返したいと考えている。
　C19（中国、男性、19歳、中3編入、専門学校進学、美容専門学校）は「自分のアイ

デンティティは、日々の生活や将来を考えると、日本人だと感じ始めている」と述べる。C19は中学校2年生の終わりに来日し、現在も2年に1度は中国に里帰りをするが、専門学校に進学して以降の友人は日本人ばかりである。日本の生活に馴染んでおり、日本人らしくなってきたと考えている。しかし、名前を言うと必ず外国人扱いされてしまうため、自分のアイデンティティについて悩むことがある。

　C1（中国、女性、22歳、中2編入、短大進学、推薦入試、情報工学系）は国籍は中国だが、中国人だという考え方は全くないという。滞在期間も中国と日本が半々になった。日本の教育を受けてきて、日本人の友人が多く、生活も働き方も日本的になっている。しかし、日本人とは違う部分が自分の中にあるので、「私は私」で「個人」だと考えている。「何人なのか？」を問われると、高校生の時は「中国人」、大学の時は「中国生まれ大阪育ち」、入社1年目は「中国人」と答えていた。今は自分のできることが国籍によって判断されるのが嫌なので「私は私、個人」ということを伝えている。

　C7とF10は職場において「外国人」であることが原因で不利な立場に置かれる経験をしている。上述のアイデンティティの定義に沿って考えれば、生活の中で関わる「日本人」による言動の中で自身が「外国人」として扱われ、それがネガティブな意味合いを帯びていた時、C7は、自分が「外国人」もしくは「中国人」ではなく、「日本人」と「同じ」存在であると見なされるように行動していた。また、C19は自分が「日本人」と同じ存在であると考えていても、周囲の人は「日本人」とは異なる対応をするため、葛藤を抱いている。C1は「外国人」と見なされることを回避するために、アイデンティティの基準として、国家ではなく、「私」という個人を示していた[3]。

　別の見方をすれば、C1の語る、高校生の時の「中国人」から、大学生の時の「中国生まれ大阪育ち」へというアイデンティティの変化は、C1が大阪において居場所を見いだしている証だと考えることもできるだろう。また、もしC1が枠校以外の高校に通い、枠校での指導を受けていなかったら、高校生の時点で「中国人」というアイデンティティは抱いていなかった可能性もある。枠校入学前の小中学校で差別的な経験した場合、枠校での生活を経験していなければ、日本社会の中では、自分のルーツが受け入れられていると感じる場所を見つけられないこともあり得るからである。

　多くの枠校卒業生が「母国」を志向するアイデンティティを示す一方、ここまで

示したように、枠校卒業後の生活において差別的な扱いを受けたことで、アイデンティティの変化を経験している卒業生もいた。他の語りを参照すると、第 6 章で紹介されている中国ルーツの卒業生は、枠校での経験があるからこそ、むしろ卒業後は日本社会で頑張っていけると述べていた。学校によっては、卒業生のネットワークづくりを通して、学校に相談に来る卒業生がいれば話を聞き、身近な場所で助けを求められるよう、国際交流協会等の外部の機関に接続するといった支援を行っている。枠校は自分のルーツを隠さなくてもよい場所になっており、さらに、卒業生が日本での生活に立ち向かう際にも基盤になっていることがうかがえる。

4.　枠校が支える進路形成

　本章では、枠校の進路指導や枠校卒業生にとっての母語の意味づけ、そして、卒業生のアイデンティティに関する語りを整理した。アイデンティティはどのような状況で誰と対峙するかによって常に変化を続けるが、それぞれの状況に応じて、母語や日本語、専門知識といった資源を活用して卒業後の生活を切り拓いていた。

　枠校卒業生の多くは、来日当初、小学校や中学校では日本語がわからない状態で学校生活を送っていたが、枠校進学後は日本語が理解できるようになるだけでなく、同じルーツの生徒や母語教員の存在によって母語を使用したコミュニケーションが可能になる。枠校においては、自己肯定感を高めることができたとしても、枠校卒業後は同じような環境にいられるわけではない。だからと言って、枠校での経験が卒業後の生活において無意味になるということでもない。

　卒業生の進路は多岐にわたっているが、母語が尊重され、ルーツを隠す必要のなかった枠校での経験は卒業後の生活を支えていると考えられる。枠校における支援から得られたルーツへの誇りやそこで構築された関係性は、次のステップへと邁進しようとする彼ら彼女らの原動力になっていると言えるだろう。

［林貴哉・王一瓊］

▼注
　　(1)　Skutnabb-Kangas（1984）は、複数の母語の基準を示すことで、ある人の母語は生涯を通じて何度も変化し得ることを指摘している。
　　(2)　仮名に続く括弧内には、高校卒業時に就職した卒業生は、ルーツ、性別、インタビュー当時の年齢、日本での学校経験、高校卒業時進路、就職の方法を、高校卒業時に進学した卒業生は、ルーツ、性別、インタビュー当時の年齢、日本での学校経験、高校卒

業時進路、進学時の入試方法、進学先を記載している。

(3) 「日本人」／「外国人」の二分法に引き裂かれ、その間に存在することを許されない「ハーフ」の存在を指摘する下地（2018）や、「華僑」として中国大陸出身者と同一視して語られがちな台湾出身第二世代のアイデンティティを詳細に記述した岡野（2022）を参照すると、アイデンティティに関してはより詳細な議論が必要であるが、よりミクロな分析は今後の課題とする。

第10章　枠校における進路指導と大学進学

1．外国人生徒と大学進学

　外国人生徒にとって高等教育への進学は、高校進学以上に「自己努力」が求められる現状にある。大学において留学生の受け入れは推し進められている一方で、日本の学校から進学する外国人生徒に対する制度的な支援はほとんど講じられていない。宇都宮大学国際学部をはじめ、外国人生徒を受け入れる「特別枠」を設定している大学はあるが、全国的には少数である。そればかりか、ビザの関係から一般的な奨学金を受給できず、アルバイトができないといった課題もある。

　高校までの進学は子どもの教育権の範疇として捉えられ、進路保障の議論の対象となりうるが、大学をはじめとする高等教育までをその範疇に入れるかについて議論が分かれる。それでも、親世代の社会的な厳しさを乗り越え、ライフチャンスを拡大するために、大学進学は日本社会におけるひとつの分岐点に位置づけることはできるだろう。

　外国人生徒の高校から高等教育への進学研究は端緒についたばかりであるが、基本的には中・低偏差値帯の私立大学へのAO入試が一般的であり、学費負担は大きい。さりとて、日本の就労環境をみれば大学に進学しなければ安定的な雇用が得にくい。

　外国人生徒を高等教育へというスローガンは、議論含みながらも今後必要な観点である。さて本章では、枠校の外国人生徒の進路形成について紹介する。枠校の生徒とは、小学校4年生以降に来日した「外国人生徒」であり、なかには「ダイレクト」と呼ばれる日本の学校を経由せずに入学する生徒も受け入れている。個々の事例を概観したとき、経済的な厳しさや不安定な在留資格など、構造的な制約も散見される。したがって、本章の課題とは、海外から日本にやってきた外国人生徒が「手厚い教育的支援」を受けたとき、いかなる教育達成・地位達成を果たすのか、ということになる。

2.　どのような進路指導がおこなわれているのか

　枠校で学んだ生徒は、どのような進路を選択しているのだろうか。結論を先取り
していえば、約50％の生徒が4年制大学に進学する。これは日本の高校生の進学率
に迫るものである。では、いかなる進路指導がおこなわれているのか。まずは本書
で把握した進路指導の様相について整理しておきたい。

　枠校の進路指導は入学直後からはじまる。学校ごとにその内容には多少の違いは
あるが、概ね外国人支援担当教員と進路指導担当教員とが協力して外国人生徒のキ
ャリアプランをたてる。それらはいずれもオーダーメイドの様相である。家族の生
活状況について家庭訪問や聞き取りをおこない、大学や専門学校進学に際して必要
となる経済的な情報を提供する。現在の学力や日本語能力を把握し、3年後の進路
を想定しカリキュラムを構成する。進学希望の生徒には積極的にオープンキャンパ
スに参加させ、外国人生徒支援担当教員が引率することもある。

　大学進学にあたってはAO入試、推薦入試、外国人特別入試の活用、センター試
験の外国語で中国語を選択するなど「外国人生徒としての強みを出す」といった方
法がとられる。また、AO入試等による受験に向けては、在学中にアピール材料の
獲得が促されている。

　その代表例が、日本語能力試験や英語検定試験などの語学検定の受験である。こ
れらは推薦書や面接等の際の自己アピールに活用できるだけではなく、大学入試に
おいて加点されるというメリットもある。その他にも、地域行事や通訳ボランティ
アといった社会活動への参加が、外国人生徒によるクラブ活動の一環として実施さ
れている。枠校を含む大阪府内の外国人生徒が参集して開催する母語や日本語によ
る発表会へも積極的に参加させている。発表会では優秀発表者に「表彰状」が手渡
される。対外的に評価されたことを示すものであり、各校では学校内でそれを掲示
するなど、アピールの材料となる。

　入学直後からの進路指導は、「日本の大学像」を伝え、受験に向けた準備をすす
めるだけでなく、進学後の費用について考えておく必要があるからである。大学進
学に際して必要な費用をあらかじめ伝え、資金調達の必要性を認識させている。一
般的に大学進学時にかかる費用は入学金や施設費、授業料であるが、その他にも通
学に関わる定期代、教科書代などがある。奨学金を充当するにしても、進学前に申
請しておかなければならない奨学金も多い。そこで、奨学金や学費免除などの制度

について指導し、それらの獲得を有利にすすめるために、先に述べた資格やアピール材料の獲得を在学中にすすめる。また、外国人生徒のなかには在留資格、特に「家族滞在」の場合は、進学後に在留資格を変更しなければアルバイト等の就労時間が制限されることや、奨学金を受給できないケースもある。こうした具体的な情報を入念に伝えることが進路指導においておこなわれる。

　進路指導にあたっては、ロールモデルの存在も大きい。外国人生徒の中には、日本で進路形成を果たした者が周囲にいないというケースも少なからずある。そのため、枠校では就職・進学した「卒業生（先輩)」をゲストスピーカーとして招聘した進路相談会も開催されている。

　進路実績の積み重ねのなかで、個別の大学とのつながりもできてきている。生徒の能力や適性、経済的事情もふまえて、大学の担当者と何度もやりとりを重ねることもある。こうした進路指導は就職においても同様である。生徒や家族の在留許可の状況を把握し、本人や家族の意向と照らし合わせる。就職においても受け入れ実績のある企業だけでなく、生徒の希望に即した企業開拓もおこなわれる。企業に対する生徒の就学状況の説明はもちろんのこと、外国人を雇用する際の法制度などの説明にも対応している。

3．枠校卒業後の進学

　では進路指導の結果、枠校の卒業生はどのような進路を選択しているのか。本書では、2018年度までに卒業生を輩出した枠校の卒業後の進路について把握した。集まったデータは2003年度卒業生から、2018年度卒業生までのデータ（N=687）である。なお、本データは必ずしも全ての卒業生が含まれているわけではない。また入学者のうち高校中退者は省いている。

　枠校は中国帰国者の子どもたちの受け入れをひとつの出発点としている。そのため、卒業生の多くは中国系である。ついでフィリピン系、南米系と続き、アジア系、その他と続く（表10-1）。

表10-1　枠校卒業生の国籍別人数　　　　　　　　（学校提供資料より筆者作成）

国籍	中国	フィリピン	南米	アジア	その他	合計
人数	473（69%）	89（13%）	31（5%）	83（12%）	11（2%）	687

＊南米はブラジル籍、ペルー籍、ボリビア籍、コロンビア籍。アジアは韓国籍、ベトナム籍、ネパール籍、日本国籍。それ以外をその他とした

表10-2　枠校卒業生の進路先　　　　　　　　　（学校提供資料より筆者作成）

卒業後進路	国公立	難関私大	中堅大学	その他私大	専門／短大	留学	就職	その他	合計
人数	19 (3%)	52 (8%)	170 (25%)	95 (14%)	139 (20%)	40 (6%)	165 (24%)	7 (1%)	687

4大進学者合計　336（49%）

＊浪人や家族事情による進学未定者をその他とした。

表10-3　国籍別にみた枠校卒業生の進学先　　　（学校提供資料より筆者作成）

	国公立	難関私大	中堅大学	その他私大	専門／短大	留学	就職	合計
中国	17	43	147	60	95	18	86	466
フィリピン	0	4	3	13	13	9	47	89
南米	2	1	3	2	9	2	12	31
アジア	0	4	14	19	21	8	17	83
その他	0	0	3	1	1	3	3	11
合計	19	52	170	95	139	40	165	

　こうした生徒のうち約50％が4年制大学へと進学している。そのうち、国公立大学には3％、関西圏の難関私立大学（関関同立）には8％、偏差値50近辺の中堅大学には25％、偏差値40前後の大学には14％が進学している。これに、専門学校、短大、留学進学者をあわせると、約75％が進学している。高卒後の就職率は24％で、これには家業を継ぐ、アルバイト・フリーターが含まれる（表10-2、表10-3）。

　樋口・稲葉（2018）によれば、外国人生徒の高校進学率は日本人生徒の数字に匹敵するようになり、見かけ上は大学進学率も向上してきたという。外国人生徒の大学進学率の向上に寄与しているのは、「進学できるところに進学する」といったものであり、国公立大学や難関私立大学への進学は未だ厳しい。枠校の進学方法をみたとき、一般入試での大学進学者は約25％程度で、推薦入試での大学進学者は約75％となっている（表10-4）。国公立大学や難関私大への進学率は11％で、一般入試による進学者は21％となっている。一般入試による進学者とは、向学校的で当初より進学意欲が高く、学校だけでなく家族にも支えられて進学しているケースが多い。

　進学決定に際しては、進学先を問わず共通する課題もある。それは、進学資金の

表10-4　4年制大学への進学方法　　　　　　　　　　　（学校提供資料より筆者作成）

		一般	指定校／公募推薦	AO	特別枠（中国帰国／帰国子女／留学生／特別枠等）	合計	
4年制大学への進学方法	国公立	5	1	4	9	19	6%
	難関私大	4	16	21	11	52	15%
	中堅大学	41	66	26	37	170	51%
	その他私大	22	19	39	15	95	28%
	合計	72	102	90	72	336	
		21%	30%	27%	21%		

問題、家族の支援の有無、大学受験を決めたとしても、どのような試験制度を利用するのか、その準備をいかに進めるのかということである。在留資格や日本語能力、自身やその保護者が日本の大学教育制度に馴染んでいないといった難しさもある。

　進学資金に関しても、ビザが家族滞在であると日本学生支援機構の奨学金を借りることができないなど、構造的な制約は大きい。本書の調査では、在留資格を留学生に変更することで、大学から奨学金などの支援を得たという事例もあった（すべての大学が認めているわけではない）。多くの卒業生は大学へと進学しているが、それでも中・低偏差値帯の大学進学者が多い。外国人生徒の学力に即した実態ということもできるが、そもそも枠校入学者は小学校4年生以降に日本の学校に進学した生徒らである。なかには日本の学校を経由せず枠校へ進学している生徒もいることから、単純に日本人生徒と比較することはできない。

　興味深い取り組みとして、枠校における聞き取り調査では、中・低偏差値帯の大学への進学をすすめる場合もあるという。なぜなら、難関大学に比べ中・低偏差値帯の大学のほうが学生に対する面倒見が良いといった実態があるからである。外国人生徒の進路指導担当者によれば「かつては（AO入試を利用すれば合格できてしまうので）レベルの比較的高い大学へ進学させることを止めなかったが、（外国人生徒に対するサポートがなく）大学に入学してからの生活が厳しいという実態があるため、今では、『面倒見のよい』大学に進学させることもある」「中堅、あるいは定員充足が厳しい大学は、中退者を出さないように学生指導が手厚い」「レポートの書き方だけでなく日本語の指導、生活指導までおこなう大学がある。就職指導も学生に任せない」という。

　誤解を恐れずにいえば、定員割れの危機にある大学においては、入学者数を増やすだけでなく「中退率を低く保ち」「学生を卒業・就職させる」ことが重視される。したがって外国人生徒にとっても大学進学後のサポートが「手厚くなる」。学生の進学希望にもよるが、ケースによっては目配りが行き届く「面倒見のよい」大学を薦めるといった進路指導がなされている。

4.　大学進学に向けた進路指導

　本章では、大阪府立枠校の卒業生の進路形成について検討してきた。まず、「大学に行きたい」という外国人生徒の希望に応じた指導が入学時点から試みられている。進学にあたっては、外国人生徒はAO入試や推薦入試を最大限活用して大学進学を成し遂げているが、それは「学力が十分ではない」ためにAO入試に頼っているという理由だけではない。

　高校から大学への進学とは、進学させるだけでなくその後の大学生活や大学卒業後の就職までも見通しておこなわれる。外国人生徒が母国との架け橋になることを希望したとしても、そうした仕事に就くためには、専門的技能はもちろんのこと、高い日本語力や日本社会での適切なコミュニケーション力を身につけることが必要となる。そのためには「面倒見の良い進学先」を選ぶこともある。

　なにより「ダイレクト」で日本の高校に進学した生徒にとって、3年の在学期間中に日本社会に参入する能力を十全に身につけることは困難である。一般入試では外国人生徒の能力の一側面しか評価できない。外国人生徒にとっては、AO入試こそが能力や関心を適切に判断し得る試験制度となっている。

　枠校における進路指導の本質は、枠校を卒業し、大学に入学してからの学びの保障までを念頭に進学先が選ばれていることだろう。こうした進路指導において、高校の3年間は「日本で生きていくための教育時間」として、大学の4年間は「生徒のライフチャンスの最大化」としての位置づけを有する。枠校での進路指導を通じて、外国人生徒は自らの「外国人としての強み」を高めつつ、大学の情報やカリキュラム、モデルとなる外国人に触れる。将来展望を具体化し、「外国人」への肯定感を維持したまま大学へと進学し、日本社会に参入するための専門的知識や技能を身につける。そして大学卒業時には、日本社会へとソフトランディングしていく、といった進路指導が枠校にはある。

　最後に、本章を通じて「大学教育」についての論点を指摘しておきたい。筆者は

国立大学での教員歴があり、現在は私立大学に勤務している。いずれの大学も留学生教育には手厚く、独自の奨学金や日本語教育システムを整えている。

　しかし、AO入試を含む一般入試から入学してくる学生は、便宜上「入試を突破した学生」として扱われ、サポートの対象とはならない。日本で学ぶ外国人生徒の存在は殆ど認知されていないといってよい。筆者らを含め外国人教育に携わる大学教員は、高校教育における「適格者主義」を批判してきたが、大学版「適格者主義」については今もなお不問に付されている。また、教員養成のカリキュラムにおいて、多文化教育の扱いはわずかなものとなっている。

　なお、本章では枠校卒業後の就職について触れることができなかった。就職を希望した生徒に対しても手厚い進路指導がおこなわれている。例えば、生徒や家族の在留許可の状況を把握し、本人や家族の意向調査がおこなわれる。もちろん就職時の試験対策や面接指導、就職後の通勤経路の確認やスーツや日用品の購入までアドバイスがおこなわれている。

　高校を通じての就職は、志願者が1社にしか応募できない「1人1社制」という制度によって制限されているため、就職先の選定は慎重におこなわれる。受入実績のある企業だけでなく、生徒の希望に即した企業開拓もおこなわれており、新規就職先企業に対する生徒の就学状況の説明はもちろんのこと、外国人を雇用する際の法制度（就労ビザの取得）の説明をする場合もあるという。

　また、高校での就職は主に進路指導担当者が取り組むが、外国人生徒の指導を中心的に実施している教員ではない。外国人生徒の生活実態や進路の希望などは、常に外国人生徒担当の教員らと密接に連携することで取り組まれる。こうした点も枠校の特徴の一つである。

［山本晃輔］

第**4**部
枠校のこれからを考える

第11章　「特別扱いする学校文化」の維持とその変容

1.　「特別扱いする学校文化」という論点

　各学校の雰囲気や校則、進学校と定時制学校の指導観の違い、教員・生徒関係の諸相等々、いわば校風と呼ばれてきたものを、学校研究では「学校文化」として概念化してきた。そして、外国人生徒固有のニーズへの対応を避ける「特別扱いしない学校文化（志水2008）」といった言葉で表現されてきた。生徒が抱えるニーズはあまりに多種多様である。そして質の良い教育を「平等」に提供するためには、特別なニーズに焦点化することは難しい。誰にでも同じように対応することこそが「平等」であるという理念である。

　一方で、枠校の学校文化とは、外国人生徒のニーズに即した「公正」な教育をおこなうものである。前著である『高校を生きるニューカマー』を経て、本研究チームではこれを「特別扱いする学校文化」と位置づけた。そして特別扱いする学校文化を、コンテクスト、システム、実践の3つの要素から把握しようとしてきた（序章補論）。

　まず枠校には、同和教育・人権教育、在日朝鮮人教育の実践の歴史があった。そうした学校だからこそ、枠校が設置できた。中国帰国者の集住地域であったことを背景とした外国人教育支援の取り組みなど、マイノリティ生徒を支える教職員の実践が枠設置以前から存在していた（コンテクスト）。

　そして、外国人教育を主に担当する日本人教員に加えて、ネイティブ教員が配置されている。カリキュラムの面でも、学校制度（総合選択制、総合学科、単位制）の枠組みを活用することで、日本語や母語、各教科の授業が抽出でおこなわれ、外国人生徒を対象とした選択科目が運用されてきた（システム）。

　こうした、柔軟なシステム運用のもと、日本語指導、母語保障、外国人講師を中心とする特別教室が編成されるなど、外国人生徒のための具体的な取り組みがおこなわれる（実践）。

　ところで、この「特別扱い」という言葉は、大阪の枠校の教員にとってみれば、

あまり評判の良い言葉ではなかった。曰く、枠校教員にとっては外国人生徒を「特別扱い」しているわけではないからである。外国人生徒のニーズを把握し、それに応じてカリキュラムを構築し教育実践に反映していくことは、枠校の教育において「あたりまえ」であるという。

　こうしたエートスを「大阪の文化と伝統」といえば易しである。なぜなら、ここでいう「あたりまえ」は大阪府全体で見られるかといえば、必ずしもそうではないからである。

　「特別扱いする学校文化」がコンテクストやシステムゆえに創りあげられたものであることは、枠校の外国人支援を文字通り特別なものとしているかもしれない。本書でもそうした観点を強調している。翻って考えれば、筆者らが強調する「特別さ」は学校のコンテクストやシステムに依存的なものではないか。であるならば、学校依存的な実践を全国で展開することは難しいのではないか。

　では、本研究チームがこだわった「コンテクスト」「システム」「実践」のうち一番重要な要素とはなにか。これらの課題を検討するために、本章では2008年調査と比較することから、時間的な経過の中でみえてきた「枠校の扇の要」を検討する。

2.　「特別扱いする学校文化」の継続調査からみえた枠校の成果

　2008年調査と比較して、枠設置校は8校へと増加した。新規に枠を設置したいずれの高校においても、日本語教育を担当できる教員を配置し、母語教育を実施、外国人生徒の居場所作りや関係づくり、外国人生徒向けの進路指導がおこなわれている。先発校のシステムが検討され、外国人教育システムのパッケージ化が試みられてきたのである。

　ここでいうシステムのパッケージ化とは、具体的には教員配置によって推し進められている。枠校に在籍した管理職や教員が、別の枠校に人事異動し外国人支援の実践を担っている。これらは学校単体ではなく、教育行政との連携抜きに達成できるものではない。

　2008年調査では、非常勤として勤務していたネイティブ教員は、特別枠の設置以降、常勤講師として雇用されるようになり、2010年以降、教員採用試験を受け、教諭（指導専任）として採用された。エスニック・マイノリティの教員が毎日学校で勤務することは、外国人生徒にとっての安心感をつくりだすことに寄与している（詳細は第2部）。なにより、ネイティブ教員は日本人生徒とって最も身近な外国人

教員であり、日本人教師にとっては日々の相談相手となる。ただし、教諭としての位置づけは、公立学校において日本人の教員と同じ立場で働くことを意味する。校内分掌を担当することも求められ、ネイティブ教員の業務は多忙化したという新しい課題もある。それでもなお、外国人生徒のための教員というのではなく、学校を支える教諭となっていったことは、枠校の教育システムを強固なものとした。

　2008年調査では、特別枠校の実践は外国人生徒担当教員が担うことが多かった。本調査では一般教員の特別枠への関わりが増加していることがみえてきた。各校では教職員研修などで外国人生徒の個々の事情を共有している。多くの学校では、入学時に外国人生徒を紹介する集会が催されるが、これは日本人生徒だけでなく、その他の教員にとっても外国人生徒の存在を周知させる機会であるという。

　多くの学校では、学校経営計画の学校像に多文化教育に関する文言が記載されるようになった。教員組織の分掌は、外国人生徒は外国人担当教員が関わるといったように縦割り組織になりがちだが、枠校では教員集団全体で外国人生徒と関わるための基盤づくりが日常のものとなっていった。

　最後に進路指導に関わる情報の蓄積とロールモデルの育成である。特別枠の高校においては、AO入試を中心とした進路指導によって生徒を進学させることに成功してきた（詳細は7章）。また、卒業生がロールモデルとなり、各校の在校生に進路指導時など要所で関わるといったことも当たり前のものとなった。さらには、枠校を卒業した生徒が教員や非常勤講師として勤務するケースもみられる。

3.「特別扱いする学校文化」の継続調査からみえた枠校の課題

　枠校の教育実践が深まるなかで、本調査では2008年には把握することができなかった枠校の課題もみえてきた。まずは枠校の運営にとって教育システムが重要なものであるということは、学校システムの変更の影響を大きく受けるということである。

　枠校のなかでも長吉高校と布施北高校は、「エンパワメントスクール」へと学校制度が変更されたことで、入学者数が定員割れから定員オーバーの状態へと至った。エンパワメントスクール制度は、義務教育段階の学習のつまずきに寄り添い、府立高校で小・中学生レベルからの学び直しができることを謳っている。多様なバックグラウンドをもつ生徒が在籍できるチャンスを拡大するものである。しかし、外国人生徒が増加していくなかで、「枠」の利用希望者も増え、枠入試の定員超過が常

態化、一般入試に回らなければならない生徒が増えている。本来ならば入学できたであろう外国人生徒が入試の壁にぶつかるようになりつつある。

　教員にとっても新たな学校の仕組み、生徒への対応など、業務が多忙になり、学校全体として外国人生徒支援に割ける資源が減少してしまう。その結果、枠校の成果である教員集団全体での関わりが細分化してしまう状況があるという。これらは教員配置の工夫など各校での対応が試みられているところである。

　次に2008年当時と比べて外国人生徒の出身地域の多様化が見られるようになった。外国人生徒の多様化の影響は、母語教育の困難さを招く。例えば中東系や少数言語を指導できる教員を探すことや、経費の工面や事務手続きも含めた調整業務が枠校にとっては大きな負担となっている（表11-1）。

　さらには、国籍だけでなく、生徒の在留資格の多様化も見られている。「技能」（調理人ほか）や「技術・人文知識・国際業務」（留学後就職など）という就労を目的としたものや「留学」「文化活動」の在留資格をもつ親に扶養される配偶者や子どもの在留資格は「家族滞在」であり、経済的に扶養者に依存していることが前提となる。家族滞在者は時間制限のある資格外活動（アルバイト）しか認められず、大学進学時に利用できる日本学生支援機構などの奨学金の対象とならない。ヤングケアラーとして家族を世話することもあれば、労働力として家族に期待されている場合もある。

　こうした生徒の多様化は、教員配置の難しさにも繋がっている。ネイティブ教員は、生徒指導はもちろんのこと、文化のちがいを「翻訳」し仲介することで、外国人生徒に安心感を与え、学校と保護者の摩擦を軽減するという役割を果たしてきた。それゆえに、ネイティブ教員の出身地域とマッチしない地域出身の生徒の関係構築には時間と手間をかける必要がある。

　以上のように、外国人生徒のニーズに即した支援のメニューは膨大であり専門的である。問題はこうした専門性に関して、多くの教員は教員採用時点で学んできたわけではなく、手探りで実践している。外国人生徒への指導は「言葉」ができれば良いというものではない。英語圏出身生徒に対して、日本人教員が英語を使うことで面談することはできるかもしれない。しかし、高校卒業後の進路や家族との関係、在留資格、アイデンティティの葛藤など、エスニックなバックグラウンドに関わる生徒のニーズをネイティブ教員であるか専門的知識がなければフォローすることは難しい。

表11-1　大阪府立高校における日本語指導が必要な生徒の言語別分布

年	中国語	ポルトガル語	スペイン語	フィリピン語	韓国朝鮮語	タイ語	ネパール語	ベトナム語	ペルシャ語	英語	その他の言語	合計人数	校数
2004年	153	8	4	5	12	3					2	187	40
2005年	200	8	10	11	8	5				3	4	249	37
2006年	162	6	7	9	7	8				1	2	202	38
2007年	158	3	11	6	16	6				3	4	207	35
2008年	147	7	13	8	19	5					9 2 1 1	211	32
2010年	167	11	29	8	21	2				1	14 3 1 1 1	259	35
2012年	174	7	37	12	15	4	4			3	8 1 1 1 1	273	33
2014年	164	4	36	6	9	5	6	1	1	1	10 1 1 2 1	249	28
2015年	167	3	37	6	9	6	12	1	1	1	9 1 1 2 2	260	30
2016年	172	2	39	6	6	9	14	2	1	1	7 2 1 1	265	38
2017年	186	3	42	2	9	10	20	1	2	1	2 1 1 1 1 1	287	44
2018年	205	5	60	8	9	13	21	2	2	2	10 4 1 2 1 1 1	351	43
2019年	204	4	80	10	11	8	29	3	3	1	7 6 3 2 1 2 1	379	44
2020年	198	6	81	10	13	16	37	6	3	1	8 10 1 1 1 1	400	43
2021年	180	5	76	16	6	19	58	10	3	5	6 8 2 1 1 1 1	369	43
2022年	182	5	64	13	6	20	66	11	1	5	8 7 2 1 1 3 1	404	46

文科省による「日本語指導が必要な児童生徒の受け入れ状況等に関する調査」より　2008年以降は偶数年調査。2015年、2017年は大阪府独自調査。2019年以降は大阪府教育委員会提供（合計数からは日本語を抜いている）。以上の資料より筆者作成。

　加えて、特別枠校は一般生徒向けに加えて外国人生徒向けのカリキュラムを編成しなければならない（第7章）。具体的には，「世界史」の授業を日本人生徒向けと外国人生徒向けに設定する。教員にとっては同じ授業科目であっても2つの授業を作り上げる必要がある。少数の理系進学希望者のために、授業を設定することはカリキュラム編成の大きな負担となる。こうした校内調整は外国人生徒担当教員だけでできることではない。管理職以下、教員集団が一致団結して取り組むことが必要不可欠の条件となっているのである。

　こうした文脈において、外国人生徒支援を主に担ってきたシニア教員の退職と世代交代が最大の課題となっている。シニア教員は外国人支援を実施する教職員集団と、他の一般教員の組織・集団とをつなぐパイプ役としての役割も担ってきた。こうした教員が退職することで、外国人生徒支援を担う教員たちからの要望などが他の教師たちに伝わりにくくなる。外国人支援のためのカリキュラムや実践は、支援のメニューを形式的に実施すればいいというものではない。実践の意義や意味を継承していくことも枠校の課題である。

　最後に、2008年以降の卒業生を対象とした後追い調査において浮かび上がってきた問題は、大学や専門学校に進学したものの、中退してしまう外国人生徒が多かったことである。また、就職したとしても初職からの離職率が高い。大学や専門学校、職場において、外国人生徒は特別扱いされるわけではない。個別の事情や適性に応じた進路指導をおこなうことは枠校の課題となっている。

4.「特別扱いする学校文化」の維持・形成

　ここまで「特別扱いする学校文化」の成果と課題をみてきた。本書では、人権教育を重視する校風や外国人生徒のニーズに向き合うことを理念として掲げていることを、枠校の学校文化の「コンテクスト」として把握してきた。そして、このコンテクストに応じて外国人生徒を受け入れるための「システム」（教員・カリキュラム）が構築され、外国人生徒への教育や支援が「実践」されるというものである。つまり、私たちは「コンテクスト」から「システム」、そして「実践」への影響関係を一方向的に捉えていた（モデルA）。

　ところが、シニア層の教員が引退したことや、団塊世代の退職の影響から相対的に採用が多くなった若手教員が増加するなど、世代交代の波をうけ、「実践」の共有・継承が難しくなるような状況もみられるようになった（モデルA'）。どれだけ

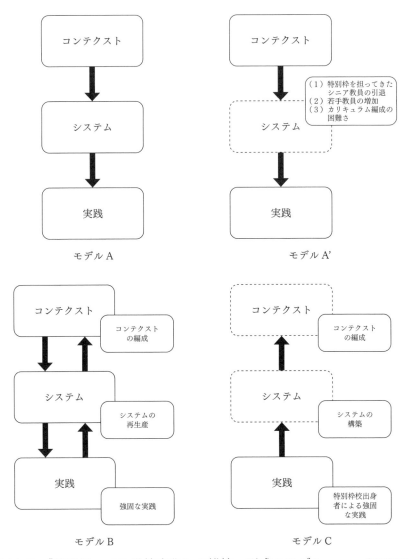

図11-2　「特別扱いする学校文化」の維持・形成のモデル　　　（筆者作成）

豊かな「コンテクスト」があったとしても、これを実際の取り組みとする教育システムや教員がいなければ、「実践」は失われる。そして「コンテクスト」が後退していくことになる。

　このように捉えるならば「特別扱いする学校文化」は、一時点の学校システムに依存的なものとなってしまう。そこで、枠校では若手教員に具体的な「実践」に携わる経験を積み上げることを通じて、若手教員が「システム」の主要な担い手となり、学校の「コンテクスト」を受容する存在として成長させる仕組みが整備されていた。強固な「実践」を通じて「システム」を維持し、「コンテクスト」を補強することで「特別扱いする学校文化」を定着させるような仕組みである（モデルB）。実際、すべての枠校において、外国人生徒の受け入れは学校の目玉、コンテクストの柱となっていった。

　では、そうしたコンテクストを有しない学校、新設校の場合はどうか。東淀川高校は人権教育の推進校というよりも進学を念頭とする普通科高校であった。普通科はタイトな授業時間割りとなっているため、総合学科のように外国人生徒向けの授業を設定することは容易ではなかった。そこで、東淀川高校では様々な実践を講じることから、システムとコンテクストを定着させようとしていた。詳細は第7章をご覧いただきたい。

　筆者にとって印象的だったことは、外国人生徒担当教員の「調整」とミクロな実践である。担当教員は他枠校から配置転換された即戦力であり、高い専門性を有している。この担当教員が外国人生徒を「抱え込まず」各学年集団、分掌単位で多数の教員を外国人支援の会議に巻き込んでいった。そこには「調整」という名の業務が莫大に生じているように見えたし、むしろ「担当教員がやればよい」といった向きさえあった。それでも「調整」を続けることで、多くの教職員が「外国人生徒向けの教育システム」に習熟していった。

　こうした「調整」はミクロな教育実践にも見受けられる。放課後に設定された日本語の学習会に、一般教員が答案の採点に入れ替わりで参加していた。専門的に日本語を教えることはできないかもしれないが、解答を見れば採点はできる。採点をすることで外国人生徒の実情がわかる。実情がわかれば、授業での工夫ができる、といった狙いである。外国人担当教員が「人手が足りないので、手伝ってください」と依頼し、「調整」することで実施されている取り組みである。こうした細かな工夫を積み重ねることで、外国人生徒を受け入れる「システム」を定着させ、東

淀川高校では外国人生徒を当たり前のように受け入れる「コンテクスト」を創りだそうとしてきた（モデルC）。

こうしたモデル化から見出される知見は、人権教育を基盤としたコンテクストのもと、特別枠という制度を整備することによって必然的に「特別扱いする学校文化」が形成され、維持されるのではないということである。

「特別扱いする学校文化」の扇の要は各校の教育システムであり、ネイティブ教員、そして管理職を含めた日本人教員である。外国人教育担当教員は、各学年だけでなく分掌単位で多数の教員を外国人支援の会議に巻き込むなどして、特別扱いする学校文化の醸成を試みてきた。外国人生徒を受け入れる学校文化形成の試みを児島（2001）が描いたように、外国人教育を担当する教員からの主体的な働きかけ（実践）が、「特別扱いする学校文化」の形成においても重要となる。

ただし扇の要として教員の重要性を強調することは、教育システムの「特別さ」が属人的な実践であることを示すことにつながりかねない。教員の重要性を強調することを通じて本書が強調したいことは、外国人教育への一致団結した取り組みの充実によって、地域的・学校的特徴を超えて手厚い外国人教育が可能ではないか、ということである。そのうえで、外国人生徒のニーズを適切に把握し、柔軟にカリキュラムを編成し、具体的な実践をおこなえる教員を配置する。こうしたことは、第2章で示されたように、個々の教員の資質だけでなく、個別の学校の実践をキャッチアップする管理職、教育行政による積極的な環境づくりと理解がなければならない。

5．特別扱いする学校文化から、あたりまえの学校文化へ

第3章で整理した「特別扱いする学校文化」、そして本章で検討した枠校の成果と課題、そして学校文化の維持と構築は「特別」とはなにかを考える材料であった。本章には、もうひとつの論点が残っている。それは外国人生徒の「扱い」についてである。

外国人生徒を特別扱いし「別のトラック」で指導することは、外国人生徒の固有の問題に対応しているとみることもできる。ところが、ネガティブに表現すれば外国人生徒を、日本人社会から「隔離」しているともいえよう。こうした観点に対して、枠校に携わる教員の多くは、外国人生徒が一般生徒と交流できるような取り組みをおこなってきた。それだけではなく、外国人生徒の固有の問題に取り組むこと

を通じて、生徒が外国人としての権利や文化を資源として活用しながら生きていくことを期待していた。

　複数の枠校を担ってきた校長によると、別トラック型の枠校の取り組みは「複数の道路」を設定するようなものであるという。一般的な高速道路を思い浮かべていただきたい。多くの子どもたちは校区内の中学校に通い入試を経て高校に進学する。誰もが希望の高校に入学できるわけではないため、「利用できる道路」には違いが存在している。枠校とは、高速道路に乗るために、日本人生徒以上の努力を求められ（＝遠回りを強いられ）、本人の部分的な能力（日本語力・学力）によって左右されてきた外国人生徒に向けての「インターチェンジ」を設定しているようなものである。

　仮に高校進学ができたとしても、日本語能力や学力によっては授業についていくことができず、苦しい思いをした外国人生徒は少なくない。そこで、枠校では一般生徒が走ることになる車線に加えて、別トラックである「登坂車線」を設置し、生徒の能力にあわせた指導をおこなうことになる。「登坂車線」が、ある時点で「普通車線」と連結するように、特別枠校の外国人生徒もまた、2年生・3年生になる頃には日本人生徒と共に机を並べることが期待されている。もちろんそれは、日本語を学ぶことに加えて、外国人生徒として母語や母文化を豊かな資源として育てながらである。

　また、枠を利用した生徒が日本人生徒を学力的に追い抜くケースもあるという。英語力を有する外国人生徒向けに、高難度の授業を設定する学校も見られた。高速道路の例えに倣うならば、「追い越し車線」を設定しているということになるだろうか。

　目的地にたどり着くための道路は複数ある。けれども、1つの道路を多くの車が都合に応じて利用するように、「公立学校」において外国人生徒を積極的に受け入れる意義もある。すなわち、外国人生徒にとって過ごしやすい空間を確保しつつも、同時に日本人教員や日本人生徒と接点を持ち続けることは、両者にとって多文化教育や共生を考える契機となっている。文字通り、誰にとっても学びがある状況が作られている。

　これは今日的にいえば、合理的な配慮であり、個別最適な教育である。さらには、「公正な教育」であると位置付けたい。これを、公立高校で実現している点に大きな意義があろう。本章で強調し続けたように、枠校では外国人教育・支援を学校全

体の取り組みとして教員システムが位置づけ、校内で多様な実践がおこなわれることから、学校のコンテクストを再生産しようとしている。その目指すところは、人権教育が標榜する誰にとっても居心地の良い空間としての学校である。

　特別扱いする学校文化に関する研究上の力点は学校文化の性質と「外国人生徒の扱い」にあった。そして継続的な調査から見えてきたのは、その「実践的」意義である。つまり、気持ちの揃った教員集団が、外国人生徒の生徒のニーズを受け止め、そしてそれが「学校文化」の変容を通じて「特別さ」を日常化していったのである。その過程において、各教員が力量をつけ、外国人生徒だけではなく、日本人生徒の学びが豊かになっていく。

　ここには「適格者」のみを受け入れるといった学校文化は見受けられない。特別扱いする学校文化とは、自らの「特別さ」を脱構築することを含み、ついには「特別」とされた事柄が日常の当たり前のものとなる営みだったのである。

［山本晃輔］

適格者主義と学校文化

米谷修

成美高校と布施北高校を体験した私にとって、内部にいるが故に意識していなかった「学校文化」を多く知ることができた。

私が「特別枠校」に異動した頃、特別枠入試でも、「定員に満ちていないけれど、不合格にできないのか。教育委員会に聞いてほしい」という意見があった。しかし府教育委員会は定員内不合格を頑として認めなかった。この姿勢が入試上の配慮や入学後の支援における大きな礎になっている（1990年度から始まった「海外から帰国した生徒の入学者選抜」において、初期の頃に定員内不合格があり問題になったことがあったと聞いたことがある）。

定員内不合格を出さない姿勢は「適格主義」教育に対するアンチテーゼと捉えている。「高等学校における日本語指導の在り方に関する検討会議」では、「公立高等学校の入学者選抜については、……「適格者主義」の考え方がとられていたが、……高等学校への進学率が高まるにつれて変遷し、平成11年の中央教育審議会答申においては、後期中等教育機関への進学希望者を後期中等教育機関全体で受け入れられるよう、適切な受験機会の提供や条件整備に努める必要がある」と述べている。しかしほぼ全国の地域で、「適格主義」に基づく定員内不合格が続けられている。入学しても、「適格主義」のもと、授業や成績面でほとんど配慮されないこともある。大阪の府立高校でも、「配慮事項」を使って入学してきた生徒に対して、ルビうちをする以外の配慮をしない学校もある。一方「特別枠校」の中には「配慮事項」を使って入学してきた生徒の日本語力や教科の学習状況を丁寧に把握し、必要と判断すれば抽出授業等の配慮を行っている学校もある。

インクルーシブ教育が進み、合理的配慮が求められる現在、「適格主義」から脱却し、誰ひとり取り残さない教育の実現が求められている。第11章で検討された「特別扱いする教育」といった言葉が研究上で使われることは理解できる。しかし、「特別枠校」では制度や教職員の意識の点で、すでに「特別」なことではなく、日常の実践であると言っても過言ではないだろう。

第12章　外国人生徒を承認する枠校の取り組み

1. 枠校の取り組みの捉え直し

　第2部を通して、どのような支援が枠校で実際に行われているのか、詳細に把握することができた。具体的に特徴的であったのは、各教科や日本語の指導が抽出による少人数のもとで丁寧に実施されていること、母語の授業がカリキュラム上保障されていること、そして校内に居場所となる教室が設置され、支援の拠点とされていることなどであった。それでは、こうした枠校の外国人生徒に対する教育的支援に関して、先行研究と照らし合わせた時、どのように解釈することができるのだろうか。

　そもそも貧困層や外国人といった所謂マイノリティの生徒に対して、教員が生徒の家庭背景や生育歴に由来する「異質性」を極力排除し、特別に配慮して支援することがない、「特別扱いしない」教員の姿が明らかにされてきた（志水・清水2001、盛満2011）。しかしながら、先行研究ではマイノリティ生徒に対して具体的にどのような対応をとることが「特別扱い」となるのか、十分に検討されてこないまま「特別扱いしない」学校文化について議論されてきたと言える。そこで本章ではまず、外国人生徒をはじめとするマイノリティ生徒が直面する課題はどのようなものであり、学校教育において重点的に支援していくことが求められていることは何なのかについて、批判的教育学などの議論を参照し検討する。そのうえで枠校の教育実践について解釈を加えていく。

2. マイノリティ支援としての再配分と承認

　ロールズの『正義論』以降、資源の公正な配分について議論が積み重ねられてきた。そこでは主に、社会的に不利な状況にある者に対して積極的に財の配分を行っていくことで、平等な状態が実現するとされてきた（平井2007）。社会的な不平等を個人の努力の問題とするのではなく、努力のそれ自体が階層構造によって規定され、結果として格差がもたらされていることから、不遇な境遇にある人により多く

の利益をもたらすことが公正な分配原理であるとされる（宮寺2012）。こうした社会的財の配分のあり方については、その後教育の領域についても議論されるようになった。学歴や社会的地位といった結果を左右する要因として、教育格差に目が向けられ、教育格差の平等を達成するために、エスニックマイノリティの学生選抜を優遇するといったアファーマティブアクションや、補習授業の必要性が説かれるようになった（保田2014）。

　しかしながら、社会的に不利な状況にある諸集団に対して、財の資源の再配分を行うだけでは、真の平等の実現にとって不十分であるという指摘がなされるようになってきた。それは例えば、抑圧状況におかれてきたマイノリティの声を取り入れることによって、教育機会の平等を目指す、参加論的解釈（ハウ1997＝大桃他2004）などである。このように近年では、マイノリティの存在を認め、その文化的価値に関わる不平等の矯正を行うような、「差異の承認」の支援を含めた平等を構築していく必要性が示唆されるようになってきている（福島2008）。

　上記のように、財や機会の配分といった側面だけでなく、マイノリティの文化的価値といった側面からも不平等を矯正していくことを目指す、承認の政治が注目されるようになった。その代表的な論者の1人であるフレイザーによると、経済的な不公正に対する治療策としては、政治的経済的な再構造化としての、所得の再配分、労働分業の再組織化などが含まれ、これらの治療策は「再配分」とされる（Fraser 1997＝2003, pp.24-25）。他方、文化的な不公正に対する治療策は、中傷されてきた集団の文化的産物の評価を高める、文化的多様性を承認し積極的に評価していくことが含まれ、これらは「承認」とされる（Fraser 1997＝2003）。

　学校教育において「再配分」で対応すべき課題としては、不平等社会を背景とする「学力保障」の問題として考えることができる（澤田2016）。また、「階級・人種・ジェンダー・障がい等に配慮することで、できる限り包摂的な学習集団を形成し、学習項目や学習課題の設定において、中産階級やマジョリティに親和的な文化のみを前提とせず、マイノリティの文化を尊重するとともに、多様な文化的背景を有する子どもたち、とりわけ社会的に不利な条件を抱える子どもたちが自己肯定感や自己効力感を育めるような手立てや支援を工夫すること」（澤田2016, p.39）が「承認」の具体的な方向性として考えられる。

　以上から、マイノリティに対して重要となる積極的な介入として、再配分に関わる支援だけでなく、承認に関わる支援についても考慮していく必要性が提示されて

きたといえる。マイノリティの生徒に対する、再配分や承認の具体例として、多文化教育が代表的な取り組みであるといえる。多文化教育は多様な集団からなる生徒への教育的平等を実現する教育改革運動であり（Banks 2009）、特にエスニックマイノリティの母語や母文化に配慮しつつ、生徒が母語で学習できる機会を保障したり、マイノリティへの偏見を軽減したりすることを目指すものである。まさに、生徒の母語や母文化に配慮し、学力保障を行っていくような取り組みは、再配分と承認の支援を両立するものであるといえる。

　こうした視点でみたとき、枠校の取り組みは多文化教育の取り組みに限りなく近いものであり、外国人生徒に対して再配分と承認の支援を両立しているといえるだろう。例えば、抽出授業や積極的な進路指導は再配分に関わる支援として捉えることができ、母語の保障や居場所の創出は外国人生徒を承認する支援であると解釈することができる。また、外国人生徒にだけでなく、日本人生徒にも外国人生徒との共生について考える機会を設けているような取り組みは、偏見の軽減にも寄与すると考えられ、外国人生徒の承認を促進しているといえる。

　枠校の卒業生の声がまとめられている第3部でも、外国人生徒が集まれる部屋があることにより、生徒同士でのつながりを強められていたことや、母語の授業によって自分のルーツに自信を持てていた記述がみられた。また、抽出授業による学力保障や、丁寧な進路相談が行われていたことにより、大学進学ができた生徒も多数いたといえる。このように、実際の卒業生の声から、枠校では再配分だけでなく、承認の支援に関しても適切に行われていたといえる。

　次に、こうした外国人生徒に対する再配分だけではなく、承認の支援の効果的、持続的な実施を可能とすることにおいて、どのような点が重要となるのか、公正の視点から検討を加えたい。

3.　効果的で持続的な支援に向けた認識の共有

　教育における公正は、平等の概念と明確に差異を有するものとして整理されてきた。テストのスコアや図書の数、教員数といった数値化できるものを等しく整備していくことを念頭におく平等とは異なり、公正は何が望ましいのかについての判断を参照する概念である（Sleeter 2007）。公正の概念は、配分について何を考慮するのか、何がフェアで望ましい配分かがどのように決められるのか、という判断を伴う社会的な資源の配分と関係している（Sleeter 2007）。公正についての議論は、日

本の教育研究においても援用されており、特に公正解釈という用語で捉えられることがある。公正解釈については、外国人児童生徒の学校・クラスへの受け入れや、学習支援などにおいて、「誰に対して、どのような資源をどのように分配するかという視点」（佐藤2011, p 58）として示されている。

　何が配分されるかという直接的な関心に加えて、公正の概念はどのようであるべきか、という価値の判断を含みこんでいる（Sleeter 2007）。つまり、マイノリティ支援にともなう公正の概念とは、単にマイノリティへの積極的な資源配分を重視する考え方であるというよりは、学習面とあわせて承認に関わる資源を、どの生徒に対してどのように配分することが望ましいと捉えているのかという、価値判断の側面に注目していくことが重要であるといえるだろう。外国人生徒をはじめとした、マイノリティへの再配分や承認についての効果的な支援は、そうした資源配分が教員にとって公正なものとして解釈された結果可能になると考えられる。

　ただし、公正については、価値判断の側面を含むため、その課題となる側面もまた指摘されている。例えば、資源配分をめぐって教員の葛藤が顕在化することに注意しなければならない（新倉2011）。金井（2012）における教員は、学習の課題が目立たなくなってきた外国人児童に対して、言語的な背景を考慮してさらなる支援を志向するのと同時に、児童自身が望んでいないなかでのさらなる支援は児童の自尊心を低下させるのではないかという懸念を併せ持っていた。このように、外国人生徒への支援に伴っては、どこまで支援を行うことが公正であるのか、といった葛藤に教員が直面することもあるといえる。

　また、上記の点に関わり、外国人生徒への支援については、何がフェアな資源の配分かという公正についての価値判断を伴うため、マイノリティに資源を配分していく認識を学校として共有していく難しさが指摘される。多文化に関わる取り組みであっても、エスニックマイノリティへのネガティブな思想の教員によってなされる場合、それは十分に効果がないものとなる（Walton& Webster 2019）。そして、全体的で多様なシステムのアプローチでなければ、多文化教育の変革の試みは成功せず、潜在的に有害なものとなる（Walton& Webster 2019）。

　何が望ましい資源配分なのか、という支援に関わる公正について解釈は、個々人の価値判断が伴う側面でもあるため、同じ学校組織内においても公正についての価値判断が個々人で異なるかたちで有されていると考えることも重要である。管理職を含めた教員間で資源配分に対する公正についての価値判断をいかに共有していけ

るのか。このことにより、外国人生徒に対する再配分や承認の効果的、持続的な支援が可能になるのだと考えられる。

4. 支援に伴う葛藤

　それでは枠校での支援に伴い、教員にどのような葛藤が生じ、公正の捉え方の共有が困難となるのかについて、枠校の教員の声を引きつつ記述する。なお、教員の語りの引用は複数の枠校の教員インタビューから行っている。

（1）抽出授業とその葛藤

　外国人生徒への再配分や承認の場として機能する、日本語や母語における抽出の授業であるが、その位置づけのために、教員の公正の捉え方に葛藤を生じさせることもある。

> 支援担当の教員：これだけ日本語をやると、理系に進学というのは難しいというのはかなり盲点なんですけど、授業で日本語・母語をとるということは、理系の進学保障というのは難しいですよという。

　上記で語られているのは、日本語や母語を抽出の授業で保障することで生じる葛藤である。選択授業などで日本語や母語の授業を履修するために、どうしても理系の授業を履修することがシステム上難しくなり、結果として大学進学や短大進学といった進路選択の幅が狭まってしまうということである。母語の授業を受講することや、日本語などの抽出授業を受けることにより、母語保障や学力保障の意義づけを実感している外国人生徒の語りは第3部でもみられた。その一方で、外国人生徒の進路選択の幅を狭めてしまっているのではなかという葛藤を感じている語りが教員から聞かれた。外国人生徒への抽出指導という資源配分をどの程度行うことが適切であるのかという、公正の考え方に葛藤が生じている。

（2）校内拠点をめぐる葛藤

　校内拠点は、外国人生徒同士が集いやすい状況をつくりだし、生徒間関係において承認される場であるといえる。ただ、下記の語りにあるように、校内拠点をめぐる葛藤もないわけではない。

　　支援担当の教員：どうしても教室になじめない生徒もいるので、居場所を確
　　　保するという意味であけているんですけど、それをうまく利用されて今は
　　　放課後や昼休みに涼しい部屋でゲームをする部屋みたいな感じになってし
　　　まっているのが現状かなという風に思います。

　上記の引用から、日本語の取得状況により、日本人生徒と関係性を築くことが難
しい生徒も一定数おり、そうした生徒にとって校内拠点としての居場所は、外国人
生徒同士の関係性において承認される重要な場となっている。その反面で、その居
心地のよさから、外国人生徒がその場に居続けることにもつながり、日本人生徒と
の関係性が広がりづらくなる要因になっているとも捉えられている。

　　支援担当の教員：日本語できる子は割と問題なくさくさくってやるんですけ
　　　ど、どうしても部屋にたまってみんなゲームしてるみたいな感じなのと（中
　　　略）うちの学校でいうと、やんちゃな学校なので、本当にやんちゃな子たち
　　　というのは群がるじゃないですか。（外国人生徒も）群がるから群れ争いみた
　　　いな感じがあるのかなみたいな。

　また上記の引用から、校内拠点に外国人生徒が依存することにより、日本人生徒
との関係において承認されていくことが難しくなるのではないか、という教員の葛
藤が読み取れる。外国人生徒にとっての居場所は、特に日本語の修得が十分ではな
い外国人生徒とっては承認される重要な拠点となる一方で、日本人生徒からの承認
にとって適切ではないかもしれない、という公正の捉え方を形成することが考えら
る。

（3）公正の捉え方共有の困難
　ここまで記述してきたように、外国人生徒支援に伴う様々な場面において、教員
には先行研究で述べられてきた、公正解釈の葛藤（佐藤2011）が生じる可能性があ
る。そうであるからこそ、下記の引用にもあるように、教員集団として公正につい
ての捉え方を共有していくことの困難が語られると考えられる。

　　支援担当の教員：やっぱり課題がいろいろある上に渡日生の課題がさらに複
　　　　雑ですよね。いうたら業務が多忙ですわね。（中略）この課題って関わらな
　　　　いと見えにくいんですよ。ウチ60人ほど常勤職員いますけど、全員が渡日
　　　　の課題見えてるかって私は正直見えてないと思います。

　支援を担う教員は外国人生徒に日々向き合うため、その課題などを把握し支援の
必要性を実感していく一方で、他の教員と外国人生徒の課題を共有することが困難
になることもある。また、他の枠校の教員から、外国人生徒以外にもしんどい生徒
が多数在籍する状況にあって、抽出に伴う成績評価の方法等をめぐり、担当教員が
他の教員の考え方との間で葛藤していることも聞かれた。
　このように、外国人生徒と関わる物理的時間や他の生徒との兼ね合いから、外国
人生徒への再配分や承認に関わる支援の積極的な実施が公正であるとする捉え方を、
教員集団として共有することが困難となることもあり得る。

5.　効果的な支援に向けた枠校の工夫

　3節では、外国人生徒に効果的で持続的な再配分と承認の支援を行っていくため
に、教員間で公正についての捉え方を共有していく重要性を述べた。前節において
それが容易ではないことを指摘したが、これに関して各校では様々な工夫が行われ
ていた。

　　調査者：外国人生徒支援の共通理解を図る機会は
　　支援担当の教員：まず4月はじめに指針があります。その教育指針は職員会議
　　　　で配って確認していただく。で、あと授業担当をしている先生方に集まっ
　　　　てもらって、その子たちがどういう背景をもってるとか、注意してほしい
　　　　ことなどの打ち合わせはあります。

　　調査者：分掌として（外国人生徒支援を担う部が）あるのが特徴。
　　支援担当の教員：はい、特徴ですね。他の高校にはない。
　　調査者：それが大きい部分がありますかね。
　　支援担当の教員：そうですね。他の枠校の話を聞いてたら、肩身の狭い思い
　　　　している人とかやっぱり（いて）、分掌じゃないから他の業務もしながらや

らないといけないというのはよく聞きますし、そう考えると分掌であることはかなりありがたいことかなとは。

　前者の枠校では、4月当初の職員会議において外国人生徒の支援方針などを共有する機会が設けられている。また後者の枠校では、外国人生徒を支援していく方針を決定していく場が、校務分掌として設けられていることが特徴的である。こうした取り組みにより、システマティックに外国人生徒支援についての方針などを共有していくことが可能となっているといえる。

6.　効果的で持続的な外国人生徒支援に向けて

　本章では、枠校の実践について、マイノリティへの支援として望まれる再配分と承認に関わる支援を積極的に取り組んでいることにおいて、意義深い先進事例として位置づけられることを確認した。マイノリティに対して、効果的で持続的な支援を実施していくために、教員間で公正についての捉え方を共有していくことが重要であり、枠校ではそのために組織的な支援体制を整えたり、職員会議の場で発信したりするなどの工夫がなされていた。

　外国人生徒を受け入れる特別枠を設置することは、確かに生徒への再配分や承認に関わる支援の実施を可能とする。ただし、枠を設置し、支援を機械的に実施することは、個々の教員の公正の捉え方に葛藤を生じさせることもある。効果的な支援を継続的に行うためには、外国人生徒への支援を中心的に担う教員だけではなく、多様な教員が支援に関わっていけるような組織体制づくりが肝要であると考えられる。

［伊藤莉央］

教育の現場から 20

「枠校」の20年とこれから

森山玲子

大阪の枠校入試は日本語力が問われず、日本語以外の言語資源（母語である場合が多い）も大切にするという理念のもとはじまりした。大阪の枠校は、「日本で生きる力」「自立する力」を養うことを目標に、「日本語学習」と「母語学習」を授業としてカリキュラムに取り入れ、さらに「つながる力」の育成にも力を入れているのが、大きな特徴です。府立外教主催の「生徒交流会」や母語や継承語による「スピーチ大会」などを通して、他校の生徒ともつながる機会があります。また、学校を超えて教職員同士がつながることができる仕組みもできています。そうした中、「自分の言葉や文化に自信を持ち、違っていることを受け入れた上で、日本社会で生きていくための言葉やつながる力を育成する」という共通の考えが枠校の教員に定着してきました。20年間、この取り組みを牽引してきたのが、中国語ネイティブの先生方です。枠校の中国語ネイティブの先生方が身を削って、ルーツ生の日本語学習だけでなく生活や家庭のサポート、そして進路指導を担ってこられたからです。

　取り組みの一番大きな成果は、卒業後、就職や進学を通じ日本や国際社会で自立し夢を実現している枠校の卒業生たちの存在です。卒業生が日本社会で自己実現していく姿は、後輩たちへのロールモデルとなっています。また、多くの卒業生は、同じルーツやルーツを超えたネットワークを形成し卒業後もつながっています。同化圧力の強い日本社会では外国人やマイノリティは攻撃の対象になったり排除され孤立したりすることもありますが、日本の中で学校という安全で安心な居場所を経験し信頼できる日本人に出会っている卒業生は、一人ぼっちにならないことの重要性がわかっているので、信頼できる周囲の方にSOSを出したり相談したりすることができます。一方、枠で入ってきた多様な生徒たちのおかげで、私たち教員や周囲の生徒は、異なる文化や価値観、生き方があることに気づくことができ、それは、日本の学校制度や社会を見直す機会となりました。

　以上のような成果もみられた20年でしたが、今、枠校は、確

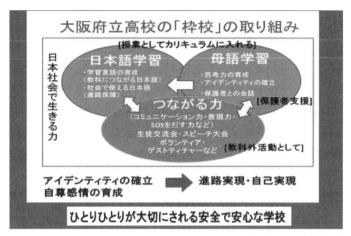

（校内資料より抜粋）

　実に新しい段階に入っています。中国語ネイティブの先生方の後継者、多文化コーディネータ等教員の世代交代、そして、渡日してくる子どもたちの背景の大きな変化により、これからは、日本語指導の方法や体制も含め、新しい取り組みと枠組みが求められています。

第13章 トランスランゲージング空間をつくる──外国人生徒が力を発揮するために

1. 資源としての生徒の母語

　日本の学校において外国人生徒を受け入れる際に大きな壁となるのが日本語だとされており、その問題への対応策として日本語教育が実施されてきた。一方で、カナダでバイリンガル教育に取り組んできたジム・カミンズは、多文化・多言語的背景を持つ子どもは「解決すべき問題」ではなく、彼ら・彼女らが家庭から学校や社会に持ち込むものを文化的資源、言語的資源、知的資源として見直すことの重要性を指摘している（カミンズ2011）。

　日本においても、近年、生徒の母語の保持・伸長を目指した研究（真嶋2019など）が蓄積されてきた。本書で繰り返し述べてきたように、大阪府立の枠校では、生徒の母語・母文化を尊重した実践が行われている。例えば、第4章では、多言語が飛び交う教室の風景を描き、第7章では、日本語と母語を組み合わせたリテラシーの教育のあり方を示した。

　本章では抽出授業において教員と外国人生徒がともにコミュニケーションを構築する様子を分析することで、外国人生徒の言語的・文化的な背景を活かした教育実践がいかに実現されているのかを明らかにしていく。本章の事例では、生徒は縦横無尽に母語と日本語を切り替え、教室ではさまざまな文化的な要素が言及されていた。このような複雑で動的な言語実践にアプローチするために有用な概念が、トランスランゲージング（Li 2011、García & Li 2014）である。

　トランスランゲージング（translanguaging）という語は、言語（language）を名詞としてではなく動詞として捉え、それを動名詞にしたランゲージング（languaging）にもとづいている。さらに、トランス（trans）という接辞が加わることで、複数の言語の境界を超えた言語実践の動的なプロセスを示している（Li 2011）。したがって、トランスランゲージングという視点に立つ場合、生徒の用いる日本語や母語といった個別の言語を抽出して分析するのではなく、複数言語の境界を超えることで実現されるやりとりに注目する。

このようなやりとりが行われる空間をLi（2011）は「トランスランゲージング空間」と呼んでいる。そこでは、利用可能な社会的資源（言語的資源を含む）を戦略的に使用することで社会的相互作用（social interaction）が成り立っている。Li（2011）はトランスランゲージングの特徴を以下のように記している。

> トランスランゲージングという行為は、本質的に変革的である。個人の歴史、経験と環境、態度、ビリーフとイデオロギー、認知能力と身体能力のさまざまな側面を1つの組織された有意義なパフォーマンスにまとめ、それを生きた経験にすることにより、多言語ユーザーのための社会空間を創造する。私はこの空間を「トランスランゲージング空間」と呼ぶ。　　　　　　　（Li 2011）

トランスランゲージング空間において外国人生徒は、「日本語の学習者」ないし「日本語の非母語話者」としてではなく、「多言語ユーザー」と見なされ、生徒が持っているさまざまな側面がまるごと評価されることとなる。このような視点は、第7章で述べた「自己実現のための日本語」の実践のような、生徒の持つ複数言語の能力をトータルに捉え、それを活用し、伸長させようとする発想と共通する。

　以下では、このようなトランスランゲージングの視点にもとづいて、多様な言語的資源及び文化的資源を活用したやりとりを分析し、生徒がいかに学びを深めているのかを考察していく。

2. 抽出授業におけるトランスランゲージング

　本節では、八尾北高校での調査から、教員と生徒がそれぞれの言語レパートリーを活かしたやり取りが観察された2つの事例を取り上げる。事例1では生徒が話し合える空間を積極的に構築する教員の様子を描き、事例2では教員が生徒の文化的背景を柔軟に受け止め、授業を活性化させていく様子を示す。

（1）日本語を母語とする教員のファシリテーターとしての役割

　事例1の世界史の抽出授業の受講生7名（C、Y、L、J、Z、W、Q）は全員中国ルーツの生徒であり、担当するのは日本語母語話者の教員である。教員T1は10年以上、抽出授業を担当しており、外国人生徒の部活動にも携わっている。6人の生徒は、中学生以降に来日しており、自らの日本語能力を日本語能力試験のN4からN3レ

ベルだと述べていた。なお、事例1ではMは生徒全員による発話を示す。

事例1：世界史の授業—インフレ

1　T1　インフレってわかるかな　ちょっと　じゃ中国語で説明してください　はい

2　C　通貨膨脹〈インフレ〉

3　T1　はい　ちょっと待って　みんな聞け　中国語でなんでインフレが起こったの
　　　を　聞いとけよ　なぜインフレが起こったかを説明してください

4　Y　快看他尽情地表演〈こいつの演技をみんなで楽しもう〉

5　T1　僕は中国語わからへんから　誰か説明してあげてくださいじゃ　じゃ　君が
　　　あれだから　先生やから　前でてきてください　前出てきて　いいから

（みんな拍手）

6　T1　みんな聞いときな　なぜ　インフレが起こるのか　はい　説明してください

7　C　那你　那就这样吧　我告诉你就是　钱多了然后就没价值了　就这么简单〈こう
　　　しよう　説明してあげよう　お金が多すぎると　価値がなくなるという意味だよ
　　　簡単だろう〉

8　M　嗯哼嗯哼嗯哼〈そうなのか〉

9　L　让我说　孩子多了　就不用珍惜了〈私に言わせたらね（インフレは）子ども
　　　が多すぎると大事にしてもらえないような感覚だ〉

10　J　国家的资源〈国家の資源（と関係するのではないか）〉

11　C　啊　我知道了　就是这样　就以前我花一块钱买一个馒头现在要花五块钱〈あ
　　　わかった　こういうことだ　私は以前は一元で一つのマントウを買えるが今は五
　　　元を使って買わなきゃ〉

12　T1　うん

13　W　没听懂〈わからない〉

14　Q　就那个意思〈確かにそういう意味だ〉

15　T1　はい　わかった？

16　Z　おすごい　すごいすごいすごい

17　T1　先生だけわかっていない？

（みんな笑う）

18　T1　先生から日本語で説明するね

（世界史の抽出授業の録音より）

　世界史の教員T1は「インフレ」という言葉を説明する際、生徒を教壇に立たせ、中国語で説明する機会を積極的に作っていた。教員はまず1行目で、「インフレを中国語で説明してください」と生徒に呼びかけた。指名された生徒Cは、2行目で中国語を使って、「通貨膨脹〈インフレ〉」と答えている。教員は3行目で中国語での説明を聞くように、生徒に向かって呼びかけている。教員の呼びかけに対して生徒Yは楽しそうに応じた。

　教員は5行目で中国語ができないから、誰か説明してほしいと述べ、先ほど質問に答えた生徒Cを指名し、前に出て説明するように促した。他の生徒から大きな拍手を受け、生徒Cは教壇に立つと照れた様子を見せながらも、母語を使って「インフレ」について説明を行った。11行目で生徒Cは「慢头〈マントウ〉」という中国人生徒にとって親しみのある食べ物を取り上げ、「インフレ」の説明を行った。この説明に対して、中国語で「わからない」（13行目）と答えている生徒や、「確かにそういう意味だ」（14行目）と納得していた生徒もいた。同級生の間で意見を積極的に出し合う様子が観察された。7行目から11行目にかけて、教員は生徒間の母語による議論を一度も遮断しなかった。

　議論をまとめるために、教員は15行目「わかった？」と声をかけ、「先生だけわかってない」（17行目）と自嘲している様子であった。教員の反応に対して、生徒は笑い出し、中国語による議論を止めた。教員は18行目から「先生から日本語で説明するね」と説明を開始した。

　なぜこのような教え方をしているかという質問に対して、世界史の教員は「僕には中国語ができないが、周りの子にはわかる。その子らは僕の言葉だけではなく、隣同士の言葉を聞いている。お互いの言葉を聞き、議論したり、考えたりするのは大事だ」と答えた。教員と生徒の間には、言語的な壁が存在し、それを解消することは大切であるが、「社会科においてより大事なのは、考える力を鍛えることだ」と指摘していた。

　また、生徒Cを指名し、他の生徒の前で説明させたことに関しては「成績悪い子でも、その子らが脚光を浴びる。自分が答えられるような機会が与えられるというのは大事だから。それは一般の（授業）でも変わらないが、（抽出授業の方が）さらにこのように気を遣わなくてはいけない。日本語ができない生徒の自尊心と関わるから」と説明していた。

　教員T1は「中国語で説明してください」と声をかけ、多言語で話し合う場を作ったり、生徒の笑いを誘ったりしながら、あえて「できない自分」を生徒に示し、日本語による授業に生徒の注目を引きつけていた。この際、生徒は自身の経験に基づいたマントウの売買を例に挙げ、自らの母語を活かしながら、「インフレ」の定義について熱い議論をしていた。言い換えると、教員T1は「教員」という社会的な役割に託された「教室での権威」を自ら弱め、「ファシリテーター」（García & Li 2014）になり、生徒の活動を促進しようとする姿勢を示していると言える。これはトランスランゲージング実践で求められる教員のあり方と共通しており、生徒の創造的な発話を促していたと言える。

（2）生徒の知識を活用したトランスランゲージング空間の創造

　事例1は同じルーツの生徒が集まる教室における、母語を活用した実践であった。事例2では、多様なルーツの生徒が共に学ぶ教室でのやりとりを分析する。

　事例2の理科の抽出授業も日本語母語話者の教員による授業であるが、受講生が全員中国ルーツの生徒だった事例1とは異なり、生徒のルーツは中国（6名）、ネパール（4名）、フィリピン（2名）、ベトナム（2名）と多様である。事例の中のT2は教員、C6は中国にルーツを持つ生徒、N1はネパールにルーツを持つ生徒、P1はフィリピンにルーツを持つ生徒、Sは言語サポーターとして参与観察を行う筆者（王）である。教員T2は教育歴が長いが、理科の抽出授業を担当したのは調査を行った年度が初めてであり、インタビューでは試行錯誤しながら教えていると語っていた。生徒の多くは中学生以降に来日しており、ダイレクトの生徒もいるため、日本語がほぼわからないと述べる生徒も少なくない。事例2で教員T2は「発酵」という言葉を導入し、説明を行っている。

事例2：理科の授業—発酵

1　T2　発酵といったら、何がある？　何がありますか？
2　C6　はっこう：老师那是啥呀〈どういう意味ですか〉
3　S　发酵〈発酵〉
4　C6　馒头 馒头〈マントウ　マントウ〉
（手を挙げながら）
5　T2　何がありますか？

6　C6　老师 馒头用日语咋说呀？〈先生　マントウって日本語で？〉

7　S　　啥？〈何？〉

8　C6　馒头〈マントウ〉

9　S　　まんじゅう？

10　C6　まんじゅう　まんじゅう

11　T2　まんじゅう：[1]

12　N1　ヨーグルト：

13　T2　なんて？

14　N1　ヨーグルト

15　T2　あ　そうだ　なるほど　ヨーグルトだね　いいね　ネパールでよく飲んでた？

16　C6　就咱家里面做的馒头〈家で作ったマントウのことだよ〉

17　N1　ネパールはヨーグルトが美味しい（笑う）

18　S　　あ　マントウ

19　C6　マントウ

20　T2　あ　マントウ　みんな　みんな　色々言ってくれたね　先生も勉強になった　先生はね　いい？　考えてきたのはコンビニとかで売っているもの　ヨーグルトも売っているけど

21　P1　パン？

22　T2　そう　パン

23　C6　面包也是 就跟咱馒头很像〈パンも同じだ　私たちのマントウと似ている〉

（理科の抽出授業の録音より）

　理科の教員は1行目で、発酵と聞いて連想するものについて質問した。中国人生徒C6は「発酵」の意味がわからず、隣にいる言語サポーターのS（筆者、王）に中国語で「どういう意味ですか」と質問した。この答えを得てからすぐに手を挙げ、4行目で「馒头〈マントウ〉」と答えた。教員はその発言の意味がわからず、5行目でも生徒の答えを求め続けた。6行目で生徒C6は馒头の日本語での言い方を小声でSに中国語で聞いた。「まんじゅう」という答えを得た生徒C6はそのまま10行目で大きな声で答えた。教員はその答えを拾い上げたが、「まんじゅう：」と語尾を伸ばして正解だとするのをためらう様子であった。

それと同時に、生徒N1は12行目で「ヨーグルト」と答えた。教員は15行目で「あ　そうだ」と少し驚き、「いいね」と評価した。さらに、ネパールで飲んでいたかを尋ねた。N1は17行目で「ネパールはヨーグルトが美味しい」と笑いながら答えた。生徒C6は16行目で家で作ったマントウのことだと中国語でSに確認を取っている。Sは9行目では「饅頭」の日本語として「まんじゅう」と答えていたが、18行目では「マントウ」とカタカナ発音をしている。生徒C6は19行目で教員に対して3回目の「饅頭」への言及を行った。教員は20行目で「みんな色々言ってくれたね。勉強になった」と生徒に声をかけ、「コンビニで売っているもの」とヒントを与えた。生徒P1は21行目で「パン」と答えた。生徒C6は23行目で「パンも同じだ　私たちのマントウと似ている」と中国語で同級生に声をかけた。中国の「饅頭」はパンと同様、発酵させて作るからである。ここで「発酵」をめぐる議論が終わった。

　事例2の教員の言い淀み（11行目）や驚いた様子（15行目）から判断すれば、生徒の答えであるヨーグルト、まんじゅう、マントウなどは、教員には想定できなかった答えであったのだろうが、教員はそれに関する議論を止めず、生徒の答えを受け止める様子であった。この時点で教員は「マントウ」が発酵の例として妥当だと理解しているかは不明であるが、20行目で示したように「勉強になった」と評価した。このような雰囲気の中で、生徒は遠慮せずに母語を使いながら、様々な回答をしていた。ネパールのヨーグルト、中国の自家製のマントウといった発言からは、生徒の経験や親しんでいる文化が、「発酵」という理科の専門用語によって引き出されていることがうかがえる。

　教員T2は次年度の授業において、「発酵」という概念を教える際に、「マントウ」を授業用のプリントに加えた。生徒の理解を深めるためである。インタビュー調査で、教員T2は「去年の発酵のところでマントウと言われたので、これは中国人にはポピュラーなんやなと思って。今2周目でわかっていくやな」と説明した。生徒の発言が、教員の実践に変化をもたらしたと言える。

　教員T2は事例1の世界史の教員T1ほどは積極的に生徒に母語を用いた説明をさせているわけではないが、生徒の発言を理解しようと努めていた。また、多様な文化的背景に由来する生徒の「声」を大切にし、生徒の母語使用を容認するだけでなく、活用し、授業での議論を活性化させていた。このようなT2の実践は、それぞれの生徒が多様な経験を共有しながら、教科学習ができるトランスランゲージング

空間となっていると考えられる。

3.　資源として母語を活用する

　本章では外国人生徒の母語の使用を「問題」としてではなく、「資源」として捉えてきた。バイリンガル教育の専門家であるRuíz（1984）は言語やその社会的な役割が、言語計画（language planning）に影響を及ぼすと述べ、「問題としての言語」「権利としての言語」「資源としての言語」という3つの側面を指摘している。

　「権利としての言語」に注目すると、枠校において外国人生徒の母語・母文化を学ぶ権利を保障するという発想は、大阪府の同和教育や在日朝鮮・韓国人教育に端を発している（新保2008）。同和教育が進展する中で「目の前の子どもの現実から出発する」と考える大阪府の教員は、民族学級・民族クラブを設置したり、本名を名乗る実践を行うなど、手探りの実践を進めてきた（中島2008）。その延長線上にあるのが大阪府の外国人教育であり、外国人生徒の「権利」としての母語教育は現在でも枠校の大きな柱となっている。母語の授業は、単位として認められる正規の科目であり、該当生徒が1人であっても開講するという方針が取られている。

　このように生徒の母語・母文化を尊重する実践が行われていることによって、枠校は生徒が学校においてルーツを隠すことなく、安心して母語を用いることができる環境となっている。その結果、本書第3部における卒業生の語りが示すように、進学や就職など、卒業後の進路において、積極的に母語を活用する生徒も存在する。この場合、「資源としての言語」という側面が学校での言語選択や進路選択に影響を及ぼしていると言える。

　さらに、本章の事例では、母語の授業だけでなく、抽出授業においても母語を「資源」として活用した実践が行われている点を示した。トランスランゲージングの議論では、日本語を学ぶことや日本語で教科学習を行うことと、母語を学ぶことは個別に進行するわけではなく、生徒がそれぞれの言語で得た知識は一つに統合されていると考える（García & Li 2014）。生徒の母語が理解できない教員の場合、授業で生徒が母語を使用した時に、授業に関係のない話をしているのではないかと不安を感じることもあるだろう。一方、枠校には「生徒の母語を知らなくても、それが私語なのか、説明しているのかは、生徒の様子を見ているとだいたいわかる」「生徒中心の授業では私語自体が学びにつながる場合も多い」と述べる教員もいる。

　García & Li（2014）が指摘するように、生徒の母語がわからない教員であっても、

生徒がすべての言語的資源を使用できるように工夫することで、対話を促し、生徒の声を育むことができる。T1 と T2 は生徒一人ひとりの言語・文化的な背景を尊重した指導を行っていた。そのような実践の中で自信を取り戻し、授業に積極的に参加するようになった生徒の様子も観察できた。

　以上、述べてきたように、枠校では日本語だけでなく、母語を含めた言語資源を獲得する場が保障されている。その背景には「目の前の子どもの現実から出発する」（中島2008）教師の姿勢があった。そして、枠校の抽出授業においても、授業に参加する生徒の言語・文化的背景に合わせた実践によって、外国人生徒が自らの言語資源を活かした学習を行うことのできる場が構築されていた。

4. トランスランゲージング空間の拡大に向けて

　本章で示した事例では、生徒は日本語を学ぶだけではなく、言語・文化的な資源を抽出授業に持ち込むことができ、活発で創造的な議論を行っていた。また、教員はこのような生徒の様子を高く評価し、授業の遂行に活用していた。このように、生徒の家庭での言語実践と学校での学びがリンクされることによって、生徒のエンパワーメントが可能になると考えられる（王2021）。

　本章では抽出授業での実践を取り上げたが、今後の課題は原学級での授業における一般生徒や教師とのコミュニケーションを分析することである。枠校で学ぶ生徒に対するインタビューでは、抽出授業では積極的に質問をすることができたが、原学級では質問ができなくなったという声もあった。この生徒は抽出授業では「変な日本語」でも勇気を出して先生に質問ができたが、自分のクラスでは話したくなくなるという。生徒の言語や文化的背景を学校での実践に統合していくトランスランゲージングの実践を、抽出授業だけでなく原学級でも広めていくことで、学校全体を、外国人生徒を受け入れることのできるトランスランゲージング空間にしていくことが、今後の学校に求められていることなのではないかと考えられる。

［王一瓊・林貴哉］

▼注
　　（1）　事例の中の「：」は直前の音が引き延ばされていることを示す。

教育の
現場から
21

抽出授業での多言語使用

「授業とても面白いんですよ」。英語の抽出授業担当の先生から先日声をかけてもらった。「レッスンのトピックに対して彼らの意見を聞くと自分自身も知らなかったこともあり非常に面白い。僕が一番学んでいるかもしれない」という。英語の授業ということもあるが、授業中に日本語、英語、そして母語が飛び交っている。同じ国の生徒は自国の意見をまとめるときには母語で話している。

これは英語の授業に限ったことではない。抽出の授業は、先生が一方的に教えるのではなく、生徒からの発言が多く活発な授業になることが多い。先生方も生徒の発言を大切にしている。そのため授業は、日本語がわからない場合に生徒間で説明しあえることを前提に組み立てる。クラス分けを考える際にも、日本語ができない生徒に誰が母語（もしくは英語）で説明できるかを、初めに考える。生徒は日本語能力だけでなく、学習背景や既存知識ももちろん異なる。母国で学んでいたことであれば、日本語ができないだけで知識はある。反対に、日本の学校に通っていなかった場合、授業によっては背景知識がなく日本語が理解できても授業が理解できないこともよくある。授業中での班分けに関しては、特に実験など抽出授業の中で小さな班に分かれて活動をする場合には重要だ。実験中はそのグループでの話し合いになるため、その班で有意義な議論ができるかを大切にしている。先生の説明を聞いて理解した人がそれを班のメンバーに伝える。自分たちの実験を成功に導くために、それぞれが持っている知識を使い、話し合うことが大切になってくるのだ。

私は高校で教える前、大学院で日本語教育について学んだ。その際、教える内容はテキスト通りではなく教える相手に合わせて変える必要があることを痛感した。だからこそ、既存の授業に固執せずに柔軟に授業展開を考え、生徒とともに作る授業にしていきたいと常々思っている。少人数の抽出授業だからこそできる授業の可能性を今後も探っていきたい。

酒井清夏

第**14**章　キャリアにつなげる足場かけ
──枠校で培われた文化的資源とネットワーク

1．進路保障とキャリア

　本章では、枠校の教育実践が卒業した生徒たちにどのように作用しているかに焦点をあてる。大阪の外国人教育は、同和教育や在日韓国・朝鮮人教育といった人権教育の流れを受け継ぎながら取り組まれてきた経緯があり（新保2008）、「進路保障は同和教育の総和である」といわれるほどに進路保障は重視される。大阪の公教育の理念を公正（equity）で説明する志水（2022）は、公正を「ニーズに合わせて、異なる支援を与えること」とし、進路保障を生徒の未来の生活をどう保障していくかまでを見据えて「すべての子どもに十分な教育機会を提供し、適切な教育達成を保障する」という入口から出口、そして卒業後までをとらえた概念だとする。

　一方、文部科学省もようやく外国人生徒の教育をキャリア[1]の観点からとらえるようになった。つまり、教育課題を年齢や分野に分けて断片的に取り扱うのではなく、一生涯というライフコースに位置付け、周囲環境との相互作用といったキャリアの視点（石川2017）で取り組むことがいかに重要であるかが認識され始めたのである。

　大阪ではキャリア教育に先立って、進路保障という名称で長年取り組まれてきたが、枠校設置から20年近くがたった今、その進路保障がどのようなものであるかを卒業した生徒の語りを通じて迫りたいというのが本章のねらいである。卒業生の高校時代に関する語りには、狭義の就職や進学といった出口指導ではなく、キャリアを通して主体的に生きることができるための「足場かけ（scaffolding）」が多く現れる。卒業後にこうした足場かけはどのような影響を与えているだろうか。足場かけを手がかりに高校からその後の進学や就職といった移行に着目し、生徒によって経験されている進路保障の輪郭を素描したい。

2．キャリアにつながる社会的な足場かけ

　第3部では、卒業生40名へのインタビューをもとに、枠校における進路指導の

あり方や生徒の進路が描かれてきた。来日経緯やそれまでの経験が重視される環境の中で、母語や母文化が資源となって生徒の進路が切り拓かれていた。それらを後押ししているものの一つに、母語や日本語の言語教育があり、第13章ではトランスランゲージングとしてまとめられている。また、社会参加が意識されたさまざまな活動や資格取得も進路を考えるために重視されていた。

　本章ではこうしたキャリアにつながる教育的働きかけを社会的な足場かけとする。足場かけは工事現場で作業員をサポートするために一時的に設置されるもの（したがって、作業が終わればなくなる）をイメージすればわかりやすいが、学習や問題解決におけるサポートに対しても使用される概念である[2]。日本社会で生きる外国人生徒の進路やキャリアにとっての適切な教育的働きかけや周囲の手助けをここでは足場かけとし、それらを通して生徒たちのキャリアが形成されていくとする。足場がなくなっても一人で課題に対処できるようになるというが、卒業生のその後はどうであろうか。

　卒業生の語りからは足場かけを2つに分類できる。よさを引き出す足場かけと社会的障壁を除去する足場かけ、もっと簡単にいえば、エンパワメントの足場かけと抵抗の足場かけである。前者は、生徒のもっているもの、たとえば母語や母文化を資源として位置付け、そのよさを引き出すというものである。後者は、生徒のもっているものやよさが社会の中で不利に位置付けられ制約となって働くことに対して、そのマイナスの影響を除去するというものである。この分類は、柏木（2021）の提示した「差異を前提に異なる処遇を重視する教育活動」の2分類を参考にしている。柏木は「あってはならない差異」と「あってもよい差異」を分ける。その上で、前者に対しては「差異を埋めるための異なる処遇」を通じた「最低限の学校生活を保障する」活動と、後者に対しては「差異を認めるための異なる処遇」を通じた「多様性を尊重する」活動の2つに分けた。

　外国人生徒はこうした「差異」をめぐる処遇や反応を日常茶飯事として経験する。第12章では、「差異」をめぐる教師の承認と再配分の教育実践において、公正のとらえ方や資源配分をめぐり葛藤が生じていることが示されていた。生徒には「差異」がエンパワメントにつながることもあれば、大きな壁としてそびえたつこともある。高校時代の2つの足場かけの諸相と、卒業後にそれらがどのように作用しているかをみていきたい。

3.　高校経験にみられる足場かけ
──よさを引き出す足場かけ、社会的障壁を除去する足場かけ

　多くの卒業生が進学にしても就職にしても、進路をどのように決めればいいか、何をすればいいか、一人ではわからなかったと語っている。そもそも何がしたいか、何ができるのかを考える余裕がない環境に置かれている人もいた。担当教員やネイティブ教員などに相談に乗ってもらう中で、道が拓かれたという語りは実に多い。よさを引き出すエンパワメントの足場かけと社会的障壁を除去する抵抗の足場かけとして、2人の事例を取り上げる。

　前者の事例としては、国際系英語学科へと進学したV1（ベトナム、女性、19歳、9歳編入）である。ベトナム人の集住地域に住み、知り合いに高校を卒業している人は少なく、地元に住むベトナム人の多くが工場で働いているという環境に育った。V1はベトナム語と日本語と英語を使って、海外から日本に来て困っている人を助ける仕事に就きたいと思っていたが、具体的な進路やキャリアに見通しがついたのは教員の働きかけがあってからである。高校2年生の時、担当教員から「めっちゃいいから、一度行ってみて」と自身の出身大学のオープンキャンパスを勧められ参加して進学のイメージが沸いた。得意な英語を活用してAO入試を受けることを勧められ、英検2級の資格取得をした。こうした教員の声かけや具体的な情報の提供などが足場かけとなり、V1自身が進路やキャリアを描けるようになっていった。特に母語や母文化など生徒のアイデンティティにつながる部分は、エンパワメントにつながる足場かけとなりやすい。外国人生徒の進路保障の取り組みの中で、こうした例は枚挙にいとまがない。

　後者の事例としては、情報技術の短大に進学し、卒業後にIT企業で働いているC1（中国、女性、22歳、14歳編入）である。進路指導の中ではじめて自身の家族滞在という在留資格の制約を知る[3]。当時、家族滞在の高校生が高校卒業後に在留資格を変更することはできず、担当教員からは就労可能な在留資格の取得につながりやすい専門性のある分野へ進学することを勧められた。また、家族滞在では日本学生支援機構の奨学金の申請資格がないため、進学後に経済的負担は大きくなる。こうした制約がある中で、何を学びたいか、どのようなキャリアを歩んでいくかを担当教員やネイティブ教員、また保護者と一緒に相談しながら決めていった。これはエンパワメントでもあるが、構造的不利に一方的に振り回されるだけではない抵抗の足場かけととらえられる。

　このように生徒のもっているものが社会の中で不利に位置付けられ、国籍や在留資格、経済的状況、また差別などが壁となり、生徒の進路を阻むことがある。こうしたことが一層の不利益にならないよう、学校では生徒や保護者との懇談や話し合いが丁寧に行われ、給付型奨学金制度や授業料の減額・免除制度といった情報、就職情報などが提供されるのである。

　便宜的に足場かけを2つに分けたが、これらは生徒の状況に応じて同時に行われているものでもある。入口だけでなく高校卒業という出口においても、キャリア形成の機会の不平等があるということである。いずれにしても、生徒一人ひとりに応じて状況や経験が違うため、足場かけは簡単に行われるものでなく、生徒と教員、保護者、支援者、また生徒同士で、日々の授業や活動、そして居場所の取り組みを通じて共同制作されているといえる。

4.　卒業後の移行を支える文化的資源とネットワーク

　では、卒業後の移行の中で足場かけはどのように作用しているだろうか。みえてきたのは、高校で培われた文化的資源やネットワークの存在である（今井2023）。特に大学・短大・専門学校等の高等教育機関（まとめて大学とする）に進学した人の語りからは、大学生活で直面する困難や障壁に対して資源を調達しながら対処している様子がうかがわれた。その中に高校時代の足場かけの影響がみられる。

　まず大学生活で直面する困難からみていきたい。枠校では外国人生徒として扱われていたが、進学すると多くの大学で留学生と日本人生徒の間の不可視化された存在に位置付けられていた。日本語や学習への配慮やサポートはなく、「日本語や専門的な用語など、授業が難しい」「宿題のレポートや論文に困っている」といった、アカデミックな日本語という新たな壁に直面している。たとえば、フィリピン出身で英語が得意なF5は国際系に進み、100％英語コースだと聞いていたが、半分は日本語の授業であった。漢字が苦手で、小論文を書くことが難しく、「私の日本語はまだ変なんで、どうやってきれいに書けるか、そういう先生がほしいなと思います」と語っている。中国出身で看護の専門に進んだC12は、「先生もめちゃめちゃ厳しいんですよ。わたしは中国人だから、甘えてもいいよとかは何もなくて。日本人として扱われるんです」と述べている。

　こうした困りごとに対してどのように対処しているのか。興味深いのは、高校時代の多文化な仲間とのつながりや多文化環境で身についた感覚・スキルが文化的資

源となって、困難に対処されていることである。図書館で予習をしたり、家で復習をしたりと個人で対処する以外に、必要なサポートを求めて他者に働きかけている卒業生が多かった。たとえば大学の教員、国際センターの教員、大学でつくった友達に相談に乗ってもらい、助けてもらっている。国際系大学に進学したF4は、「先生には自分はこういう立場やっていうのは言って、助けてもらっています。その先生も理解してくれています」と話す。高校に行き、かつてお世話になった教員に相談に乗ってもらっているという声も多かった。F9は「大学生になっても、1年生のとき、本当に経済の勉強がわからなくて、高校に来て、経済の先生に教えてもらいました」と語っている。

　また、在日外国人という存在が制度的に不可視化される環境で、マイクロアグレッション[4]にも遭遇している。たとえばネパール出身のN1は、初対面では留学生と思われることが多いが、聞かれる度に「家族滞在で住んでいる」と自分のことを伝えるのだという。これは不可視化に抗う実践といえよう。より顕著な形でマイクロアグレッションや差別を経験したことを語ったのはC1である。中国とのやりとりがある会社の就職面接で中国語を話せることをアピールしたが、侮蔑的な質問をされ、C1は「その質問は何か関係がありますか」と反論した。そして、面接終了後に短大の進路課に行き、差別的な対応があったことや受かっても辞退するなどを伝えたという。このことからも、スティグマやネガティブなステレオタイプを一方的に押し付けられるのではなく、それを差別だと認識する知識やスキル、洞察によって抵抗していることがわかる。

　では就労した場合はどうであろうか。インタビューに答えた卒業生は大学に在籍している人が多かったため十分に把握できていないものの、日本の企業に働いた卒業生の多くが会社への過剰適応や働く上での日本語至上主義とも呼べる環境に苦労していることがわかった。また、暗黙知的な職場文化の中で、十分な説明がないまま仕事をしなければならないので、不安やストレスが大きいという話も聞かれた。だが一方で、学生時代に出身国とつながりのある会社にインターンシップをしてそのまま就職したケースや、学生時代のアルバイト先に正社員として雇ってもらうケースから示唆されるのは、「なだらかな移行」とも呼べるつながりの中で仕事の世界へ移行した場合、顔の見える関係性によって足場がかけられていたということである。

5．足場かけによるなだらかな移行

　足場かけの存在やその重要性は、足場がなくなったときこそ気づかれることが多い。このことは、「高校の時はサポートする人、支援する人おるので、あんまり、なんていうん、問題とかなかったと思います。で大学になって、その支援する人たちがいなかったので、1人で、自分で動くみたいな」（F5・フィリピン出身・大学在籍）といった語りからもわかる。高校卒業後、枠校のようにサポートがない環境の中で卒業生たちは自ら動こうとする。しかしそれは誰の力も借りずに1人で行うということではなく、助けを借りながら達成する、また理不尽なことを1人で抱え込まないといった、他者との支え合いによって成り立つ「自立」概念に近い。

　逆に、大学を退学した卒業生や仕事を早々に辞めた卒業生の語りからは、誰にも相談できない状況や過酷な環境の中で、つながりが切断されて1人で決断に至るプロセスがみられた。

　仕事への移行においても大学への移行においても、なだらかな移行が求められるのは、外国人生徒がキャリア形成するにあたって困難や障壁が多く、足場かけが必要とされているからであろう。「枠校＋大学4年」を社会へのソフトランディング（第10章）とするのは、なだらかな移行がなければ壁だらけである生徒たちにとっての進路保障といえる。本章のコラムを担当する平松先生は、壁ではなく「崖」と表現する。上るにしても落ちるにしても崖を目の前にした生徒たちにとって、進路やキャリアは恐れや不安でしかない。枠校では、エンパワメントと抵抗の足場かけを通してなだらかな移行が目指されているといえる。直接的な足場かけがなくなっても、自身に備わった力や経験、またネットワークが自らの足場づくりに利用されている。また、高校に戻って相談できるという関係性は生徒にとっての精神的サポートであり、足場かけが高校を卒業しても生徒に利用可能であることを示すものではないだろうか。

6．まとめにかえて──抵抗の足場かけの系譜

　母語や母文化を大事にする教育を謳う大阪の外国人教育において、生徒の進路を阻むさまざまな壁や崖の存在に気づいた教員や支援者たちが何とかこの壁を壊し、生徒のよさを引き出そうと、運動や実践を積み重ねてきた。冒頭の「進路保障は同和教育の総和である」はまさにこのことで、奨学金制度の改善、就職時の統一応募

用紙と公正採用の取り組み、国籍条項撤廃などの運動である[5]。中島（2008）は、大阪府立高校におけるオールドカマーとニューカマーの教育を連続性の視点に立ってとらえているが、その中でオールドカマーの場合は進路保障といえば就職のことをさし、ニューカマーの場合は進学をさすことが多いと両者の違いを指摘している。「大学全入時代」といわれる中、ニューカマーの進路問題が進学に焦点化されることも不思議ではない。

　一方で、実質的な移民政策が進み、外国人生徒の増加、多国籍化、在留資格の多様化が進み、特に家族滞在の子どもが増加するにつれて、在留資格の課題が顕在化してきた。家族滞在の子どもをめぐっては、高校卒業後の在留資格変更の要件が数回にわたって緩和されており、さまざまな支援者の運動によって達成されたといわれている。奨学金制度についても、在留資格によって申請資格がないなど問題が残っている。たとえば、大阪府育英会の国籍条項撤廃は1974年に達成されたが、家族滞在には今も資格はない。だが大阪府育英会のUSJ奨学金や夢みらい奨学金などは、2019年に申込者の要件緩和があり家族滞在にも可となった。こうした制度改善に向けた取り組みは、不利な立場に置かれた生徒を前にした「抵抗の足場かけ」なのである。

　枠校をはじめさまざまな支援現場では、この20年間、何が足場かけとして必要かを1人ひとりの生徒に寄り添う中で教員や支援者が気づき、行動してきたといえる。そして、「面倒見のよい大学」「面倒見のよい企業」との連携によって卒業生の「なだらかな移行」も推進されてきた。だが、公教育の外国籍教員の任用差別の問題をはじめとして、外国人生徒の進路やキャリア形成を考える上で乗り越えるべき課題はまだまだある。

　他方、この20年は新自由主義が台頭し、教育現場に競争原理が導入されてきた時期でもある。しかしそれに抗うかのように卒業生の語りが示すのは、困難や障壁に遭遇した際に1人で抱え込まず、高校時代に培った文化的資源やネットワークを活用して他者と支え合い対処するという、いわば「共生の自立」を実践していることである。この「自立」の概念こそ、外国人生徒をはじめとしてすべての生徒のキャリアにとって示唆となろう。さらに一般的なキャリア教育で抜けがちな公正や社会正義の視座も、外国人生徒に限らずすべての生徒にとって重要なものである。

［今井貴代子］

▼注

(1)　文部科学省が外国人生徒のキャリア教育に公式に触れたのは、令和2年（2000年）3月「外国人児童生徒の教育の充実について（報告）」（外国人児童生徒等の教育の充実に関する有識者会議）である。同様の内容が、同年10月「中央教育審議会初等中等教育分科会『令和の日本型学校教育』の構築を目指して（中間まとめ）」の中で「5．中学生・高校生の進学・キャリア支援の充実」にまとめられている。

(2)　足場かけは、ヴィゴツキーの「発達の最近接領域」への適切な働きかけのことで、子どもの認知発達は社会的文脈の中で相互作用のもと形成されるという理論的主張を基盤にして、主に言語学習の理論に適用されるが、本章ではそれを広くとらえることにしたい。

(3)　法務省は、保護者等に同伴して「家族滞在」で入国し、日本に在留している外国人の子どもが、高校等卒業後に日本国内で就労する場合の在留資格の変更をめぐり、2017年、2018年、2020年と数回にわたり要件緩和を実施している（「『家族滞在』の在留資格をもって在留し、本邦で高等学校卒業後に本邦での就労を希望する方へ」）。

(4)　マイクロアグレッションは、「ありふれた日常の中にある、ちょっとした言葉や行動や状況であり、意図の有無にかかわらず、特定の人や集団を標的とし、人種、ジェンダー、性的指向、宗教を軽視したり侮蔑したりするような、敵意ある否定的な表現のこと」であると定義される（スー 2020）。

(5)　関西の同和教育の中で進路保障という名称が被差別の立場にある子どもの進路を保障するという意味で使われるようになったのは1960年代に入ってからで、きっかけは被差別部落出身や在日朝鮮人の生徒に対する就職差別が行われていたことによる。進路保障については、一般的に使用される進路指導の単なる言い換えではなく、進路を阻む差別がある状況において現状肯定の立場に立つものではないとされてきた（大阪・15教職員組合連絡会編1983）。

足場かけの先にあるもの

町を歩いていると、ばったり卒業生と出会うことがある。「日本語が上手になったなあ」とそのたびに思う。また、SNSを通じて、卒業生が日本社会の中に溶け込んで、しっかり生活をしている姿を垣間見ることもある。日本に来たばかりの姿を知っている私としては感慨無量である。だが、ここまでの道のりは決して平坦なものではなかったであろう。

今井先生の論文では、私たち高校教員が「枠校」で行ってきた進路指導を「足場かけ」と表現し、また、「足場かけを通じていったんできるようになれば、足場がなくても一人で課題に対処できるようになる」とある。私は、足場かけを経て進学した生徒たちの顔を思い浮かべながら、彼ら彼女らの来た道に思いを馳せた。

大学進学後の感想としてよく聞こえてくるのは、「日本語がたいへん」ということである。私は、ここに「崖」があると思う。抽出で少人数の授業に慣れていた彼ら彼女らに、「アカデミックな日本語」という大きな壁が立ちふさがる。ただ多くの者が、大学の教員、母校の教員などに対して、みずから動くことで「助けを借りながら克服」できているのは、高校時代までの「足場かけ」のおかげであろう。

また、今井先生の論文によれば、「足場かけ」には、「社会の中で不利な立場に置かれ制約となっている」マイナス面を除去するものもあるという。私は今、その「足場かけ」がじょじょに大きくなってきていることを感じている。

最近、留学生でなく、「渡日生」を受け入れるコースを持っている大学や専門学校の教員の訪問を立て続けに受けた。10年ほど前は、渡日生が大学を受験する場合、「帰国生入試」が適用されるところを受けるしかなかったし、受験資料を請求しても「留学生用」が送られてきたこともしばしばあった。それを思えば隔世の感がある。「渡日生」が可視化されてきたのだ。それにより、大学入学後も日本語指導や就職指導を受けられる機会も増え、「なだらかな移行」が可能になりつつある。

世の中は確実に前進している。

平松宏子

終章 「外国人生徒と高校教育」の未来

1. 積み上げられる枠校の学校文化

　本書は前書『高校を生きるニューカマー』以降、15年にわたり継続されてきたわたしたちの研究成果である。枠校は当時の5校から8校となり、枠をくぐって高校に入った外国ルーツの生徒は累計1500人近くに上る。リーマンショックのおきた2010年頃までは、外国人の不就学や不登校も一部の限られた地域の限られた対象と解釈されていたが、時代は大きく変化した。2万人近い不就学の可能性のある外国人児童生徒や6万人近い「日本語指導を必要とする」児童生徒の存在は、日本社会がまさに直面する解決すべき課題となった。しかし、義務教育以降のかれらのキャリア形成について教育政策として示されたのはここ数年にすぎない（序章）。

　ニューカマーの人びとが激増しはじめてからこの30余年、外国人政策の進展はほとんどみられなかった一方、かれらをとりまく支援者たちが、かれらとともにさまざまな知恵を絞り、資源を集め、なんとか対応してきたことは紛れもない事実である。それゆえ外国人教育に関する実践はむしろ地域に豊かに蓄積されてきたといえる。本書はその一例である大阪の文脈から、高校における外国人教育の展望をより明確にすることを狙いとした。全国ではまだ高校への進学率が5割程度ともいわれ、その入口に関する是正措置がうたわれはじめたところである。本書ではその先を見越し、かれらが、どのように高校生活を過ごし、どのように社会に出て行ったのかも含め「外国人生徒と共に歩む高校」の内実を時間軸とともに提示することを試みた。

　まず、大阪で外国人教育を推進してきたアクターは教員集団であり、現場から特にマイノリティに位置づけられる人びとの声を受け止めながら教育実践を進めてきたことに特徴づけられる（第1章）。志水の指摘する「彼らのニーズや願いをベースにして、異なる資源やケアを用意しようという公正原理にもとづくアプローチ」（コラム2）は、同和教育、障害児教育、在日コリアン教育の流れを汲み、特別扱いしながらも、現場ではこの公正さに対して「特別」ということばの使用を避ける。つまりこのことは当然のことであり、当初より「特別なことではない」という認識

がなされていた（第2章）。

　教育運動的な歴史を背景としながら、ニューカマー激増と重なる1990年代初頭に誕生した公的な外国人教育研究組織（府外教）は、それまでの反"同化教育"をのり越え、全国に先駆けた多文化共生教育の目標を掲げた。それが「ちがいを豊かさに」である。この目標には、多様な人びとが「共に生きる」時代の到来をいち早く予感させる意味が込められた。

　2000年初頭に府立高校で枠校の制度化が実現した際は、「日本語指導が必要な生徒の学習を保障するとともに高校における国際理解教育を充実させたい」（第2章）という教育行政側の願いにも示されるように、府立高校での外国人生徒の、積極的な受け入れの可能性を内包するものでもあった。つまり当初から日本語の支援と同時に、ちがいが生かされるような受け入れが想定されていたといえる。

　枠校のシステムは年月を経ながら徐々に整備されていき、①校内拠点、②教員組織、③カリキュラム、④部活動、⑤進路指導、⑥一般生徒との交流、⑦ロールモデル、⑧校外活動といった共通の特徴が見出されるようになっている。また、日本語教員、外国人生徒担当教員、ネイティブ教員らは、このシステムを創出し、支えていく中心的な役割を担うように位置づけられてきた（第3章）。中でも注目されるのがネイティブ教員の存在である。ネイティブ教員は民族教育を保障する位置付けにあった在日コリアンの民族講師の流れを汲むものであったが、保護者を含む当事者たちのニーズや願いと対峙しながら枠校システムを創出していく立役者となった。その実績は各校で高く評価され、2010年より中国語教員の採用試験が開始されるようになったことは大きな意味を持つ。かれらは教員を目指す枠校卒業生のロールモデルであり、この20年で少なくとも3名の枠校出身の教員が誕生し、府立高校で働いている。

　一方、それぞれの枠校の現場の実践は、試行錯誤が続けられてきた。その一部の成果は第2部の中でまとめられ、次のように明らかにされている。

　授業や言語教育という側面からは、外国人生徒に特化した指導体制がとられる中、一般教科、日本語、母語・継承語などの抽出授業が教育の軸に据えられてきた。そこでは、学習内容を保障するだけでなく、教える側の姿勢としても、日本語や非言語的なことへの配慮、さらには母語使用の奨励が日常的に求められるということである（第4章）。

　また、外国人生徒の居場所は、各校につくられてきたが、学校空間の中にある、

安全で安心して集える拠点・教室だけのことを意味しない。他の生徒たちや教職員に向けて発信する場、あるいは地域社会からも認識されるような部活動の準備や練習の場でもあるのだ。同時に学校外に広く開かれた「窓口」ともなり、そこで、多様な大人たちに様々な場面で出会うことのできる仕掛けの工夫もされている（第5章）。

　キャリア教育においては、一人ひとりの卒業後を見据えたハード／ソフトの取り組みを通して日本社会で生きる力を育むことが目指される。そのために、校内外でルーツを承認される経験が蓄積され、社会に出た後に待つ厳しい現実に直面した時に機能するネットワークを高校時代の間に備える。差別に抵抗することや、ボーダレスな生き方を知ることは、日本への「同化か異化か」という二択を超えた自立の道につながる。これらを通じ、生徒たちのエンパワメントがはかられるのである（第6章）。

　外国人生徒が、高校生活を通して自尊感情を育み、社会を信頼して歩みを進める根底には、ネイティブ教員と日本人教員が協働し試行錯誤しながら積み上げた、かれらを支える学校文化がある。それは、近年新たにつくられた、新しいタイプの枠校（普通科全日制や単位制多部制定時制）にも引き継がれ定着しはじめていることがわかる。また、それまで関係者たちが感覚的に大事だと考えていた実践が「自己実現のための日本語」として明示され、日本語と母語継承語を含んだ土台としての言語と全人的教育が同時にとらえられるようになったことも新たな要素として注目される（第7章）。

　現場の教員であった白石（教育の現場から3）は、「日々のふとした場面でのアドバイス、たあいない会議の中での経験、真面目な教科相談など様々な形で経験を共有し、その経験が社会情勢や生徒状況の変化によりブラッシュアップされながら継承されていく」ことや、これらの経験が校内に留まらず異動先へと拡がっていき知識や経験が蓄積され支援の形が網の目状にでき上がっていくことを、「枠校という経験、歴史を積み上げる中で、教員、組織、そして学校そのものが成長する」と実感している。こうしたことを学校文化として確かなものにしていくのが枠校での実践だといえるだろう。

2. 外国人生徒のキャリア経験と枠校

　枠校で形成されてきた外国人支援を受けた生徒たちは、どのような進路を辿り、

高校での教育経験はそこにどのような影響を及ぼしているのか。それらを明らかに
したのが枠校卒業生の生活史である（第8章）。

　インタビュー対象となった40名の卒業生の生活史は多様であり、それぞれ独自
のキャリア形成をしていることがわかった。とりあげられた5人のライフストーリ
では、枠校での豊かな経験が織り混ぜられた語りがみられる。中国出身の「喪失し
かけた母語を取り戻してのキャリア形成」「ネイティブ教員にゼロから育ててもら
い戦略的に自らの背景を最大限に活かすキャリア形成」という2人、ブラジル出身
の「人との出会いによって導かれた一つのことを極めるキャリア形成」、そしてフ
ィリピン出身の「家族とアイデンティティを羅針盤とするキャリア形成」「広がる
世界とマルチリンガルなキャリア形成」という2人である。

　前書においては、生徒たちの将来展望として「とりあえず進学型」「架け橋型」
「国際型」「手に職型」「現実直面型」が示されていたが、卒業生たちは、具体的な
現実社会の中で、家族や関係者を巻き込みながら揺れ続け、不安を伴いながらその
歩みをつづけている。語りの背景には、ネイティブ教員や担当教員、仲間たちが多
く登場しており、自分の人生と向き合いながら、自分にあった自立の道のりが模索
されていることがうかがえる。枠校でのいくつかの特徴的な経験は、その後のキャ
リアに紐づけられていたことがよくわかる。フィリピン人のミカコさんの事例では、
先生の期待に応える大学進学をせず、正社員をやめてアルバイトに戻っている。そ
れは家族との時間を大切にし、いつか日本とフィリピンを行き来する生活をしたい
からであり、こうした葛藤や選択が否定されないアイデンティティの保障を学校で
受けてきたからだといえる。

　特にアイデンティティはどのような状況で誰と対峙するかによって常に変化して
いく不安定な要素があるといえる。インタビューの分析からは、その多くが来日当
初日本語がわからない状態で学校生活を送っていたが、枠校進学後は日本語が理解
できるようになると同時に母語によるコミュニケーションが可能になり、自己肯定
感を高めていた。卒業後同じ環境にいることは困難であっても、母語や日本語、専
門知識などの資源を戦略的に活用しながら生活を切り拓いていたことからも、母語
が尊重され、ルーツを隠す必要のない枠校での経験、そこで構築された関係性が、
次のステップへの原動力となっていたと考えられる（第9章）。

　また、枠校で学んだ生徒の約半数が4年生大学に進学する背景には、枠校独自に
培われてきた進路指導があった。外国人としての強みを最大限に使ったAO入試、

推薦入試、外国人特別入試の活用、センター試験の外国語での中国語の選択入試、推薦書や面接で有利に働く社会活動の推奨などに加え、進学に係る経費や在留資格の問題、入学後の「面倒見の良さ」までが選択の要件にとして考慮されていた。これは、枠校の教員たちが、大学の4年間を、自己肯定感を維持したまま日本社会へ参入させる最大のライフチャンスと捉えているからに他ならない。本書では十分触れることはできなかったが、就職への指導もまた、同じように手厚くされていることはいうまでもない（第10章）。

　これらキャリアにつながる教育的働きかけは第14章で「社会的足場かけ」とあらわされている。足場かけには、母語や母文化を資源に位置づけそれを引き出すようなエンパワメントを促すものと、社会的障壁を除去していく抵抗するものとの2つのものがあり、生徒と教員、保護者、支援者、生徒同士で、日々の授業や活動、そして居場所の取り組みを通じて、共同制作されていた。また、卒業後も直面する困難や障壁に対して、高校時代に培った文化資源やネットワークを活用し対処する「共生の自立」を実践していた。

3.　枠校を推進する力　「公正」と「トランスランゲージング」

　こうした枠校の推進力には、社会的に不利な状況にある者に対して積極的に財の配分を行っていく「公正」の考え方が教育格差に取り入れられていった経緯がある。具体的には資源を「再配分」し（Fraser 1997＝2003）、学力を保障するための抽出授業や積極的な進路指導などを行うと同時に、その存在を認め、文化的価値の側面からも不平等を矯正していく「差異の承認」（福島2008）のために母語保障や居場所などを創出していることである。

　これらは、Banks（2009）がいう「多様な集団からなる生徒への教育的平等を実現する教育改革運動であり、エスニックマイノリティの母語や母文化に配慮し、学力保障を行う「多文化教育」に限りなく近い。

　しかし、効果的で持続的な実施を可能にするには、何が望ましいかという判断を伴う（Sleeter 2007）。つまり、教育における公正には価値判断が伴い、それが共有されなければ支援を継続していくことは難しい。枠校での支援においても、抽出授業や校内拠点をめぐる葛藤が教員に見られており、持続可能な支援のためには、公正の捉え方の共有、そのための組織や体制づくりが重要であることが見出されている（第12章）。

　また、全国でも例を見ない「母語保障」の取り組みは、在日韓国朝鮮人教育の歴史的経緯を土台に置いた、権利保障という視点に基づいているが、言語・文化的背景を生かした教育実践の持つ現代的意味の重要性も指摘された（第13章）。

　García（2009）の説いたトランスランゲージングは、21世紀のバイリンガリズムともいわれるが、外国人生徒を「日本語指導を必要とする」側面から見るのではなく、複数言語話者として、その生徒のもつすべての言語レパートリーが場に応じて柔軟に使用できるような状態にあることを示している。第13章で示されているとおり、トランスランゲージングという語は、言語（language）を名詞ではなく動詞と捉え、トランス（trans）が加わることで、複数の言語の境界を超えた言語実践の動的なプロセスを示すものである。

　枠校においては、母語の授業だけでなく、抽出授業においても、生徒の母語使用が容認・活用され、授業が活性化している様子が窺われていた。バイリンガル教育の専門家は、言語計画に影響を及ぼす「問題としての言語」「権利としての言語」「資源としての言語」の3つの側面があるとしている（Ruiz 1984）。大阪の文脈からは「問題としての言語」ではなく母語教育や民族教育をはじめとした「権利としての言語」のうえに、枠校の授業実践の中で将来積極的に活用することのできる「資源としての言語」が形成されてきたといえるだろう。複数言語が資源として戦略的に活用されることは、外国人生徒の全人的発達につながっている。それもまた「公正」の一側面として捉えられるといえよう。

4. 外国人とともにいるということ

　本書は、大阪において外国人生徒を積極的に受け入れる8つの枠校を対象にし、そのコンテキスト、教育システム、教育実践を分析し、その特徴をあぶりだすとともに、枠校の経験をもつ卒業生たちがその後どのような成長を遂げていったかを後追いし、改めて「特別扱いする教育」の内実、再配分や差異の承認を継続させる価値基準、複数言語を分けない全人的取り組みなどを明らかにしてきた。

　そこで見出されたのは、高校の入り口から出口までの「適格者主義」教育を乗り越えようとする学校文化であり、誰ひとり取り残さないという、SDGs目標にも重ねられる「包摂」を意識した教育である。「一人一人の内的なニーズや自発性に応じた多様化を軸とした学校文化となる」（2021年中教審答申『令和の日本型学校教育』）とあるように、時代が求める学校の姿を先取りしているともいえるだろう。

　ただ、こうした学校が大阪に限って存在しているとは筆者は考えていない。この30数年間全国で奮闘してきた教職員やボランティアたちの実践現場には豊かな収穫が蓄積されていると思われるし、本書の発信もその一つだと考えている。

　外国人と出会った多くの人びとが知ることになるのは、日本社会の不条理さであろう。移民や国民以外の人々の市民権という発想がない日本において、国籍は大きな壁であり、戦後より外国人の人権はその在留資格の範囲内にのみ認められるという判例が今も継承されている。教育の分野においては、旧植民地出身者との歴史的経緯の中で「外国人を日本人と同様に扱う」（特別な扱いをしない）ことが黙認されてきたが、教育を受ける権利の主体として認めないことに関しては、朝鮮学校の高校無償化除外をはじめ、国連人権委員会からも何度も勧告を受けている。2001年9月南アフリカ・ダーバンで開かれた国連主催の「人種主義、人種差別、外国人排斥及び関連する不寛容に反対する世界会議（ダーバン会議）」で、植民地主義の制度と慣行の影響の存続が今日の世界各地における社会的経済的不平等を続けさせる要因となっていることが指摘されているように、この問題は世界が向き合い解決すべきことと直結している。

　しかしこうした経緯の中で、無意識のうちに外国人の学習保障や言語保障が「できなくても、仕方ない」というダブルスタンダードの見方が是認されている。人手が足りない、予算がつけられない、などという背景に、社会的プライオリティーの低さや、声をあげることのできない当事者たちの姿はないだろうか。外国人とともにいるということは、まず、日本社会において日本人とは違うところに位置づけられ、そのことを日本人が意識しなくても日本人に不利益には働かない（痛くも痒くもない！）ということを見つめることである。

　しかし、そうしたことが「おかしい」と感じることのできる人びとは増えはじめている。その多くは、日本で成長していく当事者たちであり、かれらと共に学び、育った友達であり、その保護者たちであり、その教育者たちであり、その支援者たちである。2021年ラスヤナケ・リヤナゲ・ウィシュマ・サンダマリさんが入管施設収容中に亡くなった後、入管法改定に反対し「管理ではなく共生を」というプラカードを掲げて国会議事堂前に座った大学生たちの姿はその一つの象徴だと思われる。歴史的経緯と経済的な格差の中におかれる外国人こそわたしたちの社会を映し出す鏡（J.クリステヴァ 1990）ではないだろうか。ちがいを豊かにすることとは、あってはならないちがいにも気づき、それを変えていこうとすることも含まれる。

そして、その息吹は少しずつ感じられている。

　日本の中で外国人の子どもたちがどのように成長し、誰と出会い、どう社会に参画していくかは、日本の将来を豊かにする鍵を握っている。

［榎井縁］

あとがき

　本書は、大阪府立高校における外国人枠校（日本語指導が必要な帰国生徒・外国人生徒入学者選抜実施校）を「全国に紹介する」ことを目的に取りまとめたものである。私たちが枠校の研究に取り組むことになったきっかけは、大阪大学人間科学研究科・志水宏吉先生が組織したニューカマー研究会（2005～2008年）である。研究会の院生メンバーは枠校でのフィールドワークを通じて、高校における外国人支援について学んだ。

　ニューカマー研究会解散以降、当時の院生メンバーは枠校への参与を続けてきた。併せて全国の学校現場に訪問し、そこで奮闘されている先生方に出会った。

　それと同時に、小・中学校における外国人児童生徒に対する支援は拡充していっているものの、高校入学後は外国人生徒への支援をおこなわない地域が多いことを知った。高校入試をくぐり抜けたのだから、外国人生徒は「高校教育についていけるはず（＝支援は必要ない）」「高校教育で適切な能力を身につけられるはず（＝高校での学習は自己努力）」と捉えられるのである。高校での学びは日本社会に参入するためのきっかけなのだから、日本人生徒と同じように学ぶことは当然であると考えられている。

　高校を卒業した外国人生徒は、大学進学するにしても、就職するにしても、日本人との競争が待ち受けている（ようにみえてしまう）。そのため、高い日本語力と学力を身につけることが、高校における外国人教育の本流となるのは当然かもしれない。こういった日本社会に参入する力の重要性も、本書では指摘してきた。

　しかし、そういった観点だけでは、外国人生徒のニーズを見落としかねない。そして日本人並みの能力を獲得することが、外国人教育のゴールとして設定されてしまう。さらには、外国人生徒のエスニックな資源や「強み」が無化されてしまう。

　では、日本で生き抜く力、そして外国人生徒としての強み、この両方を育むような教育はできないのだろうか。私たちは、これを実現しようとしている学校として、

枠校を位置づけたいと考えた。踏み込んでいえば、それが外国人教育の目指すべき
ひとつの姿だと論じようとした。そのために、改めて枠校でフィールドワークをし
て、その実践を整理することに取り組んだ。枠校を卒業した生徒がいかにして日本
社会へと参入していったのかを探ることにした。こうした調査研究の過程で、私た
ちは2つのことを知った。

　それは第1に、外国人生徒は日本語力や外国語力を活用しながら、日本社会を支
える若者となっていたことである。そればかりか母国と日本の架け橋となった若者
もいれば、グローバル社会で活躍している若者もいる。

　第2に、日本の高校で得た「安心感」が、卒業後の活躍の土台となっていたこと
である。ここでいう安心感とは、より偏差値の高い大学に入学することや、安定し
た仕事に就くといったことを超えた「日本社会（この世界）で生きていける自信」
と言い換えてもよい。

　ここで個人的なストーリーを記しておきたい。私はいまでこそ大学教員をしてい
るが、高校までの学校生活は全く楽しいものではなかった。まずもって「低学力」
であり、高校進学が危ぶまれ、抽出授業を受けていた。学校に通う意義が見いだせ
ず、机に縛りつけられているような感覚を抱いていた。よくわからない授業を何時
間も聞かなければならない。そして定期的に将来を問われ焦らされる。これはたい
へんな苦痛である。誤解を恐れずいえば、学校は嫌な場所であり、教師は「敵」で
あった。

　その後、紆余曲折があり、私は大学院へと進学、ニューカマー研究会に参加し、
はじめて八尾北高校を訪問したとき、度肝を抜かれる経験をした。意外、というと
語弊があるかもしれないが、高校の勉強は「難しい」のである。外国人生徒も苦労
しているに違いないと私は考えていた。もちろん、なれない日本語、文脈から理解
することが必要となる国語や歴史など、苦労している外国人生徒もいた。それでも
生徒らは授業中も楽しそうに振る舞い、中国語で教えあっていた。放課後は、本書
の執筆者でもある橋本義範先生、趙仁淑先生と外国人生徒らは麦茶を飲みながら語
りあっていた。そうした雰囲気に馴染めない生徒であっても、多くの教員が関わり
をもとうとしていた。ある生徒の「先生はいっしょに悩んでくれる」という言葉が
いまでも記憶に残っている。外国人生徒にとって、枠校は安心できる居場所であり、
教師は「共に歩む」人だったのである。

　枠校がすべての外国人生徒を包摂できているわけではない。第11章で触れたように課題も残っている。それでも、外国人生徒のエスニシティやニーズを否定することなく、学校全体で肯定しようとする姿勢が、外国人生徒の「安心感」を育むことになっていることは間違いないだろう。

　外国人生徒を学校に適応させるのではなく、外国人生徒が安心して活躍できる場を学校に創り上げる。これを実現するために、意欲的で気持ちの揃った教職員集団、なによりネイティブ教員や母語指導をおこなう教員の存在がある。その土台のうえに、日本語教育や母語教育といったカリキュラムが位置づいている。そして枠校を飛び立った若者は、多様な言語とエスニックな資源を活用しながら、日本社会、なにより世界で活躍している。これが枠校における外国人教育の核心といいえるものである。

　母語教育をはじめとするカリキュラムを考えたとき、高校における外国人教育はいまだ模索の渦中にある。そしてどのような地域であっても、工夫の余地が残されている。私たち教育従事者が、外国人生徒と共に歩む存在となるために、本書が少しでも役立つことを願いたい。

　本書の作成にあたり、お世話になった方々に謝辞を述べたい。今回の調査研究は大阪府教育委員会の先生方、そして8つの枠校の先生方のご協力がなければ果たし得なかった。私たちは研究する立場ではあったが、常に先生方から学ぶことを通じて本書を作成していった。私たちがお世話になったのは、「教育の現場から」というかたちでメッセージを寄せてくださった先生方だけではない。快くフィールドワークとインタビューを受け入れていただいた先生方にも御礼申し上げたい。

　インタビュー調査に協力してくださった、生徒のみなさん、卒業生のみなさんにも御礼を申し上げたい。とくに社会人となって活躍されている方々へのインタビューでは予定の調整など迷惑をかけることも少なくなかった。そうしたなか「話すことで、自分の経験を整理することができた」等、本書の執筆を後押ししてくださった方もおられた。みなさんがご協力くださったのは「次の外国人生徒の教育に役立てるため」であった。次の世代へのバトンとして残すために、本書だけでなくさらなる研究を残していきたい。

　本書でも触れたが、この枠校を「卒業」した先生方は、NPO法人おおさかこども多文化センターを立ち上げ、現在も外国人生徒支援に携わっておられる。その情

熱に、私たちは後押しされた。また本書では紙幅の関係上、触れることができなかった枠校を支援する諸団体の皆様にもご助力をいただいた。

　コラムを寄せてくださった、宮島喬先生、志水宏吉先生にも御礼申し上げたい。日本におけるニューカマー外国人の教育研究を切り開かれていった先生方である。先生方が展開された「適格者主義」や「公正な教育」といった論点は本書の背骨となっている。こうした学恩はもちろんであるが、ライフワークとして現場と共に歩む先生方の「背中」に筆者らは大いに影響を受けている。

　本書の執筆メンバーは、研究者だけでなく、大学院生が参加する研究会がベースとなっている。書籍化に時間かかってしまい、大学院生の多くが研究者や実践現場で活躍している。研究会メンバー以外の執筆者として、橋本光能先生に枠校設置にかかわる教育委員会の役割について執筆いただいた。ご協力賜ったことを御礼申し上げたい。中島智子先生には一部原稿の下読みをしていただくなど、いまだ独り立ちできない私たちにご助力いただいた。また、執筆者以外にも研究会に協力いただいた方々にも御礼申し上げたい。

　最後に、本書の編集に携わってくださった明石書店 深澤孝之さま、閏月社 德宮峻さまに御礼申し上げたい。執筆者多数。要求多様となるなか、編者の力不足もあり多大なるご迷惑をおかけすることになった。温かく見守っていただいたこと。趣旨や内容に関心を寄せてくださり、適切なコメントいただいた。なにより本書を世に出してくださったことに感謝申し上げたい。

執筆者を代表して

山本 晃輔

インタビュー調査・フィールドワークに関して

本研究チームでは2007年より断続的に枠校での調査を続けてきた。その後、2016年に追跡調査を実施している。以下はある枠校での追跡調査の結果である。2018年より枠校出身の卒業生のインタビューを行っている。いずれもスノーボールサンプリングによって調査対象者を選定し、半構造化インタビューを実施した。同時に、教員へのフォーマルなインタビューも実施している。この他、2018年には各学校でのフィールド調査を実施している。大阪ふたば高校に関しては枠設置の動きを把握した2021年から調査を開始している。またNPO法人おおさかこども多文化センターとともに、枠校在学生を対象とした調査もおこなっている（オコタック調査）。ヒヤリング調査10人、そして123人のアンケート調査を実施している。このオコタック調査はNPO法人おおさかこども多文化センターで公開されているので、そちらもご覧いただきたい。

表1　2016年後追い調査

名前	聞き取り当時の学年	ルーツ	性別	来日経緯	年齢	滞在年数	国籍	家族構成	希望進学先	希望職業	将来居住地	10年後
A	2	中国	女性	国際結婚	18	1年10か月	中国	父母	大学(経済)／専門学校(ホテル)／留学	ホテルマン／マネージメント	中国	大卒。韓国で生活。
B	2	中国	女性	国際結婚	16	5	中国	父母兄	大学(観光系)	国際観光	日本	大学中退。既婚(3歳)就職。
C	3	中国	男性	国際結婚	18	5	中国	父母妹	外国語大学	通訳／ガイド	日本	大学中退。既婚。
D	1	中国	男性	国際結婚	16	2	中国	父母妹弟	大学(経済関係)	国際公務員(適当？)	国際	中国の大学に進学。就職。
E	1	中国	女性	中国帰国	16	5か月	中国	父母	大学	日中間の仕事	未定	大学卒業。就職。
F	1	中国	女性	中国帰国	16	10か月	中国	父母姉(祖父母)	大学	スチュワーデス	中国	中国帰国。CAになるために中国で大学進学するも中退。その後結婚。
G	3	中国	男性	中国帰国	17	6	中国	父母姉	大学(特別枠・公立)	PC関係のデザイナー	どちらでも	地方国立大学進学。そのまま地方で就職。
H	1	中国	男性	中国帰国	15	4	中国	父母妹	未定	未定	中国	大学進学。卒業。中国人と結婚。現在日本で就職。
I	1	中国	男性	中国帰国	16	1	中国	父母弟	大学(英語)	通訳／社長	未定	私立大学中退。東京で仕事。中国人と結婚。
J	1	韓国	男性	国際結婚	15	3	韓国	父母姉(父2人目)	大学	未定	国際	私立大学中退。韓国で軍役に。その後フリーター。

表2　卒業生インタビュー（2018年）

番号	仮名	ルーツ	年齢	日本での学校経験	高校卒業時進路	進学時の入試方法
1	B1	ブラジル	24歳	中3編入	専門学校	一般入試
2	C1	中国	22歳	中2編入	短大進学	推薦入試
3	C2	中国	30代	ダイレクト	大学進学	AO入試
4	C3	中国	19歳	中3編入	大学進学	推薦入試
5	C4	中国	19歳	中2編入	大学進学	推薦入試
6	C5	中国	23歳	中3編入	大学進学	AO入試
7	C6	中国	22歳	中2編入	大学進学	推薦入試
8	C7	中国	21歳	ダイレクト	大学進学	一般入試
9	C8	中国	25歳	小6編入	大学進学	AO入試
10	C9	中国	23歳	中2編入	専門学校	AO入試
11	C10	中国	23歳	中3編入	大学進学	推薦入試
12	C11	中国	20歳	ダイレクト	大学進学	推薦入試
13	C12	中国	20歳	小5編入	進路未定	－
14	C13	中国	21歳	中2編入	大学進学	AO入試
15	C14	中国	23歳	小6編入	大学進学	推薦入試
16	C15	中国	28歳	ダイレクト	大学進学	一般入試
17	C16	中国	29歳	ダイレクト	大学進学	一般入試
18	C17	中国	19歳	小4編入	大学進学	AO入試
19	C18	中国	20歳	小5編入	大学進学	推薦入試
20	C19	中国	19歳	中3編入	専門学校	－
21	C20	中国	19歳	夜間中学3年編入	大学進学	推薦入試
22	C21	中国	18歳	小6編入	大学進学	推薦入試
23	C22	中国	20歳	中2編入	就職	高校斡旋
24	E1	エクアドル（日本）	21歳	小4編入	大学進学	AO入試
25	F1	フィリピン	25歳	中1編入	就職	自己開拓
26	F2	フィリピン	25歳	中3編入	大学進学	AO入試
27	F3	フィリピン	20代	ダイレクト	大学進学	AO入試
28	F4	フィリピン	20歳	小6編入	大学進学	一般入試
29	F5	フィリピン	18歳	中2編入	大学進学	特別入試
30	F6	フィリピン	18歳	ダイレクト	大学進学	特別入試
31	F7	フィリピン	20歳	中3編入	就職	縁故
32	F8	フィリピン	21歳	小5編入	大学進学	推薦入試
33	F9	フィリピン	24歳[*]	小5編入	大学進学	－
34	F10	フィリピン	26歳	中1編入	アルバイト	一般入試
35	I1	中国（内モンゴル）	28歳	小5編入	大学進学	AO入試
36	K1	韓国	30歳	小3編入	大学進学	AO入試
37	K2	韓国	22歳	小4編入	大学進学	AO入試
38	N1	ネパール	21歳	高1編入	大学進学	AO入試
39	P1	パキスタン	20歳	中3編入	大学進学	AO入試
40	V1	ベトナム	19歳	小4編入	大学進学	AO入試

外国人生徒の高校卒業後の進路形成に関する研究——大阪府立特別枠校の卒業生インタビューより（2019年）

進学先	その後の進路
整備士専門学校	整備工場に就職
情報工学系	IT 企業で SE として働く
国立大学／人類学系	小売業社→高校講師
中堅私立／外国語系	大学在籍中
中堅私立／外国語系	大学在籍中
その他私立／経済系	貿易会社
中堅私立／建築	大学在籍中（不動産系の内定をもらっている）
中堅私立／理工系	大学在籍中
難関私立／外国語系	ベンチャー企業（中国との関連あり）
航空系	バイト→自営業
中堅私立／国際系	商社（3 か月）→輸入代行会社（中国との関連あり）
中堅私立／国際系	大学在籍中
－	アルバイト（1 か月）→アルバイト（2 か月）→アルバイト
その他私立／経済系	大学在籍中
中堅私立／教育系	保育士
中堅私立／経済系	ものづくり商社の営業職（中国支社ともやり取りあり）
中堅私立／外国語系	初職（大学斡旋）→アルバイト→現職
中堅私立／外国語系	大学在籍中
中堅私学／理工系	大学在籍中
美容専門学校	専門学校在籍中
中堅私立／理工系	大学在籍中
中堅私立／国際系	大学在籍中
－	初職（半年）→アルバイト（4 か月）→現職
難関私立／法学系	大学在籍中
－	ホテル清掃会社社員→アルバイト（同じ会社にて）
難関私立／国際系	退学→電気工事士→ IT 企業で働く
その他私立／国際系	高校講師
その他私立／国際系	大学在籍中
その他私立／国際系	大学在籍中
その他私立／国際系	大学在籍中
－	食肉加工業
中堅私立／国際系	大学在籍中
難関私立／国際系	台湾の大学院休学中（通訳・翻訳のフリーランス）
中堅私立／社会福祉	アルバイト（1 年）→大学進学（2 年・休学）→派遣（福祉）→派遣（空港）→派遣（福祉）
中堅私立／外国語系	アルバイト→派遣（1 年）→初職（3 年）→現職
中堅私立／国際系	退学→飲食業契約社員→飲食業社員
中堅私立／外国語	大学在籍中
中堅私立／国際系	大学在籍中
中堅私立／国際系	大学在籍中
その他私立／国際系	大学在籍中

表3　教員インタビュー（2018年）

	学校／所属	職位
1	長吉高校	校長
2	長吉高校	外国人担当教員
3	長吉高校	ネイティブ教員（中国人）
4	長吉高校	韓国・朝鮮語担当教員
5	長吉高校	一般教員（ベトナム人）
6	八尾北高校	校長
7	八尾北高校	ネイティブ教員（中国人）
8	八尾北高校	一般教員（前外国人担当）
9	八尾北高校	日本語担当教員
10	八尾北高校	一般教員（前外国人担当）
11	八尾北高校	外国人担当教員
11	八尾北高校	一般教員（前外国人担当）
12	布施北高校	校長
13	布施北高校	外国人生徒担当
14	成美高校	校長
15	成美高校	ネイティブ教員（中国人）
16	成美高校	一般教員（前外国人担当）
17	成美高校	外国人担当教員
18	成美高校	一般教員（いじめ防止・居場所委員長）
19	門真なみはや高校	校長
20	門真なみはや高校	ネイティブ教員（中国人）
21	門真なみはや高校	外国人担当教員
22	福井高校	校長
23	福井高校	外国人担当教員
24	福井高校	ネイティブ教員（中国人）
25	福井高校	地域連携担当教員
26	東淀川高校	校長
27	東淀川高校	外国人担当／日本語担当教員
28	東淀川高校	外国人副担当教員
29	東淀川高校	外国人副担当教員
30	教育委員会（人権）	指導主事
31	教育委員会（人権）	指導主事
32	教育委員会（生徒指導）	指導主事
33	NPO	理事長（元枠校校長）

参考文献

Banks, J. 2009, "Multicultural Education." In *The Routledge International Companion to Multi-cultural Education*, edited by James A. Banks, pp. 9-32. New York: Routledge International Handbooks.

ブルデュー，ピエール・パスロン，ジャン，クロード（1997）『遺産相続者たち――学生と文化』戸田清訳、藤原書店.

バトラー後藤裕子（2011）『学習言語とは何か――教科学習に必要な言語能力』三省堂.

Cummins, J. 1979, "Cognitive/Academic Language Proficiency, Linguistic Interdependence, the Optimum Age Question and Some Other Matters." *Working Paper on Bilingualism*, 19, pp. 121-129.

Cummins, J. 1981, "Four Misconceptions about Language Proficiency in Bilingual Education." *NABE Journal*, 5(3), pp. 31-45.

Cummins, J. 2000, *Language, Power and Pedagogy: Bilingual Children in the Crossfire*. Clevedon: Multilingual Matters.

Cummins, J. 2001, "Bilingual Children's Mother Tongue: Why is it important for education." *Sprogforum NR*, 19, pp. 15-19.

カミンズ，ジム（2011）「バイリンガル児の母語――なぜ教育上重要か」『言語マイノリティを支える教育』中島和子訳、慶應義塾大学出版会、pp. 61-70.

趙衛国（2010）『中国系ニューカマー高校生の異文化適応――文化的アイデンティティ形成との関連から』御茶の水書房.

中央教育審議会（2021）『「令和の日本型学校教育」の構築を目指して』.

榎井縁（2008）「子どもをつなぐ支援ネットワークづくり」志水宏吉編『高校を生きるニューカマー――大阪府立高校にみる教育支援』明石書店、pp. 117-135.

榎井縁編（2021）『ニューカマー外国人の教育における編入様式の研究成果報告書』大阪大学大学院人間科学研究科未来共生プログラム榎井研究室.

フレイザー，ナンシー（2003）『中断された正義――「ポスト社会主義的」条件をめぐる批判的省察』仲正昌樹監訳、お茶の水書房.

福島賢二（2008）「教育機会の平等研究の焦点」『〈教育と社会〉研究』18号、pp. 62-70.

二見妙子（2017）『インクルーシブ教育の源流――一九七〇年代の豊中市における原学級保障運動』現代書館.

外国人児童生徒等の教育の充実に関する有識者会議（2020）『外国人児童生徒等の教育の充実について（報告）』.

外国人の子どもの未来を拓く教育プロジェクト（2015）『調査報告・提言書　未来ひょうご　すべて

の子どもたちが輝くために――高校への外国人等の特別入学枠設置を求めて』ブックウェイ.

García, O. 2009, "Emergent Bilinguals and TESOL : What's in a Name?" *TESOL Quarterly*, 43 (2), pp. 322-326.

García, O. & Li W. 2014, *Translanguaging: Language, Bilingualism and Education*. Basingstoke: Palgrave Macmillan.

ゴードン, ジューン, A（2004）『マイノリティと教育』塚田守訳、明石書店.

林貴哉・棚田洋平・伊藤莉央・王一瓊・櫻木晴日・植田泰史・今井貴代子・榎井縁・山本晃輔（2019）「外国人生徒の高校卒業後の進路形成に関する研究――大阪府立特別枠校の卒業生インタビューより」日本教育社会学会第71回大会.

樋口直人・稲葉奈々子（2018）「間隙を縫う――ニューカマー第二世代の大学進学」『社会学評論』68巻4号、pp. 567-583.

平井悠介（2007）「価値多元化社会と政治的教育哲学」『教育哲学研究』96号、pp. 178-183.

広崎純子（2001）「都立高校におけるニューカマー生徒への対応」『早稲田大学大学院教育学研究科紀要』9巻2号、pp. 33-45.

広崎純子（2007）「進路多様校における中国系ニューカマー生徒の進路意識と進路選択」『教育社会学研究』80集、pp. 227-245.

ハウ, ケネス（2004）『教育の平等と正義』大桃敏行・中村雅子・後藤武俊訳、東信堂.

市川昭午（2012）『大阪維新の会　教育基本条例案　何が問題か』教育問題研究所.

今井貴代子（2008）「「今－ここ」から描かれる将来」志水宏吉編『高校を生きるニューカマー――大阪府立高校にみる教育支援』明石書店、pp. 182-197.

今井貴代子（2023）「移民第二世代の大学への移行における困難と複数のネットワーク――『特別枠校』卒業生へのインタビュー調査から」『解放社会学研究』36号、pp. 58-81.

石川朝子・大倉安央（2008）「門真なみはや高校――普通科総合選択制におけるアイデンティティ保障の取り組み」志水宏吉編『高校を生きるニューカマー――大阪府立高校にみる教育支援』明石書店、pp. 201-215.

石川朝子（2017）「外国ルーツをもつ若者研究におけるキャリア視点の必要性」『大阪府立高校の外国人支援に関する教育社会学的研究――特別枠校における取り組みとその変容』大阪大学未来戦略機構第五部門、pp. 104-117.

石川朝子・榎井縁・比嘉康則・山本晃輔（2020）「外国人生徒の進学システムに関する比較研究――神奈川県と大阪府の特別枠校の分析から」『未来共創』7号、pp. 193-220.

伊藤莉央・王一瓊・林貴哉・山本晃輔（2019）「外国人生徒を「特別扱いする学校文化」の形成に関する考察――大阪府立特別枠校の事例から」『未来共生学』6号、pp. 299-327.

鍛治致（2007）「中国出身生徒の進路規定要因――大阪の中国帰国生徒を中心に」『教育社会学研究』80集、pp. 331-349.

鍛治致（2019）「移民第二世代の文化変容と学業達成――大阪の中国帰国生徒を中心に」駒井洋監修・是川夕編『人口問題と移民――日本の人口・階層構造はどう変わるのか』明石書店、pp. 199-222.

金井香里（2012）『ニューカマーの子どものいる教室』勁草書房.

柏木智子（2020）『子どもの貧困と「ケアする学校」づくり――カリキュラム・学習環境・地域との連携から考える』明石書店.

川上郁雄編（2011）『「移動する子どもたち」のことばの教育学』くろしお出版.

川上郁雄編（2013）『「移動する子ども」という記憶と力――ことばとアイデンティティ』くろしお出版.

児島明（2001）「ニューカマー受け入れ校における学校文化「境界枠」の変容――公立中学校日本語教師のストラテジーに着目して」『教育社会学研究』69集、pp.65-83.

児島明（2006）『ニューカマーの子どもと学校文化――日系ブラジル人生徒の教育エスノグラフィー』勁草書房.

Li W. 2011, "Moment Analysis and Translanguaging Space: Discursive Construction of Identities by Multilingual Chinese Youth in Britain." *Journal of Pragmatics*, 43(5), pp. 1222-1235.

真嶋潤子編（2019）『母語をなくさない日本語教育は可能か――定住二世児の二言語能力』大阪大学出版会.

宮寺晃夫（2012）「『正義』と統合学校の正当化」『教育学研究』79巻2号、pp. 144-155.

宮島喬（1994）『文化的再生産の社会学――ブルデュー理論からの展開』藤原書店.

宮島喬（2002）「就学とその挫折における文化資本とその動機付けの問題」宮島喬・加納弘勝編『国際社会学2　変容する日本社会と文化』東京大学出版会.

宮島喬（2014）『外国人の子どもと教育――就学の現状と教育を受ける権利』東京大学出版会.

宮島喬（2021）『多文化社会への条件――日本とヨーロッパ、移民政策を問いなおす』東京大学出版会.

文部科学省（2018）『高等学校学習指導要領』.

文部科学省（2019）『外国人の受入れ・共生のための教育推進検討チーム報告〜日本人と外国人が共に生きる社会に向けたアクション〜』.

文部科学省総合教育政策局国際教育課（2021）『外国人児童生徒等教育の現状と課題』.

盛満弥生（2011）「学校における貧困の表れとその不可視化」『教育社会学研究』88集、pp. 273-294.

森山玲子（2019）「大阪府立高校の枠校の取り組みから見えてきた成果と課題」上智大学『グローバル・コンサーン』2号、pp. 14-24.

本林響子（2006）「カミンズ理論の基本概念とその後の展開―― Cummins（2000）"Language, Power and Pedagogy"を中心に」『言語文化と日本語教育』31号、pp. 23-29.

永吉希久子編（2021）『日本の移民統合――全国調査から見る現状と障壁』明石書店.

中島智子（2008）「連続するオールドカマー／ニューカマー」志水宏吉編『高校を生きるニューカマー――大阪府立高校にみる教育支援』明石書店、pp. 57-74.

中島智子・権瞳・呉永鎬・榎井縁編（2021）『公立学校の外国籍教員――教員の生（ライヴズ）、「法理」という壁』明石書店.

日本学術会議（2020）『提言　外国人の子どもの教育を受ける権利と修学の保障――公立高校の「入口」から「出口」まで』.

新倉涼子（2011）「「公正さ」に対する教師の認識、解釈の再構成」『異文化間教育』34号、pp. 37-51.

額賀美紗子・三浦綾希子（2017）「フィリピン系ニューカマー第二世代の学業達成と分岐要因――エスニック・アイデンティティの形成過程に注目して」『和光大学現代人間学部紀要』10号、pp. 123-140.

額賀美紗子・芝野淳一・三浦綾希子編（2019）『移民から教育を考える——子どもたちをとりまくグローバル時代の課題』ナカニシヤ出版.

大東直樹（2021）「外国人生徒の受け入れに対する高校教師の意味づけ——特別枠校を事例に」『国際協力論集』28巻2号、pp. 137-154.

大倉安央（2006）「高等学校における母語教育」『言語的マイノリティ生徒の母語教育に関する日米比較研究』平成15-17年度科学研究費補助金基盤研究（c）（1）研究成果報告書.

岡野翔太（2022）「「存在しない国」と日本のはざまを生きる——台湾出身ニューカマー第二世代の事例から」蘭信三・松田利彦・李洪章・原佑介・坂部晶子・八尾祥平編『帝国のはざまを生きる——交錯する国境、人の移動、アイデンティティ』みずき書林、pp. 91-122.

太田真実（2021）「中国語使用に対する意識の変容過程と継承語教育のあり方——幼少期に中国から来日した若者のライフストーリーをもとに」『ジャーナル「移動する子どもたち」——ことばの教育を創発する』12号、pp. 74-91.

太田晴雄（2000）『ニューカマーの子どもと日本の学校』国際書院.

大阪・15教職員組合連絡会編（1983）『輪切りはごめんだ　仲間を結ぶ進路保障』現代書館.

大阪府教育委員会（2022）『今後の府立高校のあり方等について　答申』大阪府教育委員会.

王一瓊（2021）「多文化教育におけるエンパワーメント再考——言語的少数派の生徒を抱えるカリフォルニア州の公立高校を例に」『社会言語学』21号、pp. 137-159.

朴正惠（2008）『この子らに民族の心を——大阪の学校文化と民族学級』新幹社.

ポルテス，アレハンドロ・ルンバウト，ルベン（2014）『現代アメリカ移民第二世代の研究——移民排斥と同化主義に代わる「第三の道」』村井忠政他訳、明石書店.

Ruíz, R. 1984, "Orientations in Language Planning." *NABE Journal*, 8, pp. 34.

佐藤郡衛（2011）「異文化間教育における「公正さ」の問い直し」『異文化間教育』34号、pp. 52-63.

澤田稔（2016）「批判的教育学から見たグローバル化をめぐるカリキュラム・教育方法のポリティクス」『教育社会学研究』98集、pp. 29-50.

志水宏吉（1996）「学校＝同化と排除の文化装置」井上俊編『こどもと教育の社会学』岩波書店.

志水宏吉・清水睦美編（2001）『ニューカマーと教育——学校文化とエスニシティの葛藤をめぐって』明石書店.

志水宏吉（2003）「マイノリティー問題——ニューカマーの子どもたちと学校教育」苅谷剛彦・志水宏吉編『学校臨床社会学——「教育問題」をどう考えるか』放送大学教育振興会.

志水宏吉編（2008）『高校を生きるニューカマー——大阪府立高校にみる教育支援』明石書店.

志水宏吉（2012）『検証——大阪の教育改革——今何が起こっているのか』岩波書店.

志水宏吉・山本ベバリーアン・鍛治致・ハヤシザキ　カズヒコ編（2013）『「往還する人々」の教育戦略——グローバル社会を生きる家族と公教育の課題』明石書店.

志水宏吉（2021）『二極化する学校——公立校の「格差」に向き合う』亜紀書房.

志水宏吉（2022a）『ペアレントクラシー「親格差時代」の衝撃』朝日新書.

志水宏吉（2022b）「公正を重視する大阪の公教育理念」高谷幸編『多文化共生の実験室——大阪から考える』青弓社、pp. 214-233.

清水睦美（2021）「日本の教育格差と外国人の子どもたち——高校・大学進学率の観点から考える」『異文化間教育』54号、pp. 39-57.

下地ローレンス吉孝（2018）『「混血」と「日本人」──ハーフ・ダブル・ミックスの社会史』青土社.

新保真紀子（2008）「同和教育を土壌とする学校文化とニューカマー教育」志水宏吉編『高校を生きるニューカマー──大阪府立高校にみる教育支援』明石書店、pp. 46-56.

Skutnabb-Kangas, T. 1984, *Bilingualism or Not: The Education of Minorities*. Translated by Lars Malmberg and David Crane, Clevedon: Multilingual Matters.

Sleeter. C. E. ed. , 2007, *Facing Accountability in Education: Democracy & Equity at Risk*. Michigan: Teachers College Press.

スー，デラルド，ウィン（2020）『日常生活に埋め込まれたマイクロアグレッション──人種、ジェンダー、性的指向──マイノリティに向けられる無意識の差別』マイクロアグレッション研究会訳、明石書店.

高田一宏（2022）「教育分野での人権運動・政策の変化──多文化共生をめぐる歴史的・社会的背景」高谷幸編『多文化共生の実験室──大阪から考える』青弓社、pp. 106-122.

高谷幸編（2022）『多文化共生の実験室──大阪から考える』青弓社.

田巻松雄（2014）『地域のグローバル化にどのように向き合うか──外国人児童生徒教育問題を中心に』下野新聞社.

棚田洋平・友草有美子・森山玲子（2008）「第14章　長吉高校──ちがいとちがいをつなぐ教育実践」志水宏吉編『高校を生きるニューカマー──大阪府立高校にみる教育支援』明石書店.

坪谷美欧子・小林宏美（2013）『人権と多文化共生の高校──外国につながる生徒たちと鶴見総合高校の実践』明石書店.

恒吉僚子（1996）「多文化共存時代の日本の学校文化」堀尾輝久・奥平康照・佐貫浩・久冨善之・田中孝彦編『学校文化という磁場』柏書房、pp. 251-240.

角田仁（2012）「多様化する夜間定時制高校──外国につながる生徒をめぐる公正さの概念の変遷」『異文化間教育』36号、pp. 26-39.

上野千鶴子（2005）「脱アイデンティティの理論」上野千鶴子編『脱アイデンティティ』勁草書房、pp. 1-41.

臼井智美（2009）『イチからはじめる外国人の子どもの教育』教育開発研究所.

臼井智美（2011）「外国人児童生徒の指導に必要な教員の力とその形成過程」『大阪教育大学紀要』59巻2号、pp. 73-91.

臼井智美（2012）「外国人児童生徒教育における指導体制の現状と課題」『学校経営研究』37巻、pp. 43-56.

宇都宮裕章（2014）「ダブルリミデット言説に対する批判的論考」『静岡大学教育学部研究報告（教科教育学篇）』45号、pp. 1-13.

Walton, J. & Webster, J. P. 2019, "Ethnography and multicultural/intercultural education." *Ethnography and Education*, 14(3), pp. 259-263.

山本晃輔編（2017）『大阪府立高校の外国人支援に関する教育社会学的研究──特別枠校における取り組みとその変容』未来共生リーディングス Vol. 13、pp. 60-82.

山本晃輔・橋本義範（2008）「八尾北高校──校舎の中心からの多文化オアシスづくり」志水宏吉編『高校を生きるニューカマー──大阪府立高校にみる教育支援』明石書店、pp. 46-56.

山崎香織（2005）「新来外国人生徒と進路指導──「加熱」と「冷却」の機能に注目して」『異文

化間教育』21号、pp. 5-18.

矢野泉（2007）『多文化共生と生涯学習』明石書店.

保田幸子（2014）「教育機会の平等」広田照幸・宮寺晃夫編『教育システムと社会』世織書房、pp. 323-340.

吉田美穂（2014）「高校進学ガイダンスと外国につながる子どものキャリア支援──神奈川県における教育委員会とNPOの協働」『ボランティア学研究』14号、pp. 13-25.

執筆者一覧

［編者］

山本晃輔＊関西国際大学社会学部：序章、序章補論、第2部リード、第10章、第11章、あとがき

榎井縁＊大阪大学人間科学研究科：第1章、7章、終章

［執筆者：執筆順］

宮島喬＊お茶の水女子大学名誉教授：コラム1

志水宏吉＊大阪大学人間科学研究科：コラム2

大倉安央＊大阪府立東淀川高等学校：教育の現場から1

内田正俊＊大阪府立福井高等学校：教育の現場から2

白石素子＊元大阪府立門真なみはや高校：教育の現場から3

橋本光能＊武庫川女子大学共通教育科：第2章

高階章一＊大阪府教育庁教育振興室高等学校課：教育の現場から4

山根俊彦＊神奈川の外国人教育を考える会：教育の現場から5

伊藤莉央＊大阪大学人間科学研究科：第3章、第5章、第12章

王一瓊＊お茶の水女子大学基幹研究院人文科学系：第3章、第4章、第9章、第13章

王雁＊大阪府立門真なみはや高等学校：教育の現場から6

趙仁淑＊大阪府立八尾北高等学校：教育の現場から7

村上自子＊NPO法人おおさかこども多文化センター：教育の現場から8、9

橋本義範＊NPO法人おおさかこども多文化センター：教育の現場から8、9

梨木亜紀＊NPO法人おおさかこども多文化センター：教育の現場から8、9

坪内好子＊NPO法人おおさかこども多文化センター：教育の現場から8、9

小寺孝子＊大阪府立布施北高等学校：教育の現場から10

山川温＊近畿大学非常勤講師：第4章

長尾啓三郎＊大阪府立八尾北高等学校：教育の現場から11

石川裕美＊大阪府立門真なみはや高等学校：教育の現場から12

植田泰史＊大阪信愛学院中学校高等学校：第5章

大原一浩＊大阪府立成美高等学校：教育の現場から13

岸本裕美＊大阪府立福井高等学校：教育の現場から14

櫻木晴日＊NPO法人神戸定住外国人支援センター：第6章、第8章

河藤一美＊大阪大学人間科学研究科後期博士課程：第6章

森田千博＊大阪府立長吉高等学校：教育の現場から15

山崎格＊大阪府立布施北高等学校：教育の現場から16

林貴哉＊武庫川女子大学文学部：第7章、第9章、第13章

楊知美＊大阪府立東淀川高等学校：教育の現場から17

甲田菜津美＊大阪府立大阪わかば高等学校：教育の現場から18

棚田洋平＊一般社団法人部落解放・人権研究所：第8章

石川朝子＊下関市立大学教養教職機構：第8章

今井貴代子＊大阪大学社会ソリューションイニシアティブ：第8章、第14章

米谷修＊大阪府立布施北高等学校：教育の現場から19

森山玲子＊大阪府立大阪わかば高等学校：教育の現場から20

酒井清夏＊大阪府立東淀川高等学校：教育の現場から21

平松宏子＊大阪府立東淀川高等学校：教育の現場から22

編著者紹介

山本晃輔（やまもと・こうすけ）

関西国際大学社会学部・准教授

大阪大学大学院人間科学研究科博士後期課程単位取得退学。博士（人間科学）。

主な研究として、「マイノリティと教育」（共著『教育社会学研究』第95集、2014年）、大阪大学人間科学研究科附属未来共創センター編『共生社会のアトリエ』（大阪大学出版会、2021年）、「日本とブラジルを往還する家族の教育とコンフリクト」（栗本英世他編『争う』大阪大学出版会、2022年）、『高校を生きるニューカマー──大阪府立高校にみる教育支援』（志水宏吉編、明石書店、2008年）、『往還する人々の教育──グローバル社会を生きる家族と公教育の課題』（志水宏吉他編、明石書店、2013年）、『日本の外国人学校──トランスナショナリティをめぐる教育政策の課題』（志水宏吉他編、明石書店、2014年）。

榎井縁（えのい・ゆかり）

大阪大学大学院人間科学研究科・特任教授

博士（人間科学）。専攻は教育社会学、外国人教育。

主な著書に、『多文化共生の実験室──大阪から考える』（共著、青弓社、2022年）、『公立学校の外国籍教員──教員の生（ライヴス）、「法理」という壁』（共編著、明石書店、2021年）、『未来共生のアトリエ──大阪大学大学院人間科学研究科附属未来共創センターの挑戦』（共著、大阪大学出版会、2021年）『移民政策とは何か──日本の現実から考える』（共著、人文書院、2019年）、『外国人と共生する地域づくり──大阪・豊中の実践から見えてきたもの』（共著、明石書店、2019年）、『移民政策のフロンティア──日本のあゆみと課題を問い直す』（共著、明石書店、2018年）、『外国人の子ども白書』（共編著、明石書店、2017年）など。

外国人生徒と共に歩む大阪の高校

学校文化の変容と卒業生のライフコース

2023 年 6 月 1 日 初版第 1 刷発行

編著者	山　本　晃　輔
	榎　井　　　縁
発行者	大　江　道　雅
発行所	株式会社 明石書店

〒101-0021 東京都千代田区外神田 6-9-5
電　話　03 (5818) 1171
ＦＡＸ　03 (5818) 1174
振　替　00100-7-24505
https://www.akashi.co.jp

装幀	明石書店デザイン室
編集／組版	有限会社 閏月社
印刷／製本	モリモト印刷株式会社

（定価はカバーに表示してあります）

ISBN978-4-7503-5588-7